外国語学習法についての研究ノート

発話直前に想起される音声連鎖の構造
―― フランス語学習を例として、心象音声の応用 ――

La structure de la séquence phonétique remémorée lors de l'émission
essai d'application des images phonétiques à l'apprentissage du français

小島　慶一

朝日出版社

はじめに

　外国語の学習方法についてはいろいろ研究されてきた。それが誰にも共通であるかのように宣伝され、マスコミでもしばしば取り上げられてきた。宣伝の流布効果は有用でも、実践した場合の効果は果たして誰にも適するものではないことは、人それぞれの能力や性格によって差があることからも推測される。子供が言葉を覚えてゆく過程は言語環境によって自然に確立されるものなので、言語の音声と意味の結合パターンが知らぬ内に大脳に構築される。だが、母語獲得の時期を過ぎてからの学習による外国語獲得は、改めて音声と意味の構造把握があってから成立する。聞いて覚えるという方法は、音声に対する耳の習慣づけという点において有効である。しかし発話する際に、聞こえる音声と似たように発音できるかというとそう簡単ではない。どこかで、既に理論を学習した者にとっては音声の再生はより楽である。だが挨拶や買い物などのような日常的な言葉ならば、使い方も音声もネイティヴと大差ないくらいに再現できるので、自分は上手になったと錯覚するが、考えながら自分の意思を伝える場合、そう簡単ではない。思考する形式・構造が言語によって違うからである。ある言語学者は、他の言語学習の際にある周波数が聞こえないので、その聞こえない周波数を聞こえるように訓練するという方法を考えているようではあるが、そんなことはなく、人間は共通して可聴域というのがあって、誰もが聴覚刺激は受けているのであり、ただ記憶された音声・意味パターンが大脳にないために、喚起されなかっただけなのである。例えば、「昨日は一日中雨が降っていた」という発話で < Il a plu toute la journé hier > と比較すると、「昨日は」「一日中」「雨が降っていた」の三つのグループに分けた場合、それぞれの単位の音声が多少曖昧であっても伝達に支障はない。< Il a plu > < toute la journé > < hier > においても同様である。それはそれぞれのグループが固定され記憶されているので多少のズレは、伝達理解に問題ないのである。本質を記憶していれば周辺が見える

ということである。こうしたことを考えると、外国語学習はやはりきちんと本質をとらえて進めるべきである。速成は禁物である。ゆっくりで良いから、意思伝達ができるように基礎を学習するべきである。

　本書はこうした考えの上に立ち、話者が話す際に頭中にどんなイメージを想起し、それがどのような構造で発話されたかを追った。イメージはリズムとなって、音声的まとまりを示す。それはリズムグループという名で示され、誰もが何語であれ、このリズムグループを脳に想起して発話している。例えば aller の動詞変化を覚えただけでは使えない。aller à ~, aller en ~, aller chercher ~ のようにリズムの単位として記憶すること。英語で go went gone は憶えても、どのように使うかわからない。go to ~, go ~ing のように記憶することは、イメージ単位（リズムグループ）の把握である。

　本書で取り上げたのはフランス語であるが、これは全言語に共通する。こうしてイメージ単位を把握することがまず求められる。学習法によっては苦手だったものが好きになることもあるので、ここでは話者がどのように音声単位をまとめているのかということをまず知ることである。各項目にモデル文を配置したのは、それをくり返すことによってイメージ単位を把握し、順次他のイメージ単位と連結し、自然な音声の流れを実現できるようにするためである。本書はリズムグループを網羅しているわけではない。文法用語を用いているので、音声的には違和感があるが、分類説明のためにそうせざるを得なかった。もっと納得ゆく説明の仕方があったかも知れない。ただこうした学習法に理解される方が居て、少しでも役立つことがあったとすれば嬉しい。

2016年9月

小島　慶一

目　次

はじめに　iii
序　1
　キーワード　6
　資料とインフォーマント　6
　分析方法　9
　使用器機、機材　10
　先行研究　10
　イメージの切れ目　15
　本論の目指すもの（目標と目的）　17

冠　詞　　　　　　　　　　　　　　　　　　　　　　　　21

　1　単独
　　　（イメージの核は後続要素の中にあり。以下核と表す）　21
　2　冠詞 + 名詞
　　　（名詞がイメージの核となっている統語体即ち名詞から派生した統語体、それを名詞核と呼ぶことにする。以下同様）　23
　3　冠詞 + 形容詞相当語 + 名詞　　　（名詞核）　26
　4　冠詞 + **名詞** + **形容詞**相当語　　　（名詞核、形容詞核）　26
　5　冠詞 + **名詞** + 副詞　　　（名詞核）　28
　6　冠詞 + **名詞** + 前置詞　　　（名詞核）　28
　7　冠詞 + **名詞** + 動詞 + **形容詞**相当語（副詞）
　　　（名詞核、形容詞核）　30
　8　冠詞 + **名詞** + **形容詞**相当語 + 副詞相当語
　　　（名詞核、形容詞核）　30
　9　冠詞 + **名詞** + 関係代名詞　　　（名詞核）　31
　10　冠詞 + 名詞 + 前置詞 + **名詞** + 副詞（形容詞相当語）
　　　（名詞核）　33
　11　冠詞 + **名詞** + 形容詞相当語 + **動詞** + 副詞

	（名詞核、動詞核） 34	
12	冠詞 + **名詞** + 接続詞 + 冠詞 + **名詞**	（名詞核） 34
13	冠詞 + **名詞** + 前置詞 + 冠詞 + **名詞**	（名詞核） 34

前置詞　　　　　　　　　　　　　　　　　　　　36

1	単独	（核は後続要素の中にあり） 36
2	前置詞 +（冠詞）+ **名詞**	（名詞核） 38
3	前置詞 + 冠詞	（核は後続要素の中にあり） 39
4	前置詞 + 冠詞 + **名詞**	（名詞核） 41
5	前置詞 + **動詞**	（動詞核） 43
6	前置詞 + **動詞** + 副詞	（動詞核） 43
7	前置詞 + 動詞 + 形容詞相当語 + **名詞**	（名詞核） 43
8	前置詞 + 副詞	（核は後続要素の中にあり） 44
9	前置詞 + 形容詞相当語	（核は後続要素の中にあり） 45
10	前置詞 + 形容詞相当語 + **名詞**	（名詞核） 45
11	前置詞 +（形容詞相当語）+ **名詞** + 形容詞相当語その他 （名詞核） 47	
12	前置詞 + 副詞 + **動詞**	（動詞核） 48
13	前置詞 + **動詞** + 形容詞相当語	（動詞核） 49
14	前置詞 + 人称代名詞 + **動詞**	（動詞核） 49
15	前置詞 +（冠詞）+ **名詞** + 前置詞 +（冠詞）+ **名詞** （名詞核） 50	
16	前置詞 + 動詞 + **形容詞**相当語 + 接続詞	（形容詞核） 50

名　詞　　　　　　　　　　　　　　　　　　　　52

1	単独	（名詞核） 52
2	**名詞** +（副詞）+ 形容詞（副詞）相当語	（名詞核） 53

形容詞　　　　　　　　　　　　　　　　　　　　55

1	単独	（形容詞核） 55
2	形容詞相当語 + 冠詞	（核は後続要素の中にあり） 56

3　形容詞相当語 ＋ **名詞** ＋（後続要素）　　　（名詞核）　57
　　4　形容詞相当語 ＋ **名詞** ＋（補語人称代名詞）＋ **動詞**
　　　（名詞核、動詞核）　59
　　5　形容詞相当語 ＋ **名詞** ＋ 後続要素　　　（名詞核、動詞核）　59
　　6　形容詞相当語 ＋ **名詞** ＋ 形容詞 ＋ 後続要素
　　　（名詞核）　60
　　7　形容詞相当語 ＋ **名詞** ＋ **形容詞**相当語（副詞）
　　　（名詞核、形容詞核）　60
　　8　形容詞相当語 ＋ 形容詞相当語 ＋ **名詞** ＋ 後続要素
　　　（名詞核）　60
　　9　形容詞相当語 ＋ **名詞** ＋ 関係代名詞　　　（名詞核）　61
　10　**形容詞相当語** ＋ 副詞 ＋ 前置詞 ＋（**形容詞相当語**）＋ 名詞
　　　（形容詞核、名詞核）　61
　11　**形容詞相当語** ＋ 後続要素　　　（形容詞核）　61

副　詞　　　　　　　　　　　　　　　　　　　　　　　63

　　1　単独　　　（副詞核）　63
　　2　**副詞** ＋ **副詞**　　　（副詞核）　65
　　3　**副詞** ＋ **動詞**　　　（動詞核）　65
　　4　**副詞** ＋ **名詞**　　　（名詞核）　65
　　5　副詞 ＋ **形容詞**相当語　　　（形容詞核）　66
　　6　副詞 ＋ 形容詞相当語 ＋ **名詞**　　　（名詞核）　66
　　7　副詞 ＋ 前置詞　　　（核は後続要素の中にあり）　67
　　8　副詞（pas）＋ 前置詞 ＋ 形容詞相当語 ＋ **名詞**　　　（名詞核）　68
　　9　副詞（pas）＋ 冠詞 ＋ **名詞**　　　（名詞核）　68
　10　副詞 ＋ 冠詞 ＋ **名詞** ＋ 形容詞相当語　　　（名詞核）　68
　11　副詞 ＋ 人称代名詞 ＋ **動詞**　　　（動詞核）　69
　12　副詞 ＋ 人称（指示）代名詞 ＋ **動詞** ＋ **副詞**
　　　（動詞核、副詞核）　70
　13　**副詞** ＋ 接続詞 ＋ **副詞**　　　（副詞核）　70

14	副詞 + 接続詞 + 人称代名詞 + **動詞**　　（副詞核、動詞核）	71
15	副詞 + **形容詞**相当語 + 接続詞 + 代名詞 + **動詞** + 前置詞 （形容詞核、動詞核）　72	

人称代名詞　73

1	単独　　　（核は後続要素の中にあり）　73	
2	人称代名詞(主語)＋補語人称代名詞 （核は後続要素の中にあり）　73	
3	(人称代)名詞(主語)＋**動詞**　　（動詞核）　75	
4	人称代名詞＋**動詞**＋前置詞　　（動詞核）　76	
5	人称代名詞＋補語人称代名詞＋**動詞**　　（動詞核）　77	
6	人称代名詞＋補語人称代名詞＋**動詞**＋後続要素 （動詞核）　78	
7	人称代名詞＋**動詞**＋形容詞相当語＋**名詞** （動詞核、名詞核）　78	
8	人称代名詞＋動詞＋**形容詞**相当語　　（形容詞核）　79	
9	人称代名詞＋動詞＋**形容詞**相当語＋前置詞 （形容詞核）　79	
10	人称代名詞＋**動詞**＋副詞相当語　　（動詞核、副詞核）　80	
11	人称代名詞＋**動詞**＋副詞＋形容詞相当語　　（動詞核）　80	
12	人称代名詞＋**動詞**＋接続詞　　（動詞核）　81	
13	人称代名詞＋**動詞**＋接続詞＋冠詞　　（動詞核）　81	
14	人称代名詞＋**動詞**＋接続詞＋人称代名詞　　（動詞核）　82	
15	人称代名詞＋動詞＋接続詞＋後続要素 （核は後続要素の中にあり）　82	
16	人称代名詞＋(助)動詞＋(人称)代名詞＋**動詞** （動詞核）　83	
17	人称代名詞＋**動詞**＋前置詞＋**動詞**　　（動詞核）　83	
18	人称代名詞＋(助)動詞＋副詞＋**動詞**　　（動詞核）　84	
19	人称代名詞＋**動詞**＋副詞＋冠詞＋**名詞**＋前置詞＋**動詞**	

   （名詞核、動詞核）　84
 20　人称代名詞 ＋ **動詞** ＋ 前置詞 ＋ 冠詞　　　（動詞核）　85
 21　人称代名詞（目的語）＋ **動詞**　　　（動詞核）　85
 22　人称代名詞（強勢形）＋ 後続要素
   （核は後続要素の中にあり）　85

関係代名詞　　　　　　　　　　　　　　　　　　　　　　　　87

 1　単独　　　（核は後続要素の中にあり）　87
 2　関係代名詞（主語）＋ **動詞**　　　（動詞核）　88
 3　関係代名詞（主語）＋ **動詞** ＋ 後続要素
  （動詞核、核は後続要素の中にあり）　88
 4　関係代名詞（主語）＋ 動詞 ＋ **副詞**（**形容詞**相当語）
  （形容詞核、副詞核）　89
 5　関係代名詞 ＋ 副詞 ＋ 動詞
  （寧ろ核は後続要素の中にあり）　89
 6　関係代名詞 ＋ **動詞**　　　（動詞核）　90
 7　関係代名詞（主語）＋ 人称代名詞 ＋ **動詞**　　　（動詞核）　90
 8　関係代名詞（目的語）＋ 人称代名詞（主語）＋ **動詞**
  （動詞核）　91
 9　関係代名詞（場所）＋ 人称代名詞（主語）＋ **動詞** ＋（副詞）
  （動詞核、副詞核）　91
 10　関係代名詞 ＋ 人称代名詞　　　（核は後続要素の中にあり）　92
 11　関係代名詞 ＋ 副詞 ＋ 中性代名詞 ＋ **動詞** ＋ 副詞
  （動詞核）　92

指示代名詞　　　　　　　　　　　　　　　　　　　　　　　　93

 1　単独　　　（核は後続要素の中にあり）　93
 2　指示代名詞 ＋ 動詞　　　（核は後続要素の中にあり）　93
 3　指示代名詞 ＋ 動詞 ＋ 冠詞　　　（核は後続要素の中にあり）　94
 4　指示代名詞 ＋ 動詞 ＋ 前置詞
  （核は後続要素の中にあり）　95

5 指示代名詞 + **動詞** + 前置詞 + 冠詞 +（後続要素）
（動詞核）　96
6 指示代名詞 + 動詞 + **名詞**（途中切断）　　　（名詞核）　97
7 指示代名詞 + 動詞 + **形容詞**相当語
（形容詞核、または核は後続要素の中にあり）　97
8 指示代名詞 + **動詞** + 副詞
（動詞核、または核は後続要素の中にあり）　97
9 指示代名詞 + 動詞 + 接続詞
（核は後続要素の中にあり）　98
10 指示代名詞 + 動詞 + 副詞 +（**形容詞**相当語）+ **形容詞**相当語（副詞）
（形容詞核）　99
11 指示代名詞 + 動詞 + 冠詞 + **名詞**　　　（名詞核）　99
12 指示代名詞 + **動詞** + 前置詞 + **動詞**　　　（動詞核）　100
13 指示代名詞 + 動詞 + **副詞** + 後続要素
（副詞核、または核は後続要素の中にあり）　100
14 指示代名詞 + 動詞 + 冠詞 + **名詞** + 前置詞 +（後続要素）
（名詞核）　101
15 指示代名詞 + 人称代名詞 + **動詞**　　　（動詞核）　101
16 指示代名詞 + 人称代名詞 + **動詞** + 副詞　　　（動詞核）　102
17 指示代名詞 + 関係代名詞 + 後続要素
（核は後続要素の中にあり　即ち動詞核、名詞核等）　102
18 指示代名詞 + 副詞 + **動詞**　　　（動詞核）　103

不定代名詞　　　　　　　　　　　　　　　　　　　　　　　　　104

1 単独　　（核は後続要素の中にあり）　104
2 不定代名詞 + **動詞**
（動詞核、または核は後続要素の中にあり）　105
3 不定代名詞 + **動詞** + 冠詞　　　（動詞核）　105
4 不定代名詞 + 動詞 + 副詞
（核は後続要素の中にあり）　106

5 不定代名詞 + **動詞** + 前置詞 +（冠詞）+ **名詞**
（動詞核、名詞核） 106
6 不定代名詞 + **動詞** + **形容詞**相当語 + 接続詞
（動詞核、形容詞核） 107
7 不定代名詞 + **動詞** + 副詞 + 後続要素
（動詞核、核は後続要素の中にあり） 107
8 不定代名詞 + 人称代名詞
（核は後続要素の中にあり） 107
9 不定代名詞 + 動詞 + **名詞** + 副詞　　　（名詞核） 108

接続詞　　　　　　　　　　　　　　　　　　　　　　　　109

1 単独　　　（核は後続要素の中にあり） 109
2 接続詞 + 冠詞　　　（核は後続要素の中にあり） 110
3 接続詞 + 冠詞 + **名詞** + **形容詞**相当語
（名詞核、形容詞核） 110
4 接続詞 + **形容詞**相当語　　　（形容詞核） 111
5 接続詞 + 形容詞相当語 + **名詞**　　　（名詞核） 111
6 接続詞 + 形容詞相当語 + **名詞** + 前置詞 +（形容詞相当語）+ **名詞**
（名詞核） 111
7 接続詞 + 副詞　　　（核は後続要素の中にあり） 112
8 接続詞 + 副詞 + 形容詞相当語
（核は後続要素の中にあり） 113
9 接続詞 + 人称代名詞　　　（核は後続要素の中にあり） 113
10 接続詞 + 人称代名詞 + **動詞**　　　（動詞核） 113
11 接続詞 + 人称代名詞 + **動詞** +（副詞）+（形容詞相当語）+ **名詞**
（動詞核、名詞核） 114
12 接続詞 + 人称代名詞 + 動詞 + **副詞**(**形容詞**相当語、後続要素)
（副詞核、形容詞核） 115
13 接続詞 + 人称代名詞 + **動詞** + 接続詞　　　（動詞核） 115
14 接続詞 + **動詞**　　　（動詞核） 115

15	接続詞 + **名詞**	（名詞核）	116
16	接続詞 + 不定(指示)代名詞 + 再帰(人称)代名詞		
	（核は後続要素の中にあり） 116		
17	接続詞 + 前置詞　　（核は後続要素の中にあり）		117
18	接続詞 + 前置詞 + 冠詞　　（核は後続要素の中にあり）		118
19	接続詞 + 前置詞 + 冠詞 + **名詞**	（名詞核）	118
20	接続詞 + 前置詞 + **動詞** + 前置詞	（動詞核）	119
21	接続詞 + 接続詞　　（核は後続要素の中にあり）		119
22	接続詞 + 指示代名詞 + 動詞		
	（核は後続要素の中にあり） 120		
23	接続詞 + 指示代名詞 + 動詞 + **副詞**(**形容詞**相当語)		
	（副詞核、形容詞核） 120		
24	接続詞 + 指示代名詞 + 動詞 + 冠詞 + **名詞**　　（名詞核）		121
25	接続詞 + 不定代名詞 + **動詞** + 後続要素		
	（動詞核、または核は後続要素の中にあり） 121		
26	接続詞 + 関係代名詞 + **動詞**	（動詞核）	122
27	接続詞 + 成句　　（核は後続要素の中にあり）		122
28	接続詞 + 後続要素　　（核は後続要素の中にあり）		122

動　詞　　　　　　　　　　　　　　　　　　　　　　　123

1	単独　　（動詞核）		123
2	**動詞** + 冠詞　　（動詞核）		124
3	**動詞** + 冠詞(所有形容詞等) + **名詞**　　（名詞核）		125
4	**動詞** + 前置詞　　（動詞核）		126
5	**動詞** + **副詞** +(後続要素)　　（動詞核、副詞核）		127
6	動詞 + 副詞 + **形容詞**相当語　　（形容詞核）		127
7	動詞 + 指示(人称)代名詞(主語)		
	（核は後続要素の中にあり） 127		
8	**動詞** + 人称代名詞(主語) + 副詞　　（動詞核）		128
9	(助)動詞 + **動詞**　　（動詞核）		128

				目 次	
間投詞					**129**
	1	単独	（間投詞核）	129	
	2	休止	（核は後続要素の中にあり）	130	
その他					**131**
	1	成句単独　　（核は後続要素の中にあり）　131			
	2	先行要素＋接続詞　　（核は後続要素の中にあり）　132			
	3	先行要素＋代名詞(主語)＋**動詞**　　（動詞核）　132			
	4	先行要素＋代名詞＋**動詞**＋前置詞(副詞など) （動詞核、または核は後続要素の中にあり）　132			
	5	先行要素＋前置詞＋**名詞**　　（名詞核）　132			
	6	先行要素＋動詞＋冠詞＋**名詞**　　（名詞核）　133			
	7	先行要素＋**動詞**＋後続要素　　（動詞核など）　133			
	8	先行要素＋副詞＋**形容詞相当語**　　（形容詞核）　133			
	9	先行要素＋指示代名詞＋動詞＋後続要素 （核は後続要素の中にあり）　134			
	10	先行要素＋冠詞＋**名詞**＋後続要素　　（名詞核）　134			
	11	先行要素＋冠詞　　（核は後続要素の中にあり）　134			
	12	先行要素＋**形容詞相当語**(副詞)　　（形容詞核）　135			
	13	先行要素＋形容詞相当語＋**名詞**　　（名詞核）　135			
結　論					**136**

あとがき　145

註　147

序

　我々は日本人として日本語を日常会話の中で用いている。よく考えれば、いつ日本語を身につけ、話し始めたかを憶えていない。学校で文法を学ぶ以前に日本語を話していたし、別段会話の上手、下手ということも気にせず何の不自由もなく日本人の社会に育ってきた。日本語を話しているときに、文法を思い描きながら言葉を探しているということはない。即ち主語―目的語―動詞とか、動詞の活用とか文法範疇に入る事項は話すことと同時発生はしていない。ということは文法とはもともとある言語事実を後から体系づけたものであって、何のために存在しているかと言えば、学問的理由のためであり、ある言語社会の言語の抽象化によって、話者の言語の平均化を狙ったものといえる。だから個人によって文法範疇から逸脱する事実はいくらでもあって、文法はこの事実を実際には認めた上で存在していなければならない。文法を追求することは、学問領域に入ることであり、人間の深層にあると思われる発話構造を表出された構造と絡めて叙述することになるのだろうが、規則とか枠というものは精神的状況下における多様な場合に対処することができない。それを誤用であるといって片づけてしまうことは簡単である。しかしそれが一般化してくるとどうなるか。規則の見直し、枠の拡大といった必要性が生じる。例えば日本語で最近言われる「ら」抜き言葉、即ち、見られるが見れる、食べられるが食べれる etc, は規則や枠の範囲を超えている。ここには多分に、意味取り違えという危険もなく、発音しやすいという精神的安逸さがあると思われる。こうしたことが一般化すれば、文法はいずれ変化するであろうし、時の状況によって変わるべきものである。即ち文法＝規則は変わるものである。

　知らぬうちに獲得した言語は上述のごとく、日常の会話において苦を感じない。ところがある時期を過ぎて、これは人によって様々だが、知らない言語を身につけようとすると、学ぶという努力が必要になって、時には苦痛に

思う。そんな時、文法というのは言語の平均化された規則を教えてくれるので有効である。音声を聞いて繰り返すことは一方法ではあっても、物心ついた頃に接した言語状況と違って、記憶の回路づくりも鈍り、持続性がない。その点文法は整理された規則であるから、記憶の回路づくりも比較的容易である。ここでいう文法とはいわゆる伝統的文法であって、最近の文法理論が外国語を学ぶのに適しているのかどうかはわからない。

　ところで伝統的文法が外国語習得に適しているかというと、ここにも問題がある。それは先述のように言語の平均化であるから、無限に近い言語の表出形態や表出現象を狭く捉えることになる。文法に固執するとある枠から出ることができない。外国人の表出する言葉が内省側面の表れであると仮定すれば、その言葉の音声を分析して、真似ることは習得手段にならないだろうか。即ち外国人のイメージする頭中の言葉の構造を真似ることである。それは物の見方、考え方の、音声によるまとめ方を真似ることであって、文法の枠とはかなりずれることがある。

　そもそもこうした考え方は、ある時こんなことを思ったことに因る。次の文章を比較してみよう。「それは私が貴方に話した人です」

　この発話文を考えると、話者は発話時には文章最後までの状況を頭中にイメージとして持ったはずである。何故ならば、結論である「人」が話者の頭中になければ、この発話はまず起こり得ないであろうし、第一に話者の言葉の方向性が定まらない。だから日本語の発話中における話者の頭中には結論を先取りしながら、即ち結論を別所に音声なきイメージとして取り込みながら、他の音声付随要素を並行して取り込もうという複雑な過程が考えられる。

　　　　イメージとしての人　――　それは（……人のイメージが頭中にある）
　　　　音声としての　　　　――　私が貴方に話した
　　　　音声としての　　　　――　人です。

　一方フランス語で < c'est l'homme dont je vous ai parlé. > という時に、事

情は日本語と異なる。結論が最初に表出されるので、それはまず c'est l'homme という音声である。ところが次の dont という関係代名詞が導かれたところに問題のポイントがある。何故 que が選ばれずに、dont が選ばれたのであろうか。文法的には parler de -- という語彙構造から dont を導くのは至極簡単である。しかし音声の生理的観点からすれば、dont が導かれた時に既に parlé を先取りしていたということを認めねばならない。ということは dont je vous ai parlé は音声的に一単位であって、dont が表出されたら je vous ai parlé まで音声的一単位と理解する必要があるからである。c'est l'homme の l'homme を後続要素と関係づけるために、何らかの関係代名詞、例えば que を用いて、c'est l'homme ..... que ..... と言いながら、je vous ai parlé を頭中に導き出した時、改めて dont je vous ai parlé と言うことはあり得る。即ち示された例のような場合にフランス語はイメージで浮かんだ要素（語）そのものと、後続要素をどう関係づけるかという際に、文法規則の中で音声展開があるのに対して、日本語はイメージとして音声化せずに確保しておきながら、その間に他の要素を先行させ、確保しておいたイメージを後続音声化するという独特のイメージ保存型表出構造がある。

音声としての　c'est l'homme dont .....
音声としての　je vous ai parlé

＊ qui...
＊ que...
＊ où... （＊は不可）

　結論とそれに関係する要素を結合する方法の中で、日本語、フランス語どちらの方が話し手にとって話しやすいか、或いは聞き手にとって理解しやすいか？　聞き手の立場からは、フランス人が日本語を聞くときも、日本人がフランス語を聞くときも、払う努力の難易に差はないであろう。共に難しい。それには両者に共通した受容機構がないといけない。話し手の立場からは、結論を先に抽出し発話が展開する方が、日本語のようにイメージ保存しながら展開させるより易しいように思われる。何故ならイメージ保存という

のは、かなりイメージの先取りをしないと発話できない。即ち発話の際には結論までを先取りしておかねばならぬことが多い。その結論を先に表出するフランス語と後方において表出する日本語では、フランス語の方が発話に手間取らない。日本人が発話に手間取るのは理由あることかも知れない。この意味において、日本人がフランス語を発話する際、語順を守りながらイメージ単位化して表出することが求められる。則ち文法を考え、イメージ単位を構築してゆく必要がある。そしてフランス人が頭中で組み立てる音声形式、音連続を真似るということは、今までのように形式的に外国語を学ぶことから、心の作用を知って言葉を獲得するということになる。即ち言語リズムを獲得することである。単なる音声の真似であるならば、幼児の時には効果あっても、ある年齢を経た時には理論的に把握しておかないと忘れることの方が早くて、しかも応用に役立たない。

　フランス人が話すように、長い文章を切れ目なく話すことは日本人にとって不可能である。そこで本論の狙いは、フランス人が日常会話でイメージ想起している際の音連続を文法との連携の中で求めて、外国語学習の本質を追究することである。その際言葉の切れ目は文法規則の展開の中にありながらも、必ずしも文法の枠の中にはないということは、次の一節が伝えている。

　　.....Les interruptions du flot langagier résultent, selon elle, du temps qu'il faut pour encoder la phrase et non de sa complexité syntaxique.[1]

(Pierre R. LEON, 1992)

　また聞き手においては、もし言語によって特有の受け入れ形式があるとすれば、伝達遂行には話し手との共通した形式を持つ必要がある。Sophie MONPIOU et al. (1995) は引用の中でその単位が phonème だとか syllabe だとか paquets syllabiques という単位を掲げているが、話し手の表出音声から見るともっと大きな単位であろう。フランス人とイギリス人の言葉の切り方が同じでないというのも言語構造が異なれば当然イメージ作りの単位も異なる。

Cutler & al (1986) ont montré que des sujets français et anglais ne procédaient pas de la même façon pour segmenter les unités verbales sonores lors de la reconnaissance de ces unités, et que cette différence de comportement était liée à la structure linguistique des langues auxquelles ils appartenaient.[2]

(MONPIOU et al, 1995)

これは聞き手のみならず、話し手についても同様である。

Judith C. Goodman et al. はイギリス人とフランス人の聞き手は異なる聞き方をしていると、次のように引用している。

Cutler and her colleagues have found that English and French listeners adopt different *segmentation* strategies that reflect the rhythmic structure of their respective languages. Native English listeners segment the speech at strong-syllable boundaries, thus increasing the likelihood of finding and accessing a content word (Cutler and Norris 1988). Native French listeners, however, use a syllable-based strategy (Cutler et al. 1986, 1989).[3]

(J.C. Goodman et al., 1994.)

ということは、フランス人は音節の纏まりに単位を見出していることになるから、単位の切り方に規則性は薄らぐ。一方英語は強勢音節を持つ纏まりで単位を作るというのであるから、アクセント位置の決定している英語は、聞き手が単位を規則的に聞いているということになる。しかしフランス語にも英語とは違う性質のアクセントがあって、それが聞く時に理解の役割を果たしていることは考えられる。移動アクセントであるから、単位の長短は英語より複雑であろう。話す時もそれ故に話者はフランス人の方が複雑な単位の切り方をしていると思われる。しかもフランス人はアクセント意識が少ないから、切り方は必ずしもアクセントと関係してはいない。そういう意味でフランス人が音節を基本とした聞き方をすると言っているのであろう。更に外国語の聞き方は母国語の切り方で聞くということであるから、音声言語の

構造というのは言葉の生成と知覚に密接に結びついている。

> ..... monolingual English listeners use a stress-based segmentation strategy and monolingual French listeners use a syllable-based strategy to segment linguistic units in speech. Further, when presented with stimuli in their non-native language (French for English speakers and English for French speakers), they do not switch segmentation strategies (Cutler et al. 1989). The strategies listeners use appear to depend on the characteristics of their native language.[4]   (J.C. Goodman et al., 1994)

聞く時の切り方は、話す時の切り方でもあるからフランス語を母国語とするフランス人の話し方を分析することが、フランス語習得の上で大事である。

キーワード

イメージの切れ目　　　イメージ単位　　　　イメージ想起
イメージのパターン　　音連続　　　　　　　コード化された音声単位

資料とインフォーマント

資料は日常のすべての発話音声であるから無限である。扱った資料はその中の一部であるから導き出されたものも当然部分的である。このことを念頭に置きながら、手許にある資料の中から無作為に選んで扱ったものの一例を掲げる。単位の切れ目は / で表した。

(1) フラマグ n°1として扱われた資料（FRANCE MAG 1号　東京日仏学院）
　　　(--- Alors, quelle impression ça vous fait ? .....)
　　--- je ne sais pas, / je saurai demain, / parce que ça ma / ça m'inquiète beaucoup, / l'idée / que je chante / devant un public / qui ne comprend pas les

序

paroles. / Mais j'espère que / ils vont comprendre le climat. / Et que / ils vont pas être dérangés / de ne pas comprendre. / Je peux traduire / un petit peu, / mais c'est / très c'est très, / c'est très ennuyeux / d'être systématique et de / et de traduire / avant chaque chanson. / On peut pas. / Peut être, devant / "Avec le temps", / de Léo Ferré, / je vais essayer de / expliquer, / pourquoi / c'est triste. /

(Pour ce premier concert à l'étranger, c'est Jane Birkin elle-même qui a choisi le Japon qu'elle a déjà visité plusieurs fois. Elle s'est déclarée "fascinée" par ce pays qui lui fait terriblement penser à l'Angleterre :)

"C'est moi qui ai demandé le Japon. / Ils ont dit : / Où est-ce que vous voulez aller ?" / j'ai dit : / "Le Japon". / Je suis très / très subjuguée, / par les / par / par tout / ce qui est la culture / orientale / et japonaise, / et chinoise. / Les Japonais, peut-être, / la délicatesse / de l'éphémère. / De faire des choses / parce que justement, / tu vas les manger / et ça va être partout, / le fait de faire les fleurs / parce que justement / ça va mourir. /

Il y a vingt ans, / quand j'étais enceinte / de Charlotte, / quand je suis venue / pour la première fois, / c'était le / plus étrange pays / que je connaissais / et quelque part, / ça m'a rappelé / Angleterre, / peut-être parce que / c'est une île, / je trouvais que la mentalité / était très proche / de les Anglais. /

(2) フラマグ n°2 として扱われた資料（FRANCE MAG 2号、東京日仏学院）

("Le choix du nom Indochine, il y a 8 ans,) je sais que ce nom-là / m'est venu / quand on cherchait un / un nom / pour appeler le groupe / et, / bon, / Indochine / ça sonnait bien / et il y avait trois, / trois syllabes, / trois rythmes, donc / ..... c'était / quelque chose de / ...., m'intéressant / qui se retenait bien, / le mot était joli / en plus, / il avait une phonétique / assez intéressante, / bon, / mais après, / effectivement, / il y a plein / ..... plein / ..... plein d'explications possibles, / ...., est-ce que c'est un l'appel à / à toutes les musiques / ethniques / ..... mélangées un peu au rock / occidental, / c'est possible aussi, / c'est-à-dire cette liaison / entre / ..... l'orient, / l'occident, / le rapprochement / de l'Orient et de l'Occident / musicalement, / c'était peut-être / inconsciemment / la vraie signification / du nom quoi." /

...... / je trouve que c'est une image / intéressante, / image un peu de folie, / une image un peu / ..... on peut vraiment / ......c'est comme, / c'est comme / la / ..... par rapport au cinéma / et à l'animation, / quand on fait un dessin animé, / on peut plus, / on peut se permettre de faire beaucoup plus de choses, / par exemple, faire voler / (un) frigidaire, / qu'au cinéma, / c'est un peu ce que je fais, en / ..... avec, / avec le texte, / c'est-à-dire que / je fais coller des mots / qui normalement n'ont pas / de sens / entre eux, / mais qui en fait en ont quand même / un / vraiment. / Suis-je bien clair ? / ..... Hum ....." /

..... (c'est une grande ville Tokyo,) / avec / beaucoup de pollution, / des gens / partout, / .....une sorte de claustrophobie / et j'ai été / même plus qu'agréablement surpris. / Par rapport à New York / qui est une ville qui bouge, / qu'on se / où on se sent mal / dès / dès qu'on reste plus de trois jours, / il y a une douceur [indusœ:r] / dans cette ville, / vraiment une douceur / ..... de vivre / ..... et alors / que c'est une ville / qui va très vite quand même. / Que jardins / japonais, / la / toute la ....." /

(3) Champs-Elysées SERIE 10 N° 3, Septembre 1991
(4) ラジオインタビュー（フランス人2名、イタリア人1名）
(5) フランス人モノローグ（テープ）
(6) le français parlé : Claire Blanche-BENVENISTE, éditions du CNRS, 1990, Paris.
(7) Phonétisme et prononciation du français : Pierre R. LEON, NATHAN Université, Paris, 1992, p.102

インフォーマントについての情報は不詳である。本論においては、フランス語を話す時の話者の頭中におけるイメージ想起の音声単位構造であるから、年齢や出身地 etc. の情報は不要である。これは国籍、民族に関係なく、話者共通の生理的生起現象である。

(8) 筆者がフランスで蒐集した資料の一部を掲げる。
ボルドーにて1994年8月 M. O. 58才 ラ・ロシェル生まれ育ち、フランス人

La prononciation de la Rochelle est un peu différente de celle de Paris ? Qu'en pensez-vous ?
---- La Rochelle / il y a i(l) y a un petit accent. / De toute façon les Parisiens il (y) a un accent [ˈnaks] / bien typique ein ? / Celui qui le / ..... on dit que celui qui parle mieux le français ici / c'est du peut-ê(tre) de / ... de Bourges / de le centre de la France. / C'est le centre de la France. / Le le / ... le centre de la France / c'est la cathédrale de Bourges. / Le Berry. / La cathédrale / de / ... de Bourges / est / située exactement au centre de la France. /

Et comment trouvez-vous la prononciation de Paris ? Il me semble que... on parle trop vite pour moi à Paris.
---- À Paris, / oui, / (ils) parlent très très / de suite (?) parlent vite. / Et ils ont / ..... donc / ..... ces Parisiens il y a / ..... trop grands ennuis / .... Ça toujours est ein [et] ? / Mais parce que / de toute façon ils font tout vite / à Paris. / Plein de métro vi...te / et ils courent au point de métro / ..... ils courent pour aller travailler / .... ils courent pour tout faire. /

分析方法

　声は心の現れであると俗に言う時の声とは、単に人の声帯が作り出した空気振動ではなく、言語音としての音声である。即ち人の心象情報を含んだ音声であるから、この音声を分析することによって、話者が頭中にイメージした言葉の単位を知ることができる。その分析には器機によって音声波を描記し、観察する方法が取られる。即ち音声波には話者のあらゆる情報が含まれているのであって、観察者が如何にその情報を抽出するかが問題となる。

使用器機、機材

テープレコーダー	: SONY SOLID STATE CASSETTE-CORDER TC-1180
カセットテープ	: cassettes TDK C60
波形分析	: PITCH EXTRACTER SE-01B (RIONCOMPANY LTD)
プリンター	: SEIKO VIDEO PRINTER VP-51
プリンター用紙	: ORIENTAL OSCILLOGRAPH PAPER,DV, C-17F, RP-25(RION COMPANY LTD)
オシログラフ	: visigraphe-p (San-ei sokki k.k.)
オシログラフ用紙	: AGFA-GEVAERT OSCILLOSCRIPTD#
コンピューター	: NEC PC-9801 vm2 personal computer NEC VALUE STAR NX
データベース	: Lotus 1-2-3 R2 1J
音声分析ソフト	: 音声録聞見 for windows（デイテル株式会社） L-Voice（株式会社リバテイーシステム）
プリンター	: EPSON vp-1000 HEWLETT PACKARD Desk Jet 710C

先行研究

　過去において、区分境界を求めることは不可能であるということが、下記のような数多くの学者によって指摘された。確かに音連続中の音に境界を求めることは不可能であるが、それが意識区分としての音連続単位境界ならば、必ずしも不可能ではない。そういう単位についての研究は、本論中に引用されるが、数少ない。

　　..... Les diffucultés fondamentales du concept de *segmentation* sont dues au

fait que *les frontières de segments* n'existent ni au niveau articulatoire, ni au niveau acoustique, ni au niveau perceptif
(Hockett 1955; Fant et Lindblom 1961; Liberman 1970; Hammarberg 1976; Cutting et Pisoni 1978; Repp 1981; Fowler 1986) :

> Il n'est pas possible d'observer objectivement l'existence de segments dans le signal de parole, pas plus que dans le flux des gestes articulatoires. (.......) Le concept de segment a été posé comme a priori dans le cadre des études physico-physiologiques du langage (Hammarberg 1976) ;[5] ......(Louis-Jean BOE, 1997)

だがこれらは単音としての境界と解される。なお Pierre Martin は統語境界表示を次のように示している。

> En français, par exemple, l'allongement de la dernière syllabe d'un mot, associé à une montée de F0, est perçu comme l'indication d'une frontière syntaxique quelconque. Des seuils différentiels de perception sont également établis pour les indices prosodiques. En situation normale de conversation, on estime qu'une différence de trois demi-tons et plus peut jouer un rôle. Pour l'intensité, le seuil différentiel correspond dans ces conditions à une augmentation de 1 à 2 dB, une différence de 4 dB pouvant être perçue comme de l'emphase. Puis, en contexte, seules des variations de durée supérieures à 20 % semblent être significatives sur le plan perceptif.[6] (Pierre MARTIN, 1996)（下線筆者）

即ち語末音節の長音化は F0 上昇に関係し、何らかの境界表示と知覚される。会話では3/2音階以上で、そして強さでは2dB上昇、4dBでは強調と知覚される。又20%以上の長さ変化も意味があるという。これは統語境界ということであるが、意味境界ということにも通じる。

その後で聴取単位について、第一段階で蝸牛によって伝達された情報の聴神経によるコード化、第二段階で聴覚中枢機構において、聴覚指標の検索が行われ、そこから言葉の聴覚モデルが分かれるとしている。

......., c'est-à-dire du codage par le nerf auditif des informations transmises par la cochlée et ..... la deuxième étape se situerait dans le système auditif central, qui activerait des détecteurs d'indices auditifs. A partir de là, les modèles de perception de la paroles divergent.[7] .... (P. MARTIN, 1996)

これは聴覚に関することであるが、筆者の考えるところと違う。筆者は感覚性言語中枢において、言語における言葉の単位がパターン化されて記憶されていると考えている。だから聴覚モデルが分かれるのではなく、既に聴覚モデルが中枢にあって、それとコード化された情報が一致すれば言葉の理解につながると考える。発話の場合も記憶されたパターンに従って音声表出があると考える。指標の検索がどのように行われるのか？ 記憶のパターンに沿って行われるというのであれば、筆者の考えと同じになる。

Savin らによれば、音節がより基礎的な知覚単位（..... syllable is a more basic perceptual unit than the phoneme.）（Savin and Bever, 1970; Massaro, 1972）であるが、他に生成言語理論では節、文のような単位（Researchers in generative lingistic theory have even proposed units as large as the clause or sentence.）（Miller, 1962; Bever, Lackner and Kirk, 1969）が知覚単位であるとする。[8] (Norman J. Lass, Ph.D., 1996)

一体、知覚と認識に必要十分な要素は何であるのか、断定できないのが実情であるが、筆者はこれを聞き手の立場による知覚認識の要素ということでなく、話し手の立場から、発話の際の話者の予測単位を求めることによって、それが知覚認識の単位になるであろうと考えるのである。上記の P. Martin はやはり知覚単位を言語的、神経的、音響的立場の中で何かを探ろうとしている。

..... Quelles sont réellement les unités perceptives de base ? Correspondent-elles précisément aux unités linguistiques ? Comment peut-on arriver à les identifier correctement et quelle est leur forme neuronale ? Dans le signal acoustique, quels sont les éléments (invariants) nécessaires et suffisants pour qu'il y ait perception et reconnaissance ? D'autre part, en mémoire à long terme, quelle est la forme que prennent les expériences auditives antérieures et comment celles-ci interviennent-elles en perception et reconnaissance des unités transmises par le signal acoustique ?[9]　　　　(Pierre MARTIN,1996)

　筆者は知覚の原理は神経学的にはニューロンパターンを作るのに似ていると考える。略図すれば次のようになる。

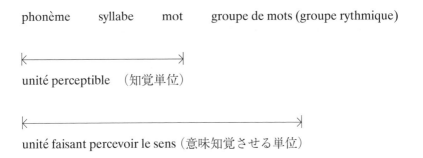

　この知覚単位が少なくとも語とそれ以上の単位即ち語群であろうと思われる。この単位は聞き手のみならず話し手にとっても必要である。そしてこれは話し手にとっては特に伝達のために、より分化した単位を作ろうとすればするほど大事であると思われる。ニューロンの作るパターン形式が無数であると同時に、作られる単位も無数になるのは当然である。例えば il est parti pour la France. において il, il est, il est parti, il est parti pour.... と多様になるのは、それぞれのパターンが記憶されているので、当然発話の形式も多くなる。聞く場合もそれに対応するパターンができていないといけない。句や文のパターンしかできていないと、それ以下の単位が聞こえても意味表象は起こりにくいであろう。

　ニューロンパターンが作られ、イメージの単位が組み立てられてゆく過程は次の例がよく示している。

..... le locuteur revient en arrière pour faire cette correction : la correction intervient fréquemment dans un groupe nominal juste après le prédéterminant, *le, ta, une*, qui reste ainsi en suspens : .....

  je revois toujours le

          ce
          ce petit lit
          ce joli petit lit rose[10]

       (Claire Blanche-BENVENISTE, 1990)

このようにして大脳ではニューロンパターンが形成され、記憶されるのであろう。

本論に於ける分析方法は1991年8月23日、エクサンプロヴァンスで行われた国際音声科学会に発表した時の、以下に示す波形における9現象を基本にして、その後資料蒐集を行い追加発展させたものである。
ところでイントネーショングループという単位があるが、これの切れ目とイメージの切れ目はよく一致する。しかし本質的に違う。前者は意味単位であるが、後者は生理的にもっと細分化される可能性を含んでいる。イントネーショングループの切れ目はAlan Cruttendenが難しいと言っているが、イメージの切れ目は更に難しい。例えばイントネーショングループに対して彼は無アクセント音節の高さの変化、休止、余剰音、末尾音節の長音化、高さアクセントが境界目印としているが、これらはイメージの切れ目と一致する。彼は次のように言っている。

 ....., there are many cases where it remains difficult to decide whether a boundary is present or not. And with inexperienced readers and speakers (adults' intonational competence is extremely variable) the dificulties are multiplied. When we consider spontaneous speech (particularly conversation) any clear and obvious division into intonation-groups is not so apparent because of the broken nature of much spontaneous speech, including as it does hesitation, repetitions, false starts, incomplete sentences and sentences involving a grammatical caesura in their middle.

....

In summary, one or both of the following criteria will in most cases delineate intonation-groups :
(ⅰ) change of pitch level or pitch direction of unaccented syllables
(ⅱ) pause, and / or anacrusis, and / or final syllable lengthening, plus the presence of a pitch accent in each part-utterance thus created[11]

(A. CRUTTENDEN, 1986)

いずれにしても発話する際、発話者は全体像がイメージされる以前に発話を開始し、その途中でイメージ想起を連続させ、音声表出をするということが見えてきた。このことはJean-Pierre Orliaguetも次のように述べている。

..... Cet ensemble de données indiquent donc que la production d'une séquence motrice complexe ou de longue durée commence avant qu'elle ne soit totalement programmée. Une partie de cette programmation a lieu en cours de mouvement, sans par ailleurs gêner la fluidité des mouvements.[12]

(Jean-Pierre Orliaguet, 2004)

このような指摘も見ながら、筆者は目下次のようにイメージの切れ目を設定した。

イメージの切れ目

1．音延長の後
　　ex. En m'excusant encore de ne ..... / pas vous l'avoir donné .....
2．音中断の後
　　ex. J'ai lu / Aurélien.

3．無音挿入の後
 ex. .....était à peu près [...] ...... / 3 mille .....
4．イントネーション急上昇の後
 ex. Je suis arrive ↗ / à Londres.
5．同一音連続の時、振幅差が生じる所
 ex. En m'excus<u>ant</u> / <u>en</u>core
6．強音から弱音への変化する所（振幅差は絶対差ではなく、相対差による）
 ex. ...... pas vous l'av<u>oir</u> / <u>don</u>né tout de suite ......
7．弱音から強音へ変化する所
 ex. ......passer <u>de</u> / <u>bonnes</u> vacances.
8．母音量最大（強さ、高さ、長さの総合）の後
 ex. <u>Si</u> / vous voulez ......
9．緩慢な振幅減衰の後
 ex. Voilà ↘ , / merci. Merci encore ......
10．高音から低音に変化する所
 ex. J'ai renoncé <u>à</u> / <u>à</u> mes grasses matinées ......
  C'est le <u>centre</u> / <u>de la</u> France.
11．音繰り返しの各音の後で
 ex. ..... mais c'est / très c'est très, / c'est très ennuyeux .....

 2はポーズに関係するが、Danielle Duez が1984年のミッテラン大統領のスピーチにおける分節単位の長さ分析を行っている資料がある。ポーズは後続のイメージを探しているので、その長さと後続の単位の長さに、必ずとはいえないが若干の関係があるように見える。

 Il s'agit je le répète / pause : 1030 ms / d'un indispensable préalable / pause : 640 ms / à toute / pause : 180 ms / demande / pause : 210 / de consultation populaire / pause : 390 ms / touchant / pause : 320 ms / aux libertés / pause : 2000 ms /.
(Danielle DUEZ : La pause dans la parole de l'homme politique, édition du

CNRS, Paris, 1991, p. 99)

　比較参考のために筆者の行った分析結果の一部を掲げておこう。
　Et / c'était / n ..... (200 ms) / ce n'était (350 ms) / pas une royauté / absolue.
　Je pense que / ouh ..... n ..... (800 ms) /une (960 ms) / solution / de grand prestige / ouh ..... (180 ms) / qui devrait (940 ms) / ouh ..... (370 ms) / retenir (430 ms) / la tension / des responsables / et / j'allais / même dire / .....
　En m'excusant / encore / de ne ..... (280+670 ms) / pas vous l'avoir (1370 ms) / donné tout de suite.
　Au commencement / du / 16 siècle / le nombre des étudiants / était / ouh ..... m ..... (840 ms) / à peu près (870 ms) / ouh ..... (180 ms) / trois mille (1090 ms) / chaque année.

　イメージのまとまりを示す重要な波形現象を見逃している可能性は十分にあるが、さしあたり前掲の11項目に当てはめて本論を進める。これらの現象は聴覚的にも捉えられ、比較的はっきりしているものは筆者の聞き取りにより、そうでないものは器機を用いて確かめた。

本論の目指すもの（目標と目的）

　言語音を物理的に捉えれば表面的であり、その現象の中に話者の発話以前の心象を見ようとする時、筆者の研究目標がある。例えばイントネーションを調べて、それを学習に応用することは、イントネーション形式の異なる言語話者にとっては表面的模倣でしかない。模倣することは目標であっても、それは目的ではない。何故そのような形状になったのかが重要である。日本語だと一般的にはイメージの移り目が下降調を示す。フランス語においては上昇調を示す。ここはまさに生起するイメージの渉り部であり、移り目である。フランス語にも途中下降調が現れるが、これは意識の終了と見られる。いずれにしてもこのイメージの区切りがわかったとして、話者の頭中で先行する内的音声は何の役に立つのであろうか。

イメージ想起から発声に至るまで、話者の頭中に於ける言語活動は次のように考えられる。

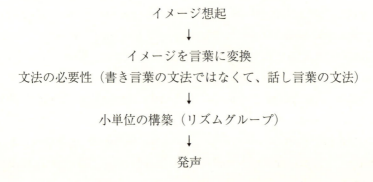

　書き言葉における文法は先述のように外国語学習の手段にはなっても、規則の枠があって生きた言葉と多少距離がある。筆者は、与えられた言語の話者（native speaker）が実際に用いる言語活動の様子を、音声的に学習者に理解させ、より早く言葉の把握をするための話し言葉の文法というものを考えている。話し言葉の文法というよりは、話し言葉の音連続と言ったほうがよいかも知れない。何故ならばそこには明白な規則がないからである。学習者が音声の構造を理解した時は、目標とする外国語を心象によって、即ちより深い心中で話す。つまりイメージの捉え方をnative speakerと同じようにして話すことができると確信する。
　ところが話者は、品詞といわれる音連続単位を単独で発話する場合があるのを見れば、話者の発話の際の区切り方は自由であると言ってよい。つまり頭中では単語をひとつづつ想起して発話してもよいということになる。しかし現実には文となるためには切りやすい単位、想起しやすい単位があるはずである。このように人によってイメージの捉え方が異なるので上で述べたように明白な規則ができないわけだが、個人のイメージ単位の長さ（時間）を知ることによって、仮に分析型（単位を細かく分けるという点で）か、総合型（多少長い音連続という点で）というようなタイプを知ることができる。例えば早口の人はある単位の中に多くの情報を盛り込むので、イメージ優先

型といえるかも知れない。その意味で総合型。遅い話し方の人は単位を細かく刻みながら確認してゆくという分析型。但し音声文体（phonostylistique）からいえば、話者の社会的位置づけ、即ち教養の多少とか、人前で話す習慣の有無 etc. によって違いが生じる。しかしインフォーマントの社会的状況を客観的に定める基準はなく、インフォーマントの選び方によって、分析結果に当然違いが生じる。これはやむを得ない。本論では本件については考慮しなかったが、見出し項目を見ると多少なりともインフォーマントの様子はわかると思われる。即ち話し慣れている人は区切りが寧ろ長い。イメージ一単位の長さが約150〜1000ms（実験済み）とすると、その中に表出される音声連続情報量で、どちらかの傾向に分かれる。例えば「東京は車が多くて、渋滞がいつも問題になる。」と言う時、

  東京は……｜車が多くて……｜渋滞が……｜いつも問題になる（分析型）
  東京は車が多くて……｜渋滞がいつも問題になる。（総合型）

このようなイメージ単位は大脳のニューロンパターンのつなぎ合わせの具合と考えれば、

分析型の場合は、
  東京は [ə...] 車が多くて [ə...] 渋滞が [ə...] いつも問題になる。
  ---------- エ ---------- エ --------- エ ---------

総合型の場合は
  東京は車が多くて [ə...] 渋滞がいつも問題になる。
  ---------------- エ -----------------------

 これは一つのパターンであるが、話者は母国語を話す時、まず自分がどちらのパターンに属するかということを自覚できるであろう。それによって話し方、特に外国語を学ぶ時に音単位の作り方を工夫することができるであろう。一例として je pense qu'il est malade. という時に、分析型の場合には

  je pense que ....il est malade.
  je pense que ....il est ....malade.
  je pense qu'il est........malade. etc.

総合型の場合には

      je pense qu'il est malade.

      je pense qu'elle est malade.

      je pense qu'il est arrivé.

      je pense qu'elle est française.　　　　　etc.

　最初は分析型であるのは当然で、慣れてきたら総合型へと訓練するとよい。また実際のフランス人の表出音声を見ていると、両方の型が現れているが、例えば総合型として現れている場合、その人が常にそのように発音しているわけではなく、内容、状況によって変化している。しかし、慣れた表現だと総合型に傾くようであるし、日本人が日本語を話す場合も同じである。即ち、分析型的に最初は音連続を捉えることがよいのであろう。但し総合型を学ぶ必要は、例えば〈私は本を読んでいる〉という文を〈私は…本を読んでいる〉と分析型で憶えると〈私が読んでいる本…〉と言いたい時に、〈私が読んでいる〉という音単位ゆえに〈が〉が必要なのだが、〈私は…読んでいる本〉となり、〈私が…読んでいる本…〉のように〈が〉を導き出せるか疑問である。助詞の発音が変わるわけだが、それでもこんな場合に〈が〉が導かれたとすれば、既にこの時は〈私が読んでいる本〉という単位が話者の頭中に想起されていたことは確かである。この時は総合型で〈私が読んでいる本…〉と憶えるべきであろう。即ち私の本、私の読んでいる本となるからである。外国人が日本語を学ぶ時の音声的問題を含んでいる。即ち本論の目的はイメージと音声の結合による言葉の習得である。

　ところでイメージの単位といっても基準は何か？　あるイメージが核となってその前後に音連続が表出されていることは考えられるとしても、表記の仕方が難しい。本論では一方法として、伝統的に品詞といわれる統語的音単位を表記の手段として用いる。掲げた項目の中の例は、インフォーマント個人の発声の記録である。そこからイメージ単位モデルを想定し、日本人がフランス語学習の際に必要と思われる情報を示そうと思う。

冠　詞

　冠詞は名詞の前に置かれ、その名詞の限定度合いを示し、名詞の性数を表す。これによると冠詞は後続の名詞と緊密に結びついているが、実際音声的観点からすると、話し言葉における冠詞の表出は、文法における単位、即ち書き言葉に於いて把握される単位と必ずしも一致はしていない。

1. 単独
   （イメージの核は後続要素の中にあり。以下核と表す）

c'est comme, c'est comme, / la /, par rapport au cinéma ......（フラマグ n°2）
Que jardins japonais, / la /, ... toute la ......（フラマグ n°2）

　何故冠詞が発音されたかは不明である。何故ならば後続要素として実際に現れた音声が、la とは無関係だからである。

, ... / un / ...... vraiment ......（フラマグ n°2）

　この un は冠詞と捉えてよいものか。思考する際の [ɔ̃......] と考えるべきかは根拠がない。

ouh ......n ...... / une / solution ......（italien 2）
Je pense à / des / Barychonikof ou .....（champs-E 3）

　冠詞と名詞が一単位として纏まって発音されてはいない。前の例で冠詞が後続語の性数に一致していることは、イメージはありながら、単語 solution が思い浮かばなかったためなのか、或いは偶然に une が表出されたのか、問題となる箇所である。これを説明できそうな次の例を見てみよう。

sans doute / une / une quarantaine, ... (champs-E 3)

　後続語に性数一致した冠詞が繰り返されている。この例を見る限り、最初 une が発せられた時には、quarantaine がイメージされていたと考えられる。ただ単語が見いだせなかった故に、quarantaine が見つかった時、もう一度 une を繰り返している。ここでは偶然に une が用いられたとは考えにくい。しかも後続語を予定している次の例を見てみよう。

ils sont d'accord sur ...... / la / sur l'acte de fusion projeté (fr. parlé p.25)

　本来ならば acte は男性なので le となるべきだが、la が表出されていることは l'acte の l'a...... が既に頭中にあり、その後の要素を探しているということになる。するとこの場合の la は冠詞 la ではなくて、l'acte の l'a であるといえる。ところがこれに逆行するような例がある。

c'est là que en principe a lieu / le le / la production ...... (fr. parlé p.60)

　正当な書き言葉では c'est là qu'en principe a lieu la production ...... である。フランス人が冠詞の性を間違うことは少ないが、この場合も例外ではない。即ち完全に冠詞が独立していて後続の語との関連性がないことである。le le と言いながら何を求めていたのであろうか。結果は la production になった。このことは冠詞が単独で音声表出されているということになる。発話中に音声が途切れることは不自然である。この時冠詞のような音声が必要であろう。

C'est le centre de la France. / Le le / le centre de la France, c'est ..... (M.O.)

モデル文
　　　　C'est un ・un ... ・un chapeau. （・は休止拍を示す。以下同様）
　　　　C'est le ・ le ... ・le chapeau de Pierre.

（一拍置くのはどうであろうか。リズムに関係している。こうした構造から発展させて区切りを徐々に連結してゆくと、次第にイメージの捉え方が身につくと思われる。以下モデル文には同様の方法を考えた。）

  C'est un ... · un chapeau.
  C'est un chapeau.

  C'est le ... · le chapeau de Pierre.
  C'est le chapeau de Pierre.

  Il prend du ... · du café.
  Il prend du café.

2. 冠詞 + 名詞
（名詞がイメージの核となっている統語体即ち名詞から派生した統語体、それを名詞核と呼ぶことにする。以下同様）

 この連続体は自然である。本来冠詞は名詞と一体化して意味の小単位を作る。冠詞は後続の名詞の性数によって、容易に変形することを考えれば、如何に名詞と結びついているかがわかる。

1）不定冠詞 + 名詞（名詞核）
, ... / un nom / pour appeler le groupe ...... （フラマグ n°2）
beaucoup de pollution ouh ...... / des gens / partout ...... （フラマグ n°2）

 頭中で後続語を探しており、発声された音声が冠詞と一緒に、纏まりとして現れている。この結びつきは極めて冠詞が名詞と緊密であることを示している。

モデル文
  C'est ·un chapeau.

C'est un chapeau.

Je prends ･du café.
Je prends du café.

Voulez-vous me donner ･de l'eau, s'il vous plaît ?
Voulez-vous me donner de l'eau, s'il vous plaît ?

une / une quarantaine, / à peu près ...... (champs-E 3)

　冠詞の繰り返しは、名詞との結びつきが強いことを示す。一方 une で切れて、そのまま名詞の発声ということももちろんあり得る。冠詞の単独表出と同時に、冠詞 + 名詞の単位を実証するものである。

Non, je considère pas ça comme / un sommet / c'est ...... (champs-E3)

　前置詞の後で冠詞 + 名詞の纏まりとして表出されている。この冠詞 + 名詞の纏まりは、例えば C'est une île. などにおいて、c'est の音声表出の時に une île が頭中に表象されているのと同じと考えられる。

qui normalement pas / de sens / entre eux. (フラマグ n°2)

　この場合は冠詞の変形であるが、pas にアクセントがあって、やはり de sens で纏まっている。この際文法的意識の介入はない。即ち n'ont pas de / sens / という文法的区切りはなく、もし話し言葉において可能だとすれば de の [ə] の長音化のような現象が生じることになる。特に [ə] はほとんどの場合アクセントが置かれることがないから、n'ont pas de / sens / になるためには [ə] の長音化しかないのである。

2）定冠詞 + 名詞（名詞核）

冠　詞

..... / l'idée / que je chante ......（フラマグ n°2）

　l'idée が想起された背景には la と idée の分離意識はなく、ひとつの思考単位と考えられるが、次の例を見ると必ずしも定冠詞と名詞が結びついていない。

entre le ...... / l'orient / l'occident, ...（フラマグ n°2）これ（前置詞＋冠詞）については後出。

　今、定冠詞と名詞が一体となっている時を考えると、定冠詞に名詞が後続したと考えるより、名詞が先に思い浮かんで、それに冠詞が前置されたと見る方が自然の単位と考えられる。後続語が見つからない段階では定冠詞と名詞が分離される可能性は十分に生じる。上例 entre le ...... がそのことを示している。定冠詞に名詞が後続せず、語を探している。
　ところで少なくとも次の例をみる限り、思い浮かんだ名詞に冠詞が一体化しているように思える。即ちこの際文法から離れて、定冠詞に示すべき意味あいはないと思われる。

l'orient l'occident, ... / le rapprochement / l'orient et ......（フラマグ n°2）
ils peuvent voir / la compagnie, / voir ...... (champs-E3)
j'ai dit / Le Japon /（フラマグ n°2）
qui ne comprend pas / les paroles /（フラマグ n°1）
retenir / la tension / des responsables (italien 2)
Et vous dansez / la moitié, / à peu près quinze ballets ? (champs-E3)
/ La Rochelle / il y a i(l) y a un petit accent. (M.O.)
/ La cathédrale / de .... de Bourges est ..... (M.O.)
Par an, / le métro / transporte environ / milliard 200 millions et（フラマグ n°4）
（この例では主語と後続動詞が音声的に連結していない。書き言葉では音声的に連結するところであるが .....)
/ les Japonais / peut-être / la délicatesse / de l'éphémère ......（フラマグ n°1）

この最後の例は後に続けて次のように言い直している。la délicatesse de / l'éphémère. éphémère を強調したかったのであろう。それでもこの時名詞に定冠詞がついていることに注意しよう。

　結局、冠詞は常に名詞と連結し、一単位を成すが、時に名詞と分離することがある。しかしこの場合は、もう一度その冠詞が繰り返されて名詞と結びつく。即ち冠詞は一般に名詞と結合して単位を作ることが殆どであるということができる。

モデル文
　　　　c'est ·le chapeau ·de Pierre.
　　　　c'est le chapeau ·de Pierre.
　　　　c'est le chapeau de Pierre.

3. 冠詞 + 形容詞相当語 + 名詞　　　（名詞核）

　形容詞と名詞が一単位の中に連結されるか、或いは相異する単位の中に想起されるかは語順による構造でも違いが生じる。一般に形容詞は名詞に後置されるが、前置された形容詞は名詞と結びつきやすい。即ち形容詞と名詞の間に意識の切れ目がなく、一音声語を成すと考えられる。

Inconsciemment, ... / la vraie signification /, ... du nom quoi. (フラマグ n° 2)
...... à m'envoyer / un petit mot / ...... (Philippe)

モデル文
　　　　C'est ·un bon élève.
　　　　C'est un bon élève.

4. 冠詞 + 名詞 + 形容詞相当語　　　（名詞核、形容詞核）

　想起される単位の長さが長くなって、これが一単位であると仮定すること

は、この中にもっと小さい単位が生じないということではなく、全体としてどの程度まで要素を一単位として連結できるのかという拡大可能単位を求めている。だからこの項目における三要素が一連続一単位であっても、場合によっては冠詞＋名詞／形容詞、冠詞／名詞＋形容詞だとか、冠詞／名詞／形容詞のように分離想起され得ることは当然である。既に冠詞が独立していたり、冠詞＋名詞の単位が生じることは上記した。

…… danser / un ballet classique / avec une mentalité …… (champs-E3)
on ne voit pas souvent / des danseurs allemands, / par exemple, …… (champs-E3)
, quand on fait / un dessin animé /, on peut plus, on peut se permettre de ……
（フラマグ n° 2）
je dirais, …… de de …… / des scènes parisiennes. / (champs-E3)
que j'ai invités, / les danseurs étrangers / de de faire découvrir …… (champs-E3)

　冠詞（形容詞相当語）＋名詞＋形容詞については、普通意味的には固定された単位で、頻繁に現れそうな纏まりである。しかし上述のように、切れ目は様々になり得るし、これは話し手の心情の微妙さと関係している。だからこの単位が簡単に分離される可能性は常にあって、同一音連続においても同様である。例えば le congrès international において、国際会議というイメージとしてひとつである場合は当然この項に現れるであろうが、国際的な会議という場面に移ると、どうも形容詞が名詞と分離されるようである。この時形容詞の性質が見えてくる。即ち形容詞は音声的に名詞と一体化しやすいわけではなく、時に後続のイメージ単位に組み込まれて、名詞を説明することがおこる。確かにフランス語では一般的には形容詞が名詞に後置されるが、この時名詞は形容詞と分離された音声表出を示し、英語や日本語と本質的に異なる性質を示している。しかも形容詞が後置された場合、例えば des yeux bleus と les yeux bleus では前者の一連続、後者の二連続ということが起こる。則ち les yeux bleus は les yeux / qui sont bleus である。フランス語形容詞はイメージ作りに微妙に働く。

モデル文
  Il a ·des yeux bleus. cf. Il a ·les yeux ·bleus.
  Il a des yeux bleus.   Il a les yeux ·bleus.
             Il a les yeux bleus.

5. 冠詞 + 名詞 + 副詞　　　（名詞核）

　前項と類似してはいるのだが、形容詞と副詞では本質的に用法が異なるので、この場合は4と区別する必要がある。即ち形容詞は前置の名詞と一体化する観念があるのに対し、副詞の機能は名詞とは結びつかず、後続に別の要素を探す。ところが次例では後続の要素が連続せずに、まずは名詞に音連続している。文法的には成立し得ない連続体である。

image un peu de folie, ouh ...... / une image un peu / ouh ...... on peut vraiment

                （フラマグ n° 2）

　un peu の後に folle のような形容詞相当語が必要である。このような表出は日常的である。C'est une fille très .... というような時に、適する形容詞を頭中で探している。

モデル文
  C'est ·un élève très ·assidu.
  C'est un élève très ·assidu.
  C'est un élève très assidu.

6. 冠詞 + 名詞 + 前置詞　　　（名詞核）

　冠詞 + 名詞の纏まりは自然であるが、それに前置詞を連続させて後続要素を探すということは、先行の名詞が取るべき前置詞が概ね決定していることを示す。即ち前置詞の後続要素と名詞の関係は、この名詞の性格によって

de なり à なり par などの前置詞を導き、後続要素は未想起のまま、発声する段階にまで至っていると考えられる。

C'est / l'aboutissement de / .... d'un ...... (champs-E 3)

この場合明白な結果によって云々というのではなく、何らかの結果であるという全体のイメージの中で de が用いられ、原因となる要素を探している。de は自然な表出である。

est-ce que c'est un ‥/ l'appel à /, ... à toutes les musiques ...... (フラマグ n°2)

前置詞の後に間（ま）が生じることは l'appel à ...... で明らかである。この纏まりは前置詞の後置性を示すと同時に、前置詞の繰り返しはやはり前置性をも示している。

Ça va être partout, / le fait de / faire le (les) fleurs parce que ...... (フラマグ n°1)

le fait de の前置詞 de を用いていることは、後続の faire les fleurs が発せられることを考えれば容易に納得できるのだが、それならば何故 le fait de faire les fleurs と一気に表出しないのであろうか。本当に頭中では de の後で後続要素を探しているのか、それとも長い連続体を故意に音声的（リズムのため etc.）に区切ったためであろうか。いずれにしても前置詞の後に単位の切れ目を置いているのは何故だろう。この場合前二例とは異なり、前置詞の繰り返しは行われていない。

モデル文

    Il a ·un bouquet de ·roses rouges.
    Il a un bouquet de ·roses rouges.
    Il a un bouquet de roses rouges.

7. 冠詞＋名詞＋動詞＋形容詞相当語、（副詞）
   （名詞核、形容詞核）

この構造は主語＋動詞＋属詞、状況補語といえよう。

qui se retenait bien / le mot était joli / en plus, ...（フラマグ n°2）

　le mot était joli が常に一単位であるという規則は何もなく、この中の要素のすべての箇所で分離し得る。少なくともこれまで述べてきた1、2項で既に予測はつく。即ち

　　　　le　　　mot　　　était　　　joli
　　冠詞（単独）
　　冠詞　＋　名詞
　　冠詞　＋　名詞　＋　動詞
　　冠詞　＋　名詞　＋　動詞　＋　形容詞、（副詞）

モデル文
　　　Le vin est bon.
　　　Les chevaux courent vite.

8. 冠詞＋名詞＋形容詞相当語＋副詞相当語
   （名詞核、形容詞核）

ou / des Américains émigrés en Allemagne / comme Evelyn Hart .... (champs-E3)

　音声的には一単位を成しているが、一単位としては長いように思われる。当然細分化され得るが、この場合、一度にイメージが想起されたとは考えにくく、イメージが中断なく順次想起された結果音声的纏まりを示したものと

いえる。こういう場合もイメージ思考の纏まりとして捉えられる。

des　　　Américains　　　émigrés　　　en Allemagne
冠詞（単独）
冠詞　＋　名詞
冠詞　＋　名詞　＋　形容詞相当語
冠詞　＋　名詞　＋　形容詞相当語　＋　副詞相当語

モデル文
　　　C'est un ·un chapeau rouge un peu ·clair.
　　　C'est un chapeau rouge un peu ·clair.
　　　C'est un chapeau ·rouge un peu clair.
　　　C'est un chapeau rouge ·un peu clair.
　　　C'est un chapeau rouge un peu clair.

9. 冠詞 + 名詞 + 関係代名詞　　　（名詞核）

..... / les gens qu-i / sont venus...... (le français parlé, p.73)

　この記述は筆者によるものではないが、C.B-Beneniste の記述からすると、フランス人の思考形式が、関係代名詞の場合、我々日本人が後続文法形式から判断し選択するのとは異なり、もっと複雑であって、その結果関係代名詞に切れ目が生じるのではないかと思われる。以下の文は彼の記述の中で示唆的である。

　...... Sous la forme *qui*, elle est utilisée pour les emplois de sujets, sans distinction sémantique, avec un < i > instable :
　--- les gens qui sont venus, les choses qui manquent, les choses qu'ont manqué.

Nous analysons ce *qui* comme une forme composée par la particule *que* et un < i > instable qui apparaît automatiquement quand le dispositif comporte un verbe non précédé de son sujet.[34脚注] :
--- les gens qu-i sont venus.[35脚注]

ここが微妙で、もし後続文に主語があるかないかを判断するとすれば、qu- と言いながら que か qui を選ぶことになり、その時 qu- の後に切れ目が生じることになる。

(34) Le français de conversation connaît une forme *qu-iz*, dans le cas de sujet pluriel, devant un verbe qui commence par une voyelle : *les gens qu-iz ont fait ça.*
(35) Il s'agit de la présence d'un < sujet > au sens morphologique ; un < il impersonnel > empêchera la formation du < i > de la particule *qui* : *les choses qu'il y avait.*[13]

(Claire BLANCHE-BENVENISTE, 1990)

関係代名詞と呼んでいる qui が、que ＋ 不安定の < i > から成るというように、我々日本人はそこまで分析的に考えることをしない。先行詞が後続文（関係節）の主語であれば自動的に qui を用いるということで抽出している。しかし説明にあるように、主文（後続文）が主語なき動詞から成る時は que ＋ < i > であるという時、フランス人は qui をどのように頭中に浮上させているのであろうか。[leʒɑ̃kəisɔ̃vny] とか [leʒɑ̃kə..... isɔ̃vny] というような発音は聞かない。とすると [leʒɑ̃kisɔ̃vny] となるのだが、上の説明から察して、qui を発する際に < i > instable がイメージの表出の流れの中で言葉の構造と関わり合うから話者にとってはブレーキになる。そこで話者は [ki] の後で一瞬中断するのではないか。日本人が関係代名詞の前で中断するのと事情が異なる。或いは i が instable ならば、落ちて que と表出されることもあろう。もしもフランス人が上の説明のような方法で関係代名詞 qui を習得し、用いているのであるとすれば、筆者の推測は可能である。しかし実際、フランス

人も我々と同じように全く形式的に選択して用いているであろうことも容易に考えられる。そしてもしそうだとしても、関係代名詞の後で切れ目を置くという可能性は十分あり得る。これは関係代名詞が単独で用いられること（後出）と考えあわせれば、直後に区切りがあっても不自然ではない。ただ我々日本人とは異なるメカニズムによって関係代名詞が表出されていることは間違いないだろう。

モデル文

   C'est ·le chapeau qui ·a un ruban bleu.
   C'est le chapeau qui · a un ruban bleu.
   C'est le chapeau qui a un ruban bleu.

   C'est ·le chapeau que ·Sophie a acheté.
   C'est le chapeau que · Sophie a acheté.
   C'est le chapeau que Sophie a acheté.

10. 冠詞＋名詞＋前置詞＋名詞＋副詞（形容詞相当語）（名詞核）

hein, / un rôle d'acteur vraiment, / mais avec tout ce …… (champs-E3)

 最後の要素 vraiment は本来の意味を意図しているかというと、そうではないようである。この場合軽い語調保持程度に表出されたと考えられる。副詞の代わりに形容詞が表出されたとすると、この時は先行の名詞と一体化して本来の意味を意図することになろう。

モデル文

   C'est ·le chapeau de Pierre vraiment ·chic.
   C'est le chapeau de Pierre vraiment · chic.
   C'est le chapeau de Pierre vraiment chic.

11. 冠詞 + 名詞 + 形容詞相当語 + 動詞 + 副詞
　　（名詞核、動詞核）

　文法的にいえば一文を成す。簡単な文ならばこれが一単位になり得ることは明らかである。

/ Les danseurs classiques ne sont pas ...... / en tout cas ...... (champs-E3)

モデル文
　　　　Un lapin agile court vite.

12. 冠詞 + 名詞 + 接続詞 + 冠詞 + 名詞　　　（名詞核）

　接続詞がこの時、並列的役割を持っており、全体を一単位としている。

le rapprochement / l'orient et l'occident / musicalement ......（フラマグ n°2）

モデル文
　　　　J'aime ·le vin et la bière.
　　　　J'aime le vin et la bière.

13. 冠詞 + 名詞 + 前置詞 + 冠詞 + 名詞　　　（名詞核）

　前項12)と似ている。接続詞と前置詞の役割は異なるが、ここではイメージ想起単位としては役割を越えて同種と見ることができる。

16è siècle / le nombre des étudiants / était ouh ...... (italien 2)
et par jour, ... / un jour de plein trafic, / ...... c'est-à-dire un jour de semaine ......
　　　　　　　　　　　　　　　　　　　　　　　　　　　（フラマグ n°4）
Le le / le centre de la France / c'est de la cathédrale de Bourges. (M.O.)

冠　詞

モデル文
　　　C'est la liste de … · des noms des élèves.
　　　C'est la liste des noms des élèves.

前置詞

　名詞や形容詞 etc. といった文法範疇の品詞の補語を作ったり、また多くの場合名詞という要素を補語として後続させ、動的意味の小単位を作る。動的意味とは、例えば heure は時間という単なる静的意味であるが、前置詞 à の補語として、à l'heure の中で用いられると、〈時間通りに〉という動的意味に拡張されることである。その他前置詞は広範囲に使用されるが、常に何らかの要素と結びついている。

1. 単独　　　（核は後続要素の中にあり）

　本来の用法としては定義に示したように、常に何らかの要素と結びついているのだが、話し言葉においては、前置詞がまず表出されて、それから後続要素を探すということが頻繁におこる。考えれば後続要素が見つからないのに何故前置詞のみが表出されるのかということは一見不自然である。しかし前置詞を表出した時は先行要素との関係に於いて、言葉の枠組みは既にできていて、後続には単に名詞といわれる要素だけが必要なのである。とすると前置詞は寧ろ先行要素との関係に於いて重要である。但しその時、先行要素と切り離されることがおこり、その結果、前置詞が単独で表出されることになる。

1-1　繰り返し

　　　　...... de s'exprimer là, / de / de danser, ... (champs-E3)
　　　　...... de débridé, / de / de fou avec ...... (champs-E3)
　　　　c'est très ennuyeux d'être systématique et ...... / de / ...... et de traduire avant ......　　　　　　　　　　　　　　　　　　　　　（フラマグ n° 1)
　　　　c'est un peu ce que je fais, en ...... / avec / , avec le texte ...... （フラマグ n° 2)
　　　　...... les danseurs étrangers, / de / de faire découvrir .... (champs-E3)

前置詞

je dirais, / de de ...... / des scènes parisiennes. (champs-E3)

La cathédrale / de / .... de Bourges est située exactement .... (M.O.)

また前置詞の末尾母音を長音化することも多い。

1-2　長音化

 tout à fait équitable / entre .... / les danseurs étoiles, je .... (champs-E3)

 Les Japonais, peut-être, la délicatesse ...... / de ...... / l'éphémère .....

（フラマグ n°1）

 moi, de mon côté / de ...... / faire de même. (Philippe)

 quelques chansons / de ..... / Yves Duteil. (Philippe)

 c'est une grande ville Tokyo, / avec ...... / beaucoup de pollution ......

（フラマグ n°2）

これらの場合、前置詞の表出中に後続のイメージは浮かんでいるものと思われる。後続要素の整理ということで末尾音延長という現象が見られたのであろう。

また後続要素が長い場合は末尾母音の長音化として表出されることもある。

qu'on se, où on se sent mal / dès e ...... (239 ms) / qu'on reste plus de trois jours ......

（フラマグ n°2）

plus haut qu'on est arrivé en / avec / euh + 026(cs) deux appareils ......

(phonétisme p.102)

モデル文

 Il est important・de ...・de sortir aussitôt que possible.

 Il est important de ...・de sortir aussitôt que possible.

 Il est important de ...・sortir aussitôt que possible.

2 前置詞＋(冠詞)＋名詞　　　(名詞核)

　この纏まりは前置詞の本来的な結びつきであるが、果たして話し言葉の表現中には頻繁に現れるであろうか。前置詞の単独表出は見た通りである。結局これから述べるように、日常使い慣れた纏まりである場合は連続している。

de danser, / comme Gigi Hyatte / de chez un ...... (champs-E3)
..... arrive / à Londres. / (Français 3)
..... emporte / à Londres / ...... Aurélien en ma valise. (Français 3)
......agréablement surpris, je, / par rapport / à New york / qui (es)t une vi(lle) qui bouge ......　　　　　　　　　　　　　　　　　　　　（フラマグ n°2）
c'est comme, c'est comme là ...... par rapport / au cinéma / et à l'animation, ...
　　　　　　　　　　　　　　　　　　　　　　　　　　　（フラマグ n°2）
de quoi que ce soit / en France. / (Philippe)
mais dans la pension / de famille / où j'étais ...... (Français 3)
tout ce que comporte ma personnalité / d'extravagant, / de débridé, / de, / de fou / avec ...... sans raconter ......　　　　　　　　　　　　(champs-E3)
quand j'étais enceinte / de Charlotte / quand je suis venue ...... （フラマグ n°1）
de chez un / de chez Neumeier, / enfin, je ...... (champs-E3)
Peut-être, devant < Avec le temps >, / de Léo Ferré, / je vais essayer de ......
　　　　　　　　　　　　　　　　　　　　　　　　　　　（フラマグ n°1）
/ Par an, / le métro transporte environ 1 milliard 200 millions et ......
　　　　　　　　　　　　　　　　　　　　　　　　　　　（フラマグ n°4）
de faire beaucoup plus de choses, / par exemple / faire voler un frigidaire, ...
　　　　　　　　　　　　　　　　　　　　　　　　　　　（フラマグ n°2）
/ Au commencement / du 16è siècle ...... (italien 2)
la tension / des responsables / et ...... (italien 2)
...... des mots qui normalement n'ont pas de sens / entre eux, / mais qui est en fait

前置詞

..... 　　　　　　　　　　　　　　　　　　　（フラマグ n°2）
..... en allemagne / comme Evelyn Hart. / (champs-E3)
c'était peut-être inconsciemment la vraie signification / du nom quoi. /
　　　　　　　　　　　　　　　　　　　　　（フラマグ n°2）
.... c'est du peut-ê(tre) de / ..... de Bourges / de le centre de la France. (M.O.)
La cathédrale de / .... de Bourges / est située exactement au centre .... (M.O.)
/ À Paris, / oui, (ils) parlent très très ..... (M.O.)
..... de toute façon ils font tout vite / à Paris. / (M.O.)

　都市や国に与えられる前置詞 à, en は後続要素に連結し易く、更に par raport や par　exemple のような固定表現はまず分離されないと考えてよい。de や他の前置詞の場合は先行要素に結合するか、単独で表現されるか、または上例のように後続要素に結合するのか不安定である。口語においては必ず後続要素と音声的に一体化を必要とはしていない。

モデル文
　　　　Il reste ・dans la pension ・de la famille de Pierre.
　　　　Il reste dans la pension ・de la famille de Pierre.
　　　　Il reste・ dans la pension de la famille de Pierre.
　　　　Il reste dans la pension de la famille de Pierre.

3．前置詞 + 冠詞　　　　（核は後続要素の中にあり）

　冠詞が後続の名詞と切り離されることは、先に冠詞の単独表出で述べた。ここでは、そうした冠詞に前置詞が先行している例を示す。

hormis le temps des vacances, / hormis pendant les / périodes de repos ......
　　　　　　　　　　　　　　　　　　　　　　　　　　　(champs-E3)
c'est-à-dire cette liaison / entre le ...... / l'orient, l'occident ..... （フラマグ n°2）
ne sont plus confinés / dans un / mode de pensée (champs-E3)

フランス人の頭中には dans un mode / de pensée / より mode de pensée の方が優先する纏まりかも知れない。よく考えるとその方が話しやすいし、イメージが捉えやすい。

Je suis très, très subjuguée / par les / par, par tout ce qui est ...... (フラマグ n° 1)
j'ai renoncé dans un, / dans un / en tous les cas pour ...... (champs-E3)
comme Gigi Hyatte / de chez un / de chez ...... (champs-E3)
Au commencement / du / 16ème siècle (italien 2)

　最後の例では de le とはいっていない。du になって 16è siècle と分離されていることは、du の時に既に --- siècle まで頭中に表象されていると考えられる。だから du が導かれているといえる。他の例についても冠詞を表出している時は既に後続要素を予定しているように思われるものが多い。それは冠詞が後続要素の性数に一致していることから判断できる。このように、予定していながら冠詞を切り離して先行させる話し方は、単にリズムなのであろうか、或いは生理的必然現象なのであろうか。注目に値する。

il passe son temps / avec des / je ne sais qui.

(Crown 仏和 第3版 p.1298　三省堂)

　この例の音声資料はないが、仮に avec の前で区切りを設定する。次に des の後に区切りを設定する事ができる。というのは avec des 人という構造を予想でき、avec des ...... je ne sais qui と考えられるからである。事実 il passe son temps avec je ne sais des qui. とは考えられない。

モデル文
　　　　On se déplace ·par le ·par le métro à Paris.
　　　　On se déplace· par le métro à Paris.
　　　　On se déplace par le métro à Paris.

4. 前置詞 + 冠詞 + 名詞　　　（名詞核）

　このまとまりは、イメージの単位として自然である。だから慣用的表現も増えてくる。又日常的表現として固定形式化されているから言い淀みが少ない。

Alors / pour le moment / je dirais que ...... (champs-E3)
...... beaucoup plus de tranquillité / dans la vie, / j'ai une vie qui .... (champs-E3)

　その他日常的表現は、à+le = au のような文法的規則を間違うことなく表出する。
...... par rapport / au cinéma / et à l'animatoin, ...（フラマグ n°2）

　ところが文法的には誤って表出されているものもある。

...... je trouvais que la mentalité était très proche / de les Anglais. /（フラマグ n°1）

　正しくは des Anglais となるべきところであるが、話者は前置詞と冠詞の縮約ということについて、たまたま知らなかったのかも知れない。因みにインフォーマントはイギリスの歌手（J. B.）である。être proche de --- という表現なのだが、前置詞 de は後続 les Anglais の方に結合している。
　ところが既出だが（項目2）la tension / des responsables / et ...... においては de les が完全に des となり、responsables と一体化している。これは la tension の発声中に後続要素が想起されたと考えられ、もし la tension de ...... という一連続となった場合には、上のように la tension de ...... les responsables, または la tension de ...... des responsables の可能性が考えられる。

l'idée que je chante / devant un public / qui ne comprend pas ......（フラマグ n°1）

この場合、devant un において liaison をしていないが、音声的には一連続を成している。前置詞 devant と後続 un public はそれぞれ独立に想起されたと思われる。devant の発声中に un public を想起したと思われる。もし.....chante の発声中に後続の一連続が想起されたとしたら、恐らく devant un public と liaison していたかも知れない。何故ならばそれは連続一単位であるからである。でもこの場合の liaison は義務的ではない。
　前置詞＋冠詞＋名詞の結合は、この項の冒頭に自然であると言ったが、確かに散見される。

il reste / sur la cassette / peut-être ...... (Philippe)
ouverts / sur l'extérieur, / sur la vie, / et qui ..... (champs-E3)
On peut pas, peut-être devant ......, / avec le temps / de Léo Ferré.（フラマグ n°1）
un ballet classique / avec une mentalité / aujourd'hui. (champs-E3)
mon père m'a pris / pour un crétin / n'est-ce pas ...... (Français 3)
c'est un peu ce que je fais, en ...... avec, / avec le texte, / c'est-à-dire ......
　　　　　　　　　　　　　　　　　　　　　　　　　　（フラマグ n°2）

　最後の例では、前置詞を探している様子がわかる。まずは前置詞をということで模索している結果、en .... avec となっている。......, je fais の段階ではまだ頭中には何もない。繰り返された二度目の avec が le texte と一緒になったことは、前置詞が後続要素と結合して連続単位を作ることを示し、同時に en ...... avec からわかるように前置詞が単独で発声されて言葉のリズムを整える役割も垣間みられる。普通ならば [ə ....] とか [n .....] の長音化のなかで言葉を探すのであろうが、その部分に前置詞が現れているということになる。次の例も同様である。

l'aboutissement de ...... / d'un parcours, / je dirais ...... (champs-E3)

モデル文
　　　On se déplace ・par le train ・dans la campagne.

　　　　　On se déplace ·par le le train dans la campagne.
　　　　　On se déplace par le train ·dans la campagne.

5. 前置詞 + 動詞　　　　（動詞核）

　前置詞の後続要素との結びつきは強い。ここでは他動詞の例は少ないが、前置詞 + 動詞はイメージの纏まりとして表出されている。

..... de bien vouloir cesser de / de combattre / sur ces îles. (français parlé, p.47)
il y a une douceur dans cette ville, vraiment une douceur ouh ...... / de vivre / ......
　　　　　　　　　　　　　　　　　　　　　　　　　　（フラマグ n°2）
finir / par arriver ...... / (champs-E3)
cinq jours / sans sortir / j'ai lu ...... (Français 3)

モデル文
　　　　　Il sort tôt de la maison·pour arriver·à temps au bureau.
　　　　　Il sort tôt de la maison pour arriver · à temps au bureau.
　　　　　Il sort tôt de la maison · pour arriver à temps au bureau.

6. 前置詞 + 動詞 + 副詞　　　（動詞核）

on peut se permett(re) / de faire beaucoup / plus de choses ......（フラマグ n°2）

モデル文
　　　　　Il lui dit ·de marcher vite.
　　　　　Il lui dit de marcher vite.

7. 前置詞 + 動詞 + 形容詞相当語 + 名詞　　（名詞核）

　他動詞の場合は目的語と共に一連続単位を成す。

un nom / pour appeler le groupe / et ......, bon, (フラマグ n° 2)
/ De faire des choses / parce que justement ...... (フラマグ n° 1)
j'ai renoncé / à prendre un gramme / parce que je ne peux ...... (champs-E3)
en tous les cas pour cette année / à faire des films, / j'avais deux ..... (champs-E3)
ce qui me laissera sans doute le temps / de faire un autre film. / (champs-E3)
de de fou avec ...... / sans raconter l'histoire / mais avec la ...... (champs-E3)
de / de faire découvrir les jeunes talents, / il y a des ...... (champs-E3)

モデル文
    Je lève la main ·pour appeler un taxi.
    Je lève la main pour appeler un taxi.

8. 前置詞 + 副詞　　　（核は後続要素の中にあり）

le mot était joli / en plus / il a vu ...... (フラマグ n° 2)

成句として表出される時は一連続単位である。

encore / de ne ...... / pas vous l'avoir donné tout de suite ..... (Philippe)

　不定法の否定は ne pas + 動詞であるが、この纏まりが二分される時、pas が後続要素に結合され、de ne で単位を成している。否定の時に ne の省略された形、つまり Pas de chance, Pas possible のような単位があるように、この場合も pas は ne と纏まりを成してはいない。

モデル文
    Attention · de ne ·pas tomber.
    Attention de ne... · pas tomber.
    Attention de ne pas tomber.

9. 前置詞 + 形容詞相当語　　　（核は後続要素の中にあり）

Je suis très, très subjuguée, par les, par, / par tout / ce qui est ......（フラマグ n° 1）

　形容詞は前後の要素と結びつきやすいと思われるが、その形容詞の後続要素が他と結びつく場合は、文法的には不自然な切れ方として表出される。次の例も同様である。

chefs-d'œuvre, / de leurs / meilleurs ballets je pense ...... (champs-E3)

　de leurs ballets という音連続ならば一般的には de leurs / ballets とはならないであろう。ここに meilleurs という別の要素が取り入れられたため、leurs の後でイメージ想起があったと考えられる。要素が浮かんだ瞬間、その前で音連続の切れ目が生じ得るし、又それによって、新たなリズムが生じる。

モデル文
　　　Elle fait une robe ·pour sa ·jolie poupée.
　　　Elle fait une robe pour sa... ·jolie poupée.
　　　Elle fait une robe ・ pour sa jolie poupée.

10. 前置詞 + 形容詞相当語 + 名詞　　　（名詞核）

　既出4と似ている。音連続単位が長くなると、その中で無意識の発声があるのではないかと思われる部分が見られる。それは歴としたフランス語であるが、非常に日常的で後続のイメージ想起のための時間稼ぎともいえる。言葉にはこのような〈捨て語〉が現れ、それがまた自然な言葉を生じさせている。

dans un ...... / en tous les cas pour cette année / à faire des films (champs-E3)

下線部が上述の〈捨て語〉と考えられる。この音連続の中には、少なくとも en tous les cas と pour cette année の二つの単位がある。それが音声的に一連続であるということは、前半部には本来の構えた意味はないと思われる。

une solution / de grand prestige / ouh ...... (Italien 2)
/ Il y a vingt ans, / quand j'étais enceinte de ...... (フラマグ n°1)
, ... / à cinq jours. / ...... Et ...... (Français 3)
j'ai renoncé à / à mes grasses matinées / j'ai renoncé à prendre un ......
(champs-E3)
qui est beaucoup plus axée / sur mon métier, / j'ai renoncé à mes grasses matinées .....
(champs-E3)
très ennuyeux d'être systématique et de traduire à ...... / avant chaque chanson. /
(フラマグ n°1)
puisque je divise à part égale / entre chaque danseur étoile. / (champs-E3)

　これらは非常に纏まりやすい単位であるようだ。

il y a une douceur / dans cette ville, / vraiment une douceur ...... (フラマグ n°2)
quand je suis venue / pour la première fois, / c'était le plus étrange pays ......
(フラマグ n°1)
Merci encore / pour l'autre jour / et ...... (Philippe)

　日常的な表現はよく纏まっていて、このイメージが中断されることは殆どないであろう。

est-ce que c'est un ...... l'appel à ...... / à toutes les musiques / ethniques ouh ......
(フラマグ n°2)

　これは日常的な表現として纏まっているイメージに、非日常的なイメージ ethniques が加わると、それを取り込まずに別の後続イメージとする例であ

る。

モデル文
  Il y a un chien ･dans le jardin.
  Il y a un chien dans le jardin.

11. 前置詞＋（形容詞相当語）＋ 名詞 ＋ 形容詞相当語その他（名詞核）

　既出項2の延長単位である。可能性としては前置詞＋名詞で切れることも考えられる。大体形容詞が名詞に後続するということは、形容詞が名詞に特別の意味あいを持たせることである。だからもし名詞にイメージの集中があれば、名詞の後で切れ目があるであろうし、形容詞相当語に集中すれば、一気に連続体となるであろう。例えば avec des yeux bleus は一連続体であろうし、avec les yeux bleus は avec les yeux qui sont bleus となり、yeux と bleus はイメージの点で分離され得る。これは微妙である。次の例は如何であろうか。

à l'Opéra alors / dans ces ballets nouveaux, / je combine soit la ...... (champs-E3)

　可能性としては dans ces ballets / nouveaux が考えられる。何故ならば dans ces nouveaux ballets が一般的表現であり、nouveaux が後置されたことはこの形容詞にイメージが集中したと考えられるからである。しかしこの場合でも音声的には一連続で表出されているから文法理論とは別の心の動きがあることがわかる。
　一音連続中において、何がイメージの中心かというと、切れ目の前の最後の要素であると考えられる。話者はその目標に向かって言葉を引き継ぐ。だから目標以外の表出要素は同じ言葉でありながら付加要素である。これはフランス語の場合であって、他の言語においては事情は異なるものと思われる。

j'ai renoncé / à mes galas internationaux, / hormis le temps des ...... (champs-E3)
puisque je divise / à part égale / entre chaque danseur ...... (champs-E3)
la vrai signification, ... / du nom quoi / ..... (フラマグ n°2)
...... danse / de l'Opéra de Paris a trente et un ans, / est-ce la ...... (champs-E3)

　最後の例では l'Opéra de Paris は分離不可能な単位であって、発話中に話者は trente et un ans に容易に意識を移していて、結果としては切れ目がない。

モデル文
　　　　On voit des nuages blancs · dans un ciel tout bleu.

12. 前置詞 + 副詞 + 動詞　　　（動詞核）

ils vont pas être dérangés / de ne pas comprendre. / (フラマグ n°1)

　この表出音声の先行音連続は次のようである。

--- je ne sais pas, je saurai demain, parce que ça ma ça m'inquiète beaucoup, l'idée que je chante devant un public qui ne comprend pas les paroles. Mais j'espère que ils vont comprendre le climat. Et que ils vont pas être dérangés de ne pas comprendre.

　下線は表出通りに筆記したものである。最後は発話が途切れているが、強いて筆者が加えて表出するならば、...... de ne pas comprendre les paroles que je chante. ということであろうか（下線部）。この時、les paroles は一音連続に含まれ得るし、又分離され得る。この例では他動詞でありながら、目的語は表出されていない。

モデル文
    Je vous prie ·de bien vouloir assister ·à la réunion.
    Je vous prie de bien vouloir assister ·à la réunion.
    Je vous prie ·de bien vouloir assister à la réunion.

13. 前置詞 + 動詞 + 形容詞相当語　　　（動詞核）

j'ai vraiment été choqué de / de voir ce / cette chose-là. (français parlé p.53)

  この例では明らかに後続イメージを探しているのがわかる。前置詞を繰り返すことは既出であり、指示形容詞をまず言って、それで後続要素を探している。

モデル文
    Je suis rassuré ·de voir ton ·ton arrivée chez toi.
    Je suis rassuré ·de voir ton arrivée chez toi.

14. 前置詞 + 人称代名詞 + 動詞　　　（動詞核）

vraiment n'hésitez pas / à m'écrire, / à m'envoyer / un petit mot ...... (Philippe) / En m'excusant / encore ...... (Philippe)

  既出項5と同類で、イメージの中心が動詞にある時、人称代名詞は動詞と完全に結合している。

モデル文
    Je suis heureux ·de vous voir.
    Je suis heureux de vous voir.

15. 前置詞＋(冠詞)＋名詞＋前置詞＋(冠詞)＋名詞
（名詞核）

　既出項4、10の延長にあって、二つのイメージが合成されていると考えられる。もちろん可能性としてはこの纏まりが二つに分離されることは容易に考えられるが、表出音声は一気に現れている。

un peu un manque d'intérêt / au niveau de la carrière / parce qu'on ......
(champs-E3)
est-ce la concrétisation / d'un rêve pour vous ? (champs-E3)
à mes galas internationaux / hormis le temps des vacances, / hormis ......
(champs-E3)
Ça, on fait ...... / en nombre de représentations / on fait je pense ...... (champs-E3)
...... de Bourges / de le centre de la France. / (M.O.)

　イメージが発話中に想起されつつ表出され、それに区切りがない故に、ひとつのイメージとして捉えられていると思われる。

モデル文
　　　　Je vois une dame assise ·sur le banc sous un arbre.
　　　　Je vois une dame assise sur le banc sous un arbre.

16. 前置詞＋動詞＋形容詞相当語＋接続詞
（形容詞核）

c'est très ennuyeux / d'ê(tre) systématique et / de et de ...... （フラマグ n°1）

　接続詞の後で切れ目があるということは、次に後続要素を予定していることを示している。

モデル文
  C'est important ・d'être gentil et ・d'être poli et …
  C'est important d'être gentil et ・d'être poli et …

名　詞

　名詞とは生物、無生物を名付け指し示す語であり、具体、抽象の両義を含む。名詞は単独で意味を為すが、他の要素と結合してイメージの拡大を起こす。

1. 単独　　　（名詞核）

　区切りの現象から見て、話者にはまず思いついたことを発声してしまおうという姿勢があり、その結果様々な他の要素との結合を示し、このことが記述文法の単位と異なるのである。ここではまず名詞が単独に表出されている例を示す。

que j'avais le / Aurélien. / (Français 3)

　冠詞と名詞が分離されるのは、既に前置詞＋冠詞のところでも出た。この場合冠詞は不要だが、この冠詞表出が逆に後続の独立イメージ単位を明示している。

j'ai lu / Aurélien / et quand ...... (Français 3)

　この Aurélien の前後の様子を示してみる。

　　　　　　　声門閉鎖　　　　　　　　吸気
　ʒ　ɛ　l　y　ʔ　o　ʁ　e　l　j　ā　　　e　k　ā

　j'ai lu の後におよそ 7/100sec の声門閉鎖があって、イメージの寸断があり、次に Aurélien を引き出している。その後に息継ぎと続いている。発話

した瞬間、即ち殆ど同時間的には、話者は次のイメージ単位を頭中に探している。だから聞き手における表出音声の再生イメージは常に話者のイメージに常に遅れている。本稿における観察は、話者のイメージ単位の創造過程を追っている。

ça m'a rappelé / Angleterre / ...... （フラマグ n°1）
pour appeler le groupe et, bon, ouh ..... / Indochine / ça sonnait bien, et ......
（フラマグ n°2）
de ...... / Yves Duteil. / (Philippe)
c'est un / hasard. / (champs-E3)
je trouvais que la / mentalité / était très proche ...... （フラマグ n°1）
mon / but / pour l'Opéra ...... (champs-E3)
...... de faire beaucoup plus de choses par exemple faire voler ...... / frigidaire / ......
qu'au cinéma ......
（フラマグ n°2）

モデル文

　　　Il y a des ·tasses ·sur la table.
　　　Il y a des tasses · sur la table.
　　　Il y a des tasses sur la table.

2. 名詞 ＋（副詞）＋ 形容詞（副詞）相当語　　　（名詞核）

　一般に名詞の前には冠詞のような形容詞相当語が置かれるので、この項目のような纏まりは多くはない。但し冠詞があっても、その後に切れ目のある時は、その限りではない。

n ...... / image un peu de folie / ouh ..... （フラマグ n°2）

　この場合、音声的一単位であっても、image de folie が基本的である。即ち image un peu ... de folie である。

c'est un / pas en avant / dans la ...... (champs-E3)

　en avant はこの場合、形容詞的であると考えられる。これが faire un pas en avant とすると副詞的である。次の例も副詞的である。

...... à Londres / Aurélien en ma valise. /

　次の例は前置詞 + 名詞で形容詞的である。

...... hormis pendant les / périodes de repos, / j'ai renoncé dans un, ...
(champs-E3)
...... être / directeur de la danse / de l'Opéra ...... (champs-E3)

モデル文
　　　　Il est ·professeur de français ·de l'Institut franco- japonais.
　　　　Il est professeur de français · de l'Institut franco-japonais.

形容詞

　フランス語では形容詞が機能に応じて分類されているが、それぞれの機能を総合的に定義するのは難しく、大体において名詞の品質、性質、属性、数 etc. を示し、名詞を修飾する。

1. 単独　　　（形容詞核）

Suis-je bien / clair / ?（フラマグ n° 2）

, ... tout ce qui est la culture ...... / orientale / ...... et japonaise, ...
　　　　　　　　　　　　　　　　　　　　　　　　　　　　（フラマグ n° 1）

c'est un ...... l'appel à ...... à toutes les musiques ...... / ethniques / ouh ...... mélangées un peu au ......　　　　　　　　　　　　（フラマグ n° 2）

...... traditionnel, / académique, / classique. /

tout à fait / équitable / entre les danseurs étoiles, ... (champs-E3)

c'est une image ...... / intéressant(e) / n ...... image un peu de folie, ...
　　　　　　　　　　　　　　　　　　　　　　　　　　　　（フラマグ n° 2）

pour une série de galas / exceptionnels. / (champs-E3)

, ... mélangées un peu au rock ouh ...... / occidental. / ...... c'est possible aussi ......
　　　　　　　　　　　　　　　　　　　　　　　　　　　　（フラマグ n° 2）

c'était quelque chose de ......, / m'intéressant / qui se retenait bien ......
　　　　　　　　　　　　　　　　　　　　　　　　　　　　（フラマグ n° 2）

Que jardins ...... / japonais, / ...... la toute la ...... （フラマグ n° 2）

j'ai fait des tournées / internationales / donc je ...... (champs-E3)

les grands danseurs / internationaux / ou des très très ...... (champs-E3)

il y a plein ...... / plein / ...... plein d'explications possibles ......, （フラマグ n° 2）

pas une royauté / absolue. / (Italien 2)

Quand j'ai eu ...... / ta / Christiane ta tante ...... (fr. parlé p.24)

pas par dose homéopathique, / mon / but pour …… (champs-E3)

　フランス語形容詞は一般に名詞の後に置かれるので、単独でイメージ単位が作られ易いと考えられるが、その時は念を押したり、幾分強調的意味あいを帯びているだろう。最後の二例は文法では所有形容詞といわれるものであるが、この要素の後に切れ目があるのは冠詞の単独に似ており、話し手は頭中で単位を作り終えてから発話しているのではないことがわかる。まず思い浮かんだことを表出しているから単独という結果がでている。

モデル文
　　　　C'est une étudiante ·assidue ·intelligente ·et sympathique.

2. 形容詞相当語 + 冠詞　　　　（核は後続要素の中にあり）

il a fait connaître au public / toutes les / les les travaux de ……
$$\text{(français parlé p. 62)}$$
Que jardins japonais la, …… / toute la, / ……（フラマグ n°2）

　この纏まりは頻度としては起こりにくい。不定形容詞といわれる形容詞が後続に冠詞 + 名詞という要素を従えるので、この音連続が生じた。冠詞の後に切れ目が生じることは今までにもたびたび観察された。

モデル文
　　　　Il est au courant de · toutes les · toutes les musiques classiques.
　　　　Il est au courant de toutes les musiques classiques.

3. 形容詞相当語 + 名詞 +（後続要素）　　　（名詞核）

/ Plein de métro vite / et ils courent au point de métro .... (M.O.)
c'est une grande ville Tokyo, avec ...... / beaucoup de pollutions, / ouh ...... des gens .....　　　　　　　　　　　　　　　　　　　（フラマグ n°2）
..... de faire beaucoup / plus de choses / par exem(ple) ......（フラマグ n°2）
c'est / beaucoup plus de tranquillité / dans la vie, ... (champs-E3)

　最後の二例では beaucoup の位置が問題となる。即ちイメージ単位の末部か頭部かということであるが、このように beaucoup に限らず話者の心理状態で音連続は一定していない。

des gens partout, ... / une sorte de claustrophobie / ...... et j'ai été ......
　　　　　　　　　　　　　　　　　　　　　　　　　（フラマグ n°2）

　beaucoup de, plus de, une sorte de などの固定された表現は、de の後で区切りがあり得ることは予想されるのだが、これらの音連続が表出された時は既に後続要素が用意されているのではないだろうか。そしてそれらが区切りなくまとまった時、音連続単位としては時間的に少々長くなる。話者の話す速度にも依るが、因みに beaucoup de pollutions は1166ms. une sorte de claustrophobie は1165ms. である。

...... à peu près / quinze ballets / ? (champs-E3)
ouh .... / trois mille / chaque année / et quelle sorte de royauté ...... (Italien 2)
Par an, le métro transporte environ 1 / milliard 200 millions / et ......
　　　　　　　　　　　　　　　　　　　　　　　　　（フラマグ n°4）
...... au commencement du / 16ème siècle / le nombre des étudiants ...... (Italien 2)
et pendant les / cinq jours / sans sortir ...... (Français 3)
et il y avait trois, ... / trois syllabes / trois rythmes donc ouh ....

この最後の例では数形容詞といわれるものが、冠詞と同じようにまず発話され、それから後続要素を想起している。不思議なのは、il y avait trois のように非常に具体的な内容を持つ音声が発せられているにも拘わらず、trois の後で切れているということである。考えられることは、イメージとしてはかなり先の方まで浮かんでいるのだろうが、それを頭中に整理し、具体的に音声化するのは別の言語過程であり、だからこれまで述べてきた音連続の区切りというのは、頭中に纏まった音連続ということになる。まず明らかなことはそのようにかなり先までのイメージがなければ、第一に il y avait という方向を持つ音声が発せられないであろうということである。筆者が今までイメージ想起という言葉を用いてきたが、これは展開する、より大きな漠然としたイメージの中で内的音声によって具体化された頭中における小イメージ単位のことである。

...... de leurs / meilleurs ballets, / je pense ...... (champs-E3)
.... peut-être / quelques chansons / de ...... Yves Duteil (Philippe)
...... vous allez passer de / bonnes vacances / et ...... (Philippe)

　形容詞相当語 + 名詞という纏まりは、イメージ単位としては連続し易いようである。
　上に beaucoup de, etc. の de の後で区切りがあり得ることは予想されると言ったが、構造は異なるが、類型的な例がある。次に掲げる。

c'était / quelque chose de ...... / m'intéressant qui se retenait bien ......

（フラマグ n° 2）

モデル文
　　　Il a ·autant de livres ·que moi.
　　　Il a autant de livres que moi.

4. 形容詞相当語 + 名詞 +（補語人称代名詞）+ 動詞
　　（名詞核、動詞核）

　形容詞相当語 + 名詞が日常的な音連続の時は、後続の動詞が同一単位の中で表出される可能性のあることは次の例を見ればわかる。

je suis revenu / mon père m'a pris / pour un crétin. (Français 3)
/ Beaucoup de gens viennent danser / mais, bon, on ...... (champs-E3)

　表出している時に次のイメージがすぐ言葉に結びつくためであろう。或いは形容詞相当語 + 名詞がまだ不安定な、即ちイメージ単位を中途半端にしている時に、後続の動詞が取り込まれるからであるということもできる。文法では名詞主語 + 動詞ということになる。

モデル文
　　　　　Il dit que ·sa vieille femme est ·gravement malade.
　　　　　Il dit que sa vieille femme est ·gravement malade.
　　　　　Il dit que · sa vieille femme est gravement malade.

5. 形容詞相当語 + 名詞 + 後続要素　　　　　（名詞核、動詞核）

une / jeune fille s'appelle Darcy Bussle qui est un / qui est une ...... (champs-E3)

　この音連続は長いが、その途中で切れる可能性は何通りか考えられる。ここではそれがひとつの単位として現れたということである。

モデル文
　　　　　Je connais une ·jeune fille qui chante ·vraiment bien.
　　　　　Je connais une jeune fille qui chante · vraiment bien.
　　　　　Je connais une · jeune fille qui chante vraiment bien.

6. 形容詞相当語 + 名詞 + 形容詞 + 後続要素
（名詞核）

parce qu'il va y avoir plein, / plein de choses nouvelles dans ces galas. /

(champs-E3)

前項5と同様に考えられる。

モデル文

   Je connais cette ·jeune fille sortant de la porte.
   Je connais cette jeune fille sortant de la porte.

7. 形容詞相当語 + 名詞 + 形容詞相当語（副詞）
（名詞核、形容詞核）

trois syllabes / trois rythmes donc / ouh ..... c'était .... （フラマグ n°2）
une vingtaine ou / une trentaine de ballets différents / ...... (champs-E3)
...... plein, ... / plein d'explications possibles / ..... ouh ...... （フラマグ n°2）

モデル文

   Je connais une ·jeune fille très forte ·en français.
   Je connais une jeune fille très forte ·en français.
   Je connais une... ·jeune fille très forte en français.

8. 形容詞相当語 + 形容詞相当語 + 名詞 + 後続要素
（名詞核）

...... aussi c'est / mes petits week-ends à la campagne, / c'est ...... (champs-E3)

モデル文

   Je connais ·une jeune fille de cheveux blonds.

形容詞

Je connais une jeune fille de cheveux blonds.

9. 形容詞相当語 + 名詞 + 関係代名詞　　　（名詞核）

mais avec / tout ce que / comporte ma personnalité d'extravagant, ...

(champs-E3)

モデル文
　　　　Toutes les chansons que・chante Edith Piaf sont le cri de vie.
　　　　Toutes les chansons que chante Edith Piaf sont le cri de vie.

10. 形容詞相当語 + 副詞 + 前置詞 +（形容詞相当語）+ 名詞
　　（形容詞核、名詞核）

ouh ..... / mélangées un peu au rock / ouh ...... occidental ......（フラマグ n°2）

　ここでは形容詞と前置詞が一体化していると考えられる。mélangé à という表現が固定されていて、それに肉付けされたものである。

モデル文
　　　　Américanisées, les chansons françaises de nos jours sont・mélangées un peu au jazz.

11. 形容詞相当語 + 後続要素　　　　（形容詞核）

c'est des sensations euh / terribles tu vois / ...... (fr. parlé p. 28)

　この場合の tu vois は念押しの挿入語であって、イメージ想起に係わるほどの分析記述を要しない。そこで後続要素となった。

モデル文

 Cet été, il fait · exceptionnel tu vois · exceptionnellement chaud.
 Cet été, il fait exceptionnel tu vois · exceptionnellement chaud.

副　詞

殆どが状況補語の役割を果たし、様態、分量、程度、時間、場所、肯定、否定、懐疑など、関係する語の意味を特徴付け、内容を際だたせる。

1.　単独　　　（副詞核）

c'était peut-être / inconsciemment /, ... la vraie signification du nom quoi.
（フラマグ n°2）
je vais essayer de ..... expliquer ...... / pourquoi / c'est triste.（フラマグ n°1）
Chaque mot peut avoir / vraiment / différentes significations,...（フラマグ n°2）
c'est un pas / justement, / c'est un pas en avant ......（champs-E3）
/ Alors / pour le moment ......（champs-E3）
Je peux traduire / un petit peu, / mais c'est très, c'est très ......（フラマグ n°1）
c'est ...... / non, c'est un ......（champs-E3）
Et / malheureusement / j'ai ......（Français 3）
/ Maintenant / ce à quoi j'ai ......（champs-E3）
Les Japonais / peut-être / la délicatesse de l'éphémère ......（フラマグ n°1）
ça m'a rappelé Angleterre, / peut-être / parce que c'est une ......（フラマグ n°1）
et m'amuser, m'amuser / follement / comme je le fais souvent.（champs-E3）
un ...... / vraiment / ...... m ......（フラマグ n°2）
il y a des groupes euh ou euh / finalement / euh il avait ......（français parlé p.27）
......classique / aussi /.（champs-E3）
et donc / malheureusement, / bon, j'ai été ......（champs-E3）
mais après, / effectivement, / il y a plein ...... plein...... plein d'explication ......
（フラマグ n°2）

Euh / non, / pas vraiment ......（champs-E3）
enferme ...... / non / pas dans l'hôtel.（Français 3）

c'est-à-dire un jour de semaine / disons / pendant l'hiver, ...（フラマグ n°4）
Tokyo, avec beaucoup de pollution, des gens / partout, / ......（フラマグ n°2）
sur la cassette / peut-être / quelques chansons ...... (Philippe)
En m'excusant / encore / de ne ...... pas vous l'avoir ...... (Philippe)
Merci / encore / ...... (Philippe)
le rapprochement de l'Orient et de l'Occident / musicalement / , c'était ......
（フラマグ n°2）
/ Voilà, / et bien / voilà monsieur. (Philippe)

　voilà については、副詞の項目に入れたが、単独に用いられる言い方があって、この場合は間投詞的意味あいを帯びている。

c'est une ville qui va très vite / quand même, / ......（フラマグ n°2）

　quand même は譲歩を表す副詞であるが、「それにしても」というような構えた意味を持つ場合とは別に、ここでは軽い語調と思われ、話し手の頭中ではさほど意識した構想（programmation）ではないであろう。

ouh ...... des gens / partout / ..... une sorte de ......（フラマグ n°2）
Et j'avais / absolument / rien vu de Londres. (Français 3)
/ Donc, / moi je vais faire une ...... (champs-E3)
Par an, le métro transporte / environ / 1 milliard 200 millions et ......
（フラマグ n°4）
de chez Neumeier, / enfin, / je crois que c'est un ...... (champs-E3)
Et ils ont / ..... donc / ..... ces Parisiens il y a .... (M.O.)

モデル文
　　　　Je ne suis pas malade ・simplement ・je suis fatigué.
　　　　Je ne suis pas malade ・ simplement je suis fatigué.

2. 副詞 + 副詞　　　（副詞核）

Euh non, / pas vraiment / parce que je n'avais pas ...... (champs-E3)
qu'il n'a / pas énormément / profité ...... (champs-E3)

　pas+ 副詞でイメージの単位を作っている。他に pas toujours, pas absolument, pas forcément などが単位として独立し得る。

モデル文
　　　　Il n'est ·pas toujours ·assidu.
　　　　Il n'est pas toujours ·assidu.
　　　　Il n'est ·pas toujours assidu.
　　　　Il n'est pas toujours assidu.

3. 副詞 + 動詞　　　（動詞核）

j'allais / même dire / ...... (Italien 2)
..... / vraiment n'hésitez pas / à m'écrire ...... (Philippe)

モデル文
　　　　On a ·bien mangé ·dans ce restaurant-là.
　　　　On a bien mangé ·dans ce restaurant-là.
　　　　On a · bien mangé dans ce restaurant-là.
　　　　On a bien mangé dans ce restaurant-là.

4. 副詞 + 名詞　　　（名詞核）

, ... / quand même douceur / ouh ...... (フラマグ n°2)

モデル文
>	Il est ·vraiment Français ·un grand bavard.
>	Il est vraiment Français · un grand bavard.

5. 副詞 + 形容詞相当語　　　　（形容詞核）

Je suis très ...... / très subjuguée, / .... par les par par tout ce que ......
（フラマグ n°1）

il a vu (avait une) phonétique / assez intéressant(e) / ...... bon, ...
（フラマグ n°2）

, ... / agréablement surpris / je ...... (フラマグ n°2)
on est / relativement tranquille, / on on fait ...... (champs-E3)
..... il (y) a un accent / bien typique ein ? / (M.O.)
Suis-je / bien clair ? / ...... Hum ...... (フラマグ n°2)

　最後の例では、話者の気持ちは Suis-je bien clair ? という全体イメージは想起されているのであろうが、bien clair が音声的に独立している。この場合寧ろ、Suis-je が付属的であるといえる。当然 Suis-je bien clair ? で一単位となり得る。

モデル文
>	Je suis très ·très fatigué·de ce voyage.
>	Je suis très fatigué ·de ce voyage.
>	Je suis · très fatigué de ce voyage.
>	Je suis très fatigué de ce voyage.

6. 副詞 + 形容詞相当語 + 名詞　　　　（名詞核）

.... il y a / ..... trop grands ennuies. / ..... Ça toujours est hein ? (M.O.)
, ... pour la première fois, c'était le ...... / plus étrange pays / ...... que je

副詞

connaissais......　　　　　　　　　　　　　　　　（フラマグ n° 1）

　最上級の時に、定冠詞と後続要素が分離されている様子は、統語的語群の立場からすれば正しくはない。何故ならば定冠詞 + plus + 形容詞・副詞で意味の小単位を為すからである。上例の plus étrange pays は比較級であるが、le が置かれると最上級である。この場合は c'était le ...... の le は前後の意味から判断すると単に表出された [ə.....] に似た le ではなく、定冠詞と考えられる。では何故 le, la, les の中の le が選択されたのであろうか。le は明らかに pays と性数一致していることを考えれば、c'était le ...... の段階で pays は想起されているのであろう。とすると étrange という形容詞を捜していたことになる。しからば c'était le plus ...... étrange pays. となりそうであるが、c'était le ...... plus étrange pays. となる現実は興味深い。可能性としては、c'était / le plus étrange pays. c'était le plus / étrange pays. が考えられる。

モデル文
> C'est une ·très jolie poupée ·qu'elle aime beaucoup.
> C'est une très jolie poupée ·qu'elle aime beaucoup.

7．副詞 + 前置詞　　　（核は後続要素の中にあり）

On peut pas / peut-être devant / ...... "avec le temps", de Léo Ferré, je vais ......
　　　　　　　　　　　　　　　　　　　　　　　（フラマグ n° 1）

モデル文
> Il arrivera à temps ·sûrement avant ·10 heures
> Il arrivera à temps · sûrement avant 10 heures.

8. 副詞（pas）+ 前置詞 + 形容詞相当語 + 名詞　　　（名詞核）

non / pas dans l'hôtel / parce qu'on m'avait pas .... (Français 3)

　前置詞 + 形容詞相当語 + 名詞の纏まりは比較的現れやすい。これに副詞が先行する纏まりは副詞 + 一単位という複合形とみなされる。

モデル文
　　　　Je n'étais ·pas dans un hôtel ·mais dans un restaurant.
　　　　Je n'étais pas dans un hôtel · mais dans un restaurant.

9. 副詞（pas）+ 冠詞 + 名詞　　　　（名詞核）

ce n'était / pas une royauté / absolue. (Italien 2)

　否定表現は ne - pas という固定形として我々は習う。しかし表出音声は ne と pas が分離され、pas は後続要素と結びついている。日常的に ne が省略されることがあるが、これは否定の中心が pas にあって、しかもそれが後続要素と係わっていることを示しているからといえよう。だから ne はこの時、存在価値が弱まり結果として省略されるということになる。

モデル文
　　　　Ce n'est ·pas une revue ·mais un roman.
　　　　Ce n'est pas une revue · mais un roman.
　　　　Ce n'est · pas une revue mais un roman.

10. 副詞 + 冠詞 + 名詞 + 形容詞相当語　　　（名詞核）

pour moi avec ...... / pas un rôle de danseur / hein, un rôle ...... (champs-E3)
danseurs, / enfin des danseurs de la dimension / de cette ...... (champs-E3)

même s'il y a / un peu un manque d'intérêt / au niveau de la carrière .....

(champs-E3)

モデル文

  Ce n'est ·pas le restaurant de Pierre · mais de Marie.
  Ce n'est pas le restaurant de Pierre · mais de Marie.
  Ce n'est ·pas le restaurant de Pierre mais de Marie.

11．副詞 + 人称代名詞 + 動詞　　　（動詞核）

mais / d'abord on me propose / un rôle écrit sur mesure ...... (champs-E3)

　不定代名詞 on があるが、これがここでは後続要素と一体化しているのでこの項に入れた。

de ne .... / pas vous l'avoir / donné tout de suite .... (Philippe)

　最後の例の否定については上例9でも触れたが、後続要素 vous l'avoir ...... に係わっている。de ne pas ...... / vous l'avoir / とならないところに注目しよう。この場合、pas の重要性は vous l'avoir donné を否定することであって、ne pas の単位は二次的である。とすると ne は表出されているが、実際には否定の補足程度の役割であって、無くても差し支えない。実際日常的には pas のみ聞こえることが多い。しかし de ...... / pas vous l'avoir / donné ...... とならないのは否定という前提が既に頭中にあって、それが de ne ...... を表出たらしめているといえる。即ち否定の補足として現れている。したがって例えば Ce n'est pas une table. という時に、Ce n'est pas ..... une table. という単位分離より、寧ろ Ce n'est ...... pas une table. の方が話し言葉においては実際的であると考えられる。これが日常的には C'est pas une table. そして C'est .... pas une table. となる。

モデル文
> Je te prie de ne ·pas me trouver ·ingrate.
> Je te prie de ne pas me trouver ·ingrate.
> Je te prie de ne... · pas me trouver ingrate.
> Je te prie de ne pas me trouver ingrate.

12. 副詞 + 人称(指示)代名詞 + 動詞 + 副詞
　　（動詞核、副詞核）

/ Non, je considère pas / ça comme un sommet, ... (champs-E3)

　前項11と関係するが、ne は表出されておらず、pas は先行要素と結びついている。この場合は pas が後続する可能性は全くなく、considère という動詞を否定しているからである。この場合、non は単独単位として表出される可能性は十分にある。

mais c'est / très, c'est très / c'est très ennuyeux ......（フラマグ n°1）

モデル文
> Il marche vite ·oui, normalement il marche vite.·

13. 副詞 + 接続詞 + 副詞　　　　（副詞核）

et j'ai été, ... / plus qu'agréa(blement) / ...... agréablement surpris.

（フラマグ n°2）

　言い淀みがあって、完全に最後の副詞が表出されていないので、この副詞が果たして plus que と一体になっているのか不明である。agréablement が繰り返されて後続要素と結びついているが、この時 plus que は繰り返されていない。この plus que の使い方であるが、不要であろうと思われる。想

起されたまま発話した結果であろうが、こうした単位も表出され得るという点で採り上げた。agréa(blement) の段階で後続の surpris が想起された結果、plus que と分離されたと考えられる。この様子は発話中に頭中の音連続想起現象が直線的で、殆ど逆進しないことを示している。同時にフィードバックといわれる現象があるが、この作用はもっと大きな単位において逆進しているものと思われる。つまり単位内の部分的なゆれに対してではなく、単位ごとの検索作用として、一般に言われるフィードバックは存在するのではないだろうか。

モデル文
  Il marche ·plutôt agréablement que vite.·

14. 副詞 ＋ 接続詞 ＋ 人称代名詞 ＋ 動詞
  （副詞核、動詞核）

ils ont dit : / "Où est-ce que vous voulez aller?" / ......

  où est-ce que はひと纏まりになりやすく、est-ce que は少なくとも主語 ＋ 動詞と共にひと纏まりになりやすいから、必然的に全体として一単位となる。est-ce que という単位は疑問文を作るのに置かれる音連続であるが、これは必ずしも必要とされる単位ではないことから、重要性は少なく、この単位が発声されている時は既に後続要素は想起されていると考えられ、est-ce que が単独で表出されることは少ないであろう。est-ce que ＋（人称代）名詞で表れることはあり得る。後出の接続詞 ＋ 名詞の項参照。

モデル文
  Elle m'a dit : ·Quand est-ce qu'il viendra ?·

15. 副詞 + 形容詞相当語 + 接続詞 + 代名詞 + 動詞 + 前置詞 （形容詞核、動詞核）

on est arrivé, au / plus haut qu'on est arrivé en / ...... (085cs) avec euh ......

(phonétisme p.102)

　上例の au は haut の可能性が強い。haut と言って plus haut qu'on ..... と言い直したのではないだろうか。....., au の [o] は前にコンマがあるから弱い音声であろう。とすると [o] と言いながら haut を具体化させるのに自信なき音声として表出されていると思われる。但しここでは文献どうりに引用したのでこれは筆者の憶測に過ぎない。

モデル文
　　　　Il serait · plus âgé qu'on l'estime par · la pensée qu'il possède.
　　　　Il serait plus âgé qu'on l'estime par · la pensée qu'il possède.

人称代名詞

　代名詞とは、前の箇所に述べられた、または次の箇所に述べられる名詞や形容詞とか一つの節に含まれる意味内容を代表する語である。(基準ふらんす文典：篠田俊蔵、佐藤房吉、昭和31年3月15日5版 p.128)

1. 単独　　　（核は後続要素の中にあり）

et j'ai été même plus qu'agréablement surpris / je /. (フラマグ n°2)
...... / nous / euh on prépare une ...... (français parlé, p.24)

　je のような人称代名詞は、accent tonique を持たないし、後続の動詞と切り離されて単独で表れることはないというように文法では確かに主語（人称代名詞）＋動詞は1音群として音声的纏まりを示す。この例はたくさんある（後出）。しかし音声的には単独で表出されることもあるということを上例より知らねばならないし、これは頭中で常に人称代名詞と動詞が一体化しているとはいえないことを示している。但し頻度は少ない。

モデル文
　　　　Tu・tu vas chercher ton enfant au jardin public.

2. 人称代名詞（主語）＋補語人称代名詞
　　（核は後続要素の中にあり）

Je sais pas, / je me / je vais ...... (champs-E3)

　je me の me は再帰代名詞と言われるものであるが、上例において、話者の心象を推測することは困難である。何故ならば代名動詞が表出される予定

であったのならば、再帰代名詞と動詞の結びつき度が問題であるからである。このように両者（再帰代名詞と動詞）の間で中断されることが起こり得るとすれば、イメージが動詞と一体化しても、それを妨げる何かがあると考えられる。それは活用形を探しているとまずは考えられる。je me まで表出された段階では強いイメージが言葉を探していると思うのだが、そうでなければ、je me の me が出るはずがない。ところが je me に後続すべき動詞が表出されていない。言葉は見つからなくても、イメージとしてあったものをまず je me で表出しておいて、適当な言葉を見つけようとしたのか、しかしその間に別のイメージが起こって je vais に変化してしまった。結局、活用形を探す以前の言葉のまだ見つからないイメージの段階における je me であったかも知れない。

　例えばこんな経験がある。散歩するという時、se promener という言葉を見つける以前に散歩しているイメージが思い浮かぶ。それは代名動詞がどうのという文法的思考とは一切無関係でイメージに je me promène が付随している。この時 je me …… promène のうち je me は必然的に表出されて、promener の活用形を探していることがある。しかし上例についてこのことが是認されるとした場合でも、後続の動詞が表出されずに他の動詞に置換されていることは理解しにくい。考えられることは最初にイメージがあってまだそのイメージの言葉を見つけない段階で、次のイメージに移ったということである。とすると頭中に起こるイメージの変わり身の早さと、それに従属する言葉の気まぐれさは、まさに理屈では解せない程の言葉の複雑な現実を示している。そして別な考え方として、話者の無意識の発声がたまたま je me になって表出されたとすることもできるが、それにしても je me には euh とか n …… とは違って既に何らかの積極的方向性が見えるので偶然の音声とは考えにくい。

モデル文
　　　Je me・fie à toi.
　　　Je me fie à toi.

人称代名詞

3. （人称代）名詞（主語）+ 動詞　　　（動詞核）

　ここでは主語を表出する時は既に後続要素は想起されていると思われる例である。

Ah si si si, / Misha a dansé, / il a dansé ici ...... (champs-E3)

on peut plus, / on peut se permettre / de faire beaucoup plus de choses, ...
（フラマグ n° 2）
/ Ils ont dit / où est-ce que vous voulez aller.（フラマグ n° 1）
..... de spectacles, / j'ai renoncé / à toutes mes interventions ...... (champs-E3)
...... avec d'autres compagnies, / j'ai renoncé / à mes galas internationaux, ...
(champs-E3)
...... qu'il n'a pas énormément profité, / je dirais / , de de ...... (champs-E3)
...... à mes grasses matinées / j'ai renoncé / à prendre un gramme ...... (champs-E3)
/ je peux traduire / un petit peu, mais c'est ......（フラマグ n° 1）
Si vous voulez / il reste / sur la cassette ...... (Philippe)
j'espère que / ils vont comprendre / le climat.（フラマグ n° 1）

　先行 j'espère que が一単位を為すため、que と ils の間に élision がない。接続詞がこのように先行要素に結びついて用いられることは散見される。

...... prochaine, / j'ai / sur douze productions, ... (champs-E3)
C'est moi qui ai demandé le Japon, / Ils ont dit : / où est-ce que vous voulez aller ?
（フラマグ n° 1）
/ j'essayerai / moi, de mon côté ...... (Philippe)
parce que justement / ça va mourir. /（フラマグ n° 1）
..... , / ils peuvent voir / la compagnie, voir ..... (champs-E3)
/ Je suis / arrivé ...... (Français 3)
...... malheureusement / ..... j'ai / emporté..... (Français 3)

上の2例は同一人によるものであるが、助動詞と動詞が分離されている。je suis arrivé も j'ai emport もそれぞれ一つのイメージ単位として、助動詞が発せられた時には動詞も一体となっていると思われるのだが、この話し手は動詞を分離させており、意外と思われる例である。次例も同様である。

je n'ai plus le droit de grossir, / j'ai / j'ai renoncé à une ..... (champs-E3)

/ j'ai dit : / "Le Japon" Je suis très très subjuguée, ... (フラマグ n°1)
donc ..... / c'était / quelque chose de ...... (フラマグ n°1)

et / j'allais / même dire ...... (Italien 2)
que / vous allez / passer de ...... (Philippe)
Je sais pas, je me / je vais / je risque de ...... (champs-E3)
Où est-ce que / vous voulez aller ? / j'ai dit ...... (フラマグ n°1)
...... sans sortir / j'ai lu / Aurélien ...... (Français 3)
mais / on avait (028 cs) / trois degrés dans la chambre ...... (phonétisme p.102)

モデル文
  Il est parti ・sans rien dire.
  Il est parti sans rien dire.

4. 人称代名詞 + 動詞 + 前置詞   （動詞核）

/ Je vais essayer de / l'expliquer, pourquoi c'est triste..... (フラマグ n°1)
bon, / j'ai été obligé de / renoncer à ça. (champs-E3)
...... sur mon métier, / j'ai renoncé à / à mes grasses matinées ...... (champs-E3)
/ Je pense à / des Barychonikof.
...... dans la maison / + / (allongement) on est arrivé, au (050 cs) / plus haut .....
            (phonétisme p.102)

モデル文

　　　　Je pense à ･mon pays natal.
　　　　Je pense à ･à mon pays natal.
　　　　Je pense à mon pays natal.

5，人称代名詞＋補語人称代名詞＋動詞　　　　（動詞核）

Parce que / je lui ai dit / que j'avais lu (Français 3)
/ Je me suis / enfermé …… (Français 3)

　　s'enfermer という一単位がありながら、Je me suis で切れるのは enfermé に強調があるためだが、イメージとしては Je me suis enfermé. として一単位と考えてよいだろう。しかしその中で enfermé が単体として je me suis enfermé. の中で際だっているのは、意識として enfermé の前で小単位の区切りを置いているということである。もし Je me suis の後で enfermé が順次にイメージとして浮かんだと仮定しても、時間的音連続変化は単純すぎる。というのは Je me suis が導かれる背景には enfermé が頭中に先行していて、この語が Je me suis を誘導していると考えられるからである。enfermé なくして Je me suis が発声されることはあり得ない。すると je me suis は enfermé と一体化しているのだろうか。筆者はこういう場合、音声的には前者 je me suis と後者 enfermé が実際に異なる局面に現れているので、話者の頭中には二重単位構造ができていると考える。即ち下図の(1)は次に来るイメージが浮かばなくて頭中で見つけている場合、これは今まで音の延長とか繰り返し等の現象として現れた。(2)が今述べたような二重単位構造といえる。

　　(1)　　　　　　言葉を模索中
　　　　Je me suis　………………………　enfermé

(2)　　　　　　言葉は既にあり
　　　Je me suis ───────── enfermé
　　　　　　　　(enfermé)

モデル文

　　　Je me promène ·tous les jours avec mon chien.
　　　Je me promène tous les jours avec mon chien.

6. 人称代名詞 ＋ 補語人称代名詞 ＋ 動詞 ＋ 後続要素
　　（動詞核）

　ここでは前項に続けて(3)になり得る特徴だが、発声中にイメージが想起されて連続し結果としては長い単位となる。図示すれば次のようになる。

(3)　　　　　語が浮かぶ　　　　　　　語が浮かぶ
　　Je lui écris ……─── de venir ……─── me voir
　　　　　　　(de venir)　　　　　　　(me voir)

donc je / je leur donne la chance de s'exprimer là, / de ...... (champs-E3)

モデル文

　　　Je lui écris de venir me voir ·avant mon départ.
　　　Je lui écris de venir me voir avant mon départ.

7. 人称代名詞 ＋ 動詞 ＋ 形容詞相当語 ＋ 名詞
　　（動詞核、名詞核）

parce que moi / j'ai fait des tournées / internationales ...... (champs-E3)
..., / il a dansé La Bayadère / et puis ..... (champs-E3)
/ Tu vas être directeur / de la plus grande ...... (champs-E3)
.... dans une série de ballets, / je danserai plus de spectacles / mais je ......

(champs-E3)
.... en plus / il a vu (avait une) phonétique / assez intéressante (e)
（フラマグ n°2）
c'est-à-dire que / je fais coller des mots / que normalement ......（フラマグ n°2）
...... après elles n'arrivent pas, / je touche du bois, / mais d'abord ...... (champs-E3)
...... dans la vie, / j'ai une vie / qui est beaucoup plus axée ...... (champs-E3)

モデル文
　　　Je suis un bon étudiant ・et ・j'étudie le français.

8. 人称代名詞 + 動詞 + 形容詞相当語　　（形容詞核）

Il y a vingt ans, quand / j'étais enceinte / de Charlotte ......（フラマグ n°1）
...... à faire des films, / j'avais deux / propositions très ...... (champs-E3)

　数形容詞 + 名詞の纏まりが分離され、記述文法では j'avais / deux propositions となるべきところである。

モデル文
　　　Il y a deux ans quand ・j'étais étudiant, ・je suis allé en France.
　　　Il y a deux ans quand j'étais étudiant, ・je suis allé en France.

9. 人称代名詞 + 動詞 + 形容詞相当語 + 前置詞
　　（形容詞核）

/ ils sont d'accord avec / ...... la .... (français parlé p.25)

　être d'accord avec という表現が優先しているために、前置詞は寧ろ後置詞的役割を果たしている。こういう場合は avec + 名詞という纏まりよりも être d'accord avec - という表現を習得すべきである。

モデル文
> Je suis d'accord avec ·ce que tu me proposes.
> Je suis d'accord avec ce que tu me proposes.

10. 人称代名詞 + 動詞 + 副詞相当語　　　（動詞核、副詞核）

/ Je sais pas, / je me ...... (champs-E3)
/ Je suis très / très subjugée,...... (フラマグ n°2)
on fait un dessin animé, / on peut plus, / on peut se ...... (フラマグ n°2)
je ne sais pas, / je saurai demain / parce que ça m'a ...... (フラマグ n°1)
une image un peu ...... / on peut vraiment .... / c'est ...... (フラマグ n°2)
Misha a dansé, / il a dansé ici, / pas beaucoup ...... (champs-E3)
Musicalement / c'était peut-être / ...... (フラマグ n°2)
/ J'ai essayé dans les jeunes danseurs / que j'ai invités ...... (champs-E3)
À Paris, oui, / (ils) parlent très très / de suite (ils) parlent vite. (M.O.)
comme je / le fais souvent. / (champs-E3)

　最後の例は主語人称代名詞と補語人称代名詞が分離されていて、日本人ならばあり得る現象と思われるが、これがフランス人の日常的表現だとしたら、表現の際にフランス人にも補語人称代名詞の選択があると言える。全体として、この項の纏まりは安定性があるように思われる。je sais pas にしろ、je suis très にしろ日常的であって、習得にはこういう纏まりが重要である。

モデル文
> Après avoir beaucoup travaillé, ·j'étais très ·très fatigué. (crevé)
> Après avoir beaucoup travaillé, ·j'étais très fatigué. (crevé)

11. 人称代名詞 + 動詞 + 副詞 + 形容詞相当語　　　（動詞核）

/ je revois toujours le / ...... (fr, parlé p. 24)

/ je revois toujours ce / ce petit lit, ce joli petit lit. (fr. parlé p.24)

モデル文
  Je vois toujours des ·des gamins dans cette rue.
  Je vois toujours des gamins dans cette rue.

12. 人称代名詞 + 動詞 + 接続詞   （動詞核）

/ Je pense que / ouh ..... (Italien 2)
Mais / j'espère que / ils vont comprendre.（フラマグ n°1）

 接続詞 que は先行の動詞と結びつくようである。第二例では後続語とエリジョンをせず、先行要素との接続の様子は明らかである。

/ Vous vous rendez compte que / ...... 060 (cs) ben oui, on a passé ......
               （phonétisme p.102）

モデル文
  J'espère que ·vous revenez me voir bientôt.
  J'espère que vous revenez me voir bientôt.

13. 人称代名詞 + 動詞 + 接続詞 + 冠詞   （動詞核）

/ je trouvais que la ..... / mentalité ....（フラマグ n°1）

 冠詞と名詞が分離されることは散見されるが、名詞の性数によって変わる冠詞が、名詞と音声的に分離されることは理屈にあわない。冠詞が頭中で選ばれた時は名詞と一体化しているはずであるが、両者の間に分離の現象が生ずるのは何故か？たまたま上例において la が発せられたのか、或いは mentalité が想起されていて必然的に la が発せられたが、リズムやアクセン

トのような音声的事情によって la の次に分離現象が現れたのか、とすれば音声事情優先ということで、話し言葉におけるイメージ単位というのは明らかに書き言葉（文法）における単位とは異なる。上例がそのことを示している。そこでは je touvais que ..... の時に既に mentalité に続く内容が頭中にイメージされていて、冒頭の je trouvais que la は接頭辞的役割を果たしていると考えられる。だから後続の言葉は mentalité から始まるのであって、la は先行部に属するのである。

モデル文
　　　　　Je trouve que le ·Japon est un pays de culture propre.

14. 人称代名詞 + 動詞 + 接続詞 + 人称代名詞　　　（動詞核）

je risque de me tromper, / il faudrait que je / fasse le décompte ...... (champs-E3)

　文法的影響が現れている例と思われるが、もし je fasse が話者の言語体系の中でひと纏まりとして在るならば、je / fasse という切り方はあり得ない。il faut que + sub. が定形ならば、il faudrait / que je fasse ..... とか il faudrait que / je fasse という現れ方をしてよいと思われるが、接続法という動詞 faire の活用の前で中断せざるを得なかったのだろう。これは話し手の生理的イメージ単位が文法に左右された場合であるといえる。

モデル文
　　　　　Il faut que je ·j'aille à l'école demain.
　　　　　Il faut que j'aille à l'école demain.

15. 人称代名詞 + 動詞 + 接続詞 + 後続要素
　　（核は後続要素の中にあり）

/ je sais que ce nom-là / m'est venu quand on ...... (フラマグ n°2)

/ je trouve que c'est une image / intéressant(e) n ...... (フラマグ n° 2)
enfin, / je crois que c'est un ...... / c'est bien ...... (champs-E3)
/ J'essaie que ça soit / tout à fait ...... (champs-E3)

　que 以下に続く要素が冠詞（項目13参照）、主語名詞、文、文の冠詞止め、文の動詞止めと多様である。ここでは後続要素に至る先行要素、即ち人称代名詞＋動詞＋接続詞が定まった表現であって、言い慣れた話者にとっては、学習者が頭中で思い起こす努力とは別の接頭辞程度の表現であろう。即ち結局は言い慣れた話者は先行部を発話中に、後続の中心話題を想起し、その時、リズム、アクセント etc. の音声事情によって切れ目が冠詞や主語名詞 etc. の後に現れるのであろう。

モデル文
　　　　Je dis que le dictionnaire est ・nécessaire pour étudier le français.

16. 人称代名詞 +（助）動詞 +（人称）代名詞 + 動詞
　　（動詞核）

parce que justement, / tu vas les manger / et ça va être partout, ...
　　　　　　　　　　　　　　　　　　　　　　　　　　　（フラマグ n° 1)
/ Je vais en faire / sans doute une quarantaine, ... (champs-E3)

モデル文
　　　　Je vais la chercher ・en hâte à la gare.
　　　　Je vais la chercher en hâte à la gare.

17. 人称代名詞 + 動詞 + 前置詞 + 動詞
　　（動詞核）

je vais / je risque de me tromper, / il faudrait que ..... (champs-E3)

.... au point de métro / ils courent pour aller travailler. / Ils courent pour tout faire. ... (M.O.)
..... ils courent pour aller travailler. / Ils courent pour tout faire. / (M.O.)

モデル文
    Je viens de terminer ·le devoir de mathématique.
    Je viens de terminer le devoir de mathématique.

18. 人称代名詞 +(助)動詞 + 副詞 + 動詞　　　（動詞核）

enfin bon, / je veux pas dévoiler / parce que c'est, ... (champs-E3)
et que / ils vont pas être dérangés / de ne pas comprendre .... (フラマグ n° 1)

　ここでは否定文となったために、pas という副詞が挿入されたが、既出16の項目と同定できる。即ち人称代名詞 + 助動詞 + 動詞という単位を設定できる。

モデル文
    Je (ne) vais pas chercher ·mon cousin en hâte à la gare.

19. 人称代名詞 + 動詞 + 副詞 + 冠詞 + 名詞 + 前置詞 + 動詞
　　　（名詞核、動詞核）

parce que je ne peux / je n'ai plus le droit de grossir, / j'ai renoncé...... (champs-E3)

　前項同様、否定文であるために副詞が挿入されたが、肯定文の場合は副詞が消えて既出7の項目と関係する。

モデル文
    On n'a pas l'occasion de voyager ·en bateau pour aller en France.

20. 人称代名詞 + 動詞 + 前置詞 + 冠詞　　　（動詞核）

…… les périodes de repos, / j'ai renoncé dans un, / dans un …… (champs-E3)

モデル文
　　　　Il s'asseoit dans un ·fauteuil pour lire un journal.
　　　　Il s'asseoit dans un fauteuil pour lire un journal.

21. 人称代名詞（目的語）+ 動詞　　　（動詞核）

je vais essayer de / l'expliquer, / pourquoi ….. （フラマグ n°1）
….. et m'amuser, / m'amuser / follement comme je …… (champs-E3)

モデル文
　　　　J'essaie de ·lui dire ·la vérité dont je suis convaincu.
　　　　J'essaie de lui dire ·la vérité dont je suis convaincu.

22. 人称代名詞（強勢形）+ 後続要素
　　（核は後続要素の中にあり）

Donc, / moi je vais faire une quarantaine de spectacles, / j'ai renoncé ……
　　　　　　　　　　　　　　　　　　　　　　　　　　　　(champs-E3)

　この単位は長いように思われる。可能性としてはこの単位の中でいくつかの単位ができることは今までの単位の構造を見ればわかる。しかしこの長いと思われる単位を一単位として観察できたことの背景には、「単位内におけるプロミネンス」ということを仮に設定してみることができる。即ち話し手は連続的にイメージ想起しているのだが、あるプロミネンスがあるとそこに至るまでの想起は弱いイメージとして音声的に単位形成特徴を示さない。上例においては une quarantaine de spectacles がプロミネンスと考えられ、moi je vais faire は第二次的伝達内容といえる。なおプロミネンスは単位の末尾部に位置し、その後に単位の区切りがある。但しこの「単位内におけるプロミネンス」はまだ確定されたわけではなく、さしあたっての筆者の主観的考えである。或いはこの長いと思われる単位が実際はもっと小さな単位で区切られるべきなのか。それにしてもこの例の中には区切られるべき音声特徴が見いだせない。

j'essayerai / moi, de mon côté / de ...... (Philippe)

モデル文
   Toi, tu pars ?・Moi, je reste ici.

関係代名詞

　前に置かれた名詞・代名詞を代表し、関係節とよばれる一種の従属節の主語・属詞・補語などの働きをする語である。この関係節は、関係代名詞が代表する名詞・代名詞（即ち先行詞 Antécédent）を説明・限定する補語または形容詞と等しい働きを持っている。

　　（基準ふらんす文典　p.188　第三書房、昭和31年　篠田俊蔵、佐藤房吉）
　関係代名詞が先行詞と音声的に如何に結合するかということが問題である。関係代名詞が先行要素に結合しているのか、或いは後続要素と係わっているのか。文法的には後続要素における役割即ち従属節中における関係代名詞の役割が形式的に重要であるように思われる。例えば C'est le chapeau que j'ai acheté au marché. において、C'est le chapeau. という完結文と C'est le chapeau / que ...... という音連続では形式的に後者は le chapeau に後続要素が付加されている。これは文法的なのだろうか、それとも音声的なのだろうか。

1.　単独　　　（核は後続要素の中にあり）

il y a des groupes euh / où / euh finalement ...... (fr. parlé p.27)

モデル文
　　　　　C'est la ville ·où· mon père est né.
　　　　　C'est la ville où ·mon père est né.
　　　　　C'est la ville ·où mon père est né.
　　　　　C'est la ville où mon père est né.

2. 関係代名詞（主語）＋ 動詞　　　（動詞核）

paraît-il, / qui va venir danser, / qui est anglaise, ... (champs-E3)
ouh ...... / qui devrait / ouh ..... (Italien 2)

　関係代名詞が先行詞と音声的に結合することは、関係代名詞が後続要素と結合するより少ないのではないかと思われる。即ち先の例で言えば C'est le chapeau que j'ai acheté au marché. において、C'est le chapeau que .... より C'est le chapeau ...... que j'ai acheté. の方が起こりやすいように思われる。本論において、関係代名詞の後に区切りが生じる例は今のところ少ない。

モデル文
　　　　　C'est le chapeau ·qui porte·un ruban rouge.
　　　　　C'est le chapeau qui porte ·un ruban rouge.
　　　　　C'est le chapeau ·qui porte un ruban rouge.
　　　　　C'est le chapeau qui porte un ruban rouge.

3. 関係代名詞（主語）＋ 動詞 ＋ 後続要素
　　（動詞核、核は後続要素の中にあり）

...... devant un public / qui ne comprend pas les paroles. /（フラマグ n°1）
...... à New York / qui (es)t une vi(lle) qui bouge / qu'on se ......（フラマグ n°2）

　言葉はイメージの単位の中で、話者が伝えようとする要素を少なくとも一カ所ないし二カ所あり、そこに話者の意識が集中している時、同一イメージ内の他の箇所は、音声の忠実度に欠ける。上例ではそのことが明らかで、[kietynvilkibu:ʒ] とは言っておらず、[ki*tynvi*kibu:ʒ] となっている。この時話者は bouge に第一の卓立を、そして ville に第二の卓立を置いていると考えられる。ville は音声に忠実ではなく、聞き手にとって 100% まで伝達されているかは不明であるが、この時、状況という前提が重要性を持つ。New

関係代名詞

York という状況が設定されていることで伝達は可能性が増大するといえる。

.... qui est un / qui est une pure merveille, / paraît-il ...... (champs-E3)

　qui est un が単位であるが、une pure merveille が想起されて qui から言い直した例である。この時 qui est une は付加的で伝達の重要度は merveille にある。

モデル文
　　　　C'est la cravate ·qui va bien à Pierre.
　　　　C'est la cravate qui va bien à Pierre.

4. 関係代名詞（主語）＋ 動詞 ＋ 副詞（形容詞相当語）
　　（形容詞核、副詞核）

...... qui va venir danser, / qui est anglaise, / il y a ...... (champs-E3)
C'est une ville / qui va très vite / quand même.（フラマグ n°2）
..... m'intéressant / qui se retenait bien, / le mot était joli en plus, ...
　　　　　　　　　　　　　　　　　　　　　（フラマグ n°2）
..... dans la vie, j'ai une vie / qui est beaucoup plus axée / sur mon métier.
　　　　　　　　　　　　　　　　　　　　　　　　(champs- E3)

モデル文
　　　　C'est le chapeau ·qui coûte cher.
　　　　C'est le chapeau qui coûte cher.

5. 関係代名詞 ＋ 副詞 ＋ 動詞
　　（寧ろ核は後続要素の中にあり）

je fais coller des mots / qui normalent n'ont pas / de sens entre eux, ...

(フラマグ n°2)

モデル文
  Je prends un taxi ·qui normalement est ·plus cher que le train.
  Je prends un taxi ·qui normalement est plus cher que le train.

6. 関係代名詞 + 動詞　　　（動詞核）

il y a des choses / qui doi- / qui doivent se revendiquer plus fort ......

(fr. parlé p.53)

　qui doi- の前で切れ目があるか否かは明らかではないが、doi- の後では切れ目がある。音声が無いので聞くことができないが、doi- の後は明らかに後続語を探しているので切れ目ありと判断できる。ところでこの部分は il faut revendiquer plus fort (......) il y a des choses qui doi- qui doivent se revendiquer plus fort. (le fr. parlé p.53) の中に現れたものであるが、後続に devoir をイメージしながら、先行 des choses の統語規定を確認していると考えられる。即ち後続要素を求めながら、feed back の様子も垣間見せる例である。

モデル文
  Tokyo est une grande ville ·où habitent ·plus de 10 millions.
  Tokyo est une grande ville où habitent ·plus de 10 millions.
  Tokyo est une grande ville ·où habitent plus de 10 millions.

7. 関係代名詞(主語)＋人称代名詞 + 動詞　　　（動詞核）

...... et qui expriment cette ouverture d'esprit, / qui l'expriment / à travers la danse classique aussi.

(champs-E3)

関係代名詞

モデル文
  Je cherche un professeur・qui te donne・de bons conseils.
  Je cherche un professeur qui te donne・de bons conseils.
  Je cherche un professeur・qui te donne de bons conseils.

8. 関係代名詞（目的語）＋人称代名詞（主語）＋動詞（動詞核）

C'était le plus étrange pays / que je connaissais / et quelque part ……
             （フラマグ n°1）
…… dans les jeunes danseurs / que j'ai invités, / les danseurs …… (champs-E3)

モデル文
  C'est la chanson・qu'elle chantait・dans son enfance.
  C'est la chanson qu'elle chantait・dans son enfance.
  C'est la chanson・qu'elle chantait dans son enfance.

9. 関係代名詞（場所）＋人称代名詞（主語）＋動詞＋（副詞）（動詞核、副詞核）

…… qu'on se …… / où on se sent mal / dès qu'on reste plus de trois jours, ……
             （フラマグ n°2）
…… de famille / où j'étais / et pendant les …… (Français 3)

モデル文
  Je me souviens du jour・où je l'ai rencontrée pour la première fois.

10. 関係代名詞 + 人称代名詞
（核は後続要素の中にあり）

C'était lui que / qui me / qui me dirigeait ...... (fr. parlé p.60)

モデル文

    Je me souviens bien d'une dame ·qui me ·qui me regardait sans rien dire sur le quai.

    Je me souviens bien d'une dame qui me ·regardait sans rien dire sur le quai.

11. 関係代名詞 + 副詞 + 中性代名詞 + 動詞 + 副詞
（動詞核）

...... mais / qui en fait en ont quand même / un vraiment ...... （フラマグ n° 2）

モデル文

    Il y a un témoin ·qui effectivement en sait bien ·la vérité.

    Il y a un témoin ·qui effectivement en sait bien la vérité.

指示代名詞

　指示代名詞は指示の気持ちを含めて人、動物、事物、観念等をあらわす代名詞である。(現代フランス文法、田辺貞之助、白水社、1962、p 175)
　代名詞であるから語という音連続は短いが、イメージとしての独立性があり、またこれと係わる後続要素も一緒になって同一イメージ単位を作り得る。その様子を以下に述べる。

1. 単独　　　　（核は後続要素の中にあり）

..... cinquante pour cent de création, / ce / à quoi je ...... (champs-E3)

モデル文
　　　　Je te dis une chose ·ce ·à quoi je pense.
　　　　Je te dis une chose ·ce à quoi je pense.

2. 指示代名詞 + 動詞　　　（核は後続要素の中にあり）

/ c'est / c'est un un copain. (fr. parlé p.61)
/ c'est / .... (fr. parlé p28)
..... à la campagne, / c'est / beaucoup plus de ...... (champs-E3)
.... aussi / c'est / mes petits week-ends ...... (champs-E3)
/ C'est / l'aboutissement de ...... (champs-E3)
c'est surtout ...... / c'est / .... non (champs-E3)
Et / c'était / n ...... (Italien 2)
...... / ce n'était / pas une royauté. (Italien 2)
...... trois rythmes donc ouh ...... / c'était / quelque chose de ...... (フラマグ n° 2)

c'est とか c'était というのは日本人が言い淀んで〈あのー〉という時の後続要素を探している発声と似ている。だからこの場合の ce という指示代名詞は本来の指示内容を示していない。

...... parce que justement / ça va mourir / il y a vingt ans ...... （フラマグ n°1）

ce とか ça という代名詞はこれといった指示内容を独立して表現することは少なく、殆どの場合後続要素を従える。celui, celle ...... の指示代名詞になると指示内容が明示されているので独立性があり、単独表出も可能と思われるが、まだ例に出会っていない。

モデル文
  C'est ·c'est ce que je veux dire.
  C'est ce que je veux dire.

3. 指示代名詞 + 動詞 + 冠詞 　　　　（核は後続要素の中にあり）

/ c'était le / ...... plus étrange pays ...... （フラマグ n°1）

話の内容から考えると最上級 le plus étrange pays と取れる。この文章は ...... quand je suis venue pour la première fois, c'était le plus étrange pays que je connaissais et quelque part, ça m'a rappelé Angleterre, ... の中に出てくる。とはいえもし c'était le の le は最上級の導入語ではなく、フランス人のよく言う単なる導入句 c'est un と同様であると考えるならば、イギリスとの比較ということで、plus étrange pays が比較級となる。最上級で話すとしたら c'était le ..... le plus étrange pays .... と le plus の結合は必至であると思われるが、現実の音声は c'était le ..... で切れている。果たして比較級なのか、最上級なのか、解釈は難しい。

non, / c'est un / c'est un ...... (champs-E3)

...... en même temps / c'est un / hasard (champs-E3)
est-ce que / c'est un / ...... l'appel à ...... à ...... (フラマグ n°2)
..... justement, / c'est un / pas en avant (champs-E3)
c'est un / c'est un / c'est tout simplement un ...... (champs-E3)
/ c'est un / c'est .... (fr. parlé p.28)
c'est / c'est un / un copain. (fr. parlé p.61)
...... massive, / c'est le / l'état d'esprit contemporain. (champs-E3)

　c'est un と発話した時、既に後続要素を予定している場合と、そうでない場合が見られる。前者は c'est un の un が後続要素と性数一致していることから想像できる。しかしこれも偶然の一致ということがあり得るし、断定は避けるべきであるが、はっきりと後続要素を予定しているとわかるのは、c'est un / un copain. と un を繰り返している場合があること、同様に c'est le / l'état においても同種の冠詞を繰り返していることから予想される。後者においては c'est un / ...... l'appel à .... の場合は別の要素が発話されていることから、単なる導入句として c'est un が表出されたといってよい。いずれにせよ c'est un etc. の導入句はイメージ単位として話者に意識されている場合が多いということになる。

モデル文
　　　　C'est un ・un ciel bleu.
　　　　C'est un ・ciel bleu.
　　　　C'est un ciel bleu.

4. 指示代名詞 + 動詞 + 前置詞
　　（核は後続要素の中にあり）

...... / c'était pour / euh trouver le pont de Saint-Cloud. (fr. parlé p.63)

　ここでは前置詞の後に切れ目があるが、pour は後続 trouver とまとまら

ず、c'était の中に含まれている。このような例から考えられることは、言葉は聞き手に対して決して都合のよい意味単位で表出されていないのであって、話し手は意味単位を想定しながらも、できる限り思いつく要素を表出してしまおうという態度があるということである。即ち意味単位が形式的に整うまで頭中に留め置くことはしないということである。先の例にしても形式的には c'était / pour trouver le pont de Saint-Cloud. であるが、c'était pour / trouver le pont de Saint-Cloud. とすると、後半は意味単位になるとしても、前半は形式的に前置詞の後に切れ目があるということで、落ちつかない。しかし現実は事実である。形式を整えることに精出すと、言葉を話すことはできなくなるのではないだろうか。形式は机上の議論であって、本論で求めていることは形式から解放された実態である。

モデル文

  Je me suis dirigé vers l'aéroport. · C'était pour · aller chercher mon père.

  Je me suis dirigé vers l'aéroport. · C'était pour aller chercher mon père.

5. 指示代名詞 + 動詞 + 前置詞 + 冠詞 + (後続要素)
  (動詞核)

/ Ça se situe dans le / après le port de Marseille, ... (fr. parlé p.24)

..... celui qui parle mieux le français ici / c'est du peut-ê(tre) de / ..... de Bourges .....   (M.O.)

..... le centre de la France / c'est de la cathédrale de Bourges. / (M.O.)

 前項と同類である。

モデル文

  Marseille est une grande ville. · Ça se situe dans le ·dans le Midi.

Marseille est une grande ville. ・Ça se situe dans le MIdi.

6. 指示代名詞 + 動詞 + 名詞（途中切断）　　　（名詞核）

/ c'est sen- / sensation. (fr. parlé p.28)

　これは前項で述べたように、思いつく要素を表出してしまおうという態度である。話し手はこのようなイメージ湧出の流れの中で、言葉を構築してゆくことは、表出された音声がイメージそのものであるといえる。

モデル文

　　　　C'est l'inves ・l'investissement dans une entreprise.
　　　　C'est l'investissement dans une entreprise.

7. 指示代名詞 + 動詞 + 形容詞相当語
　　（形容詞核、または核は後続要素の中にあり）

...... pourquoi / c'est triste. /（フラマグ n°1）
/ C'est pas mon / c'est pas le but ...... (fr. parlé p.24)

　pas という副詞が表出されているが、c'est mon --- と同類として扱った。

モデル文

　　　　C'est agréable ・de vivre à la campagne.
　　　　C'est agréable de vivre à la campagne.

8. 指示代名詞 + 動詞 + 副詞
　　（動詞核、または核は後続要素の中にあり）

Indochine / ça sonnait bien / et il y avait trois, ...（フラマグ n°2）

c'est très / c'est très / euh durement ressenti ...... (fr. parlé p.51)
...... musicalement, / c'était peut-être / inconsciemment ...... （フラマグ n° 2）
mais / c'est surtout / ..... c'est ...... (champs-E3)

モデル文
  C'est très・très agréable de vivre à la campagne.
  C'est très・agréable de vivre à la campagne.
  C'est très agréable de vivre à la campagne.

9. 指示代名詞 + 動詞 + 接続詞
  （核は後続要素の中にあり）

on peut vraiment / c'est comme, / c'est comme / la ..... par rapport ....
（フラマグ n° 2）

 この部分は話者のイメージしているものがはっきりしない。しかし、それ故に表出された単位が構造的に捉えられ易い。具体的な意味に至らなくても、指示代名詞 + 動詞 + 接続詞の纒まりは頭中に存在し表出される。この発話の前後の音声は次の通りである。

...... je trouve que c'est une image / intéressante, / image un peu de folie, / une image un peu ...... / on peut vraiment .... / c'est comme, / c'est comme / la .... / par rapport au cinéma / et à l'animation, / quand on fait un dessin animé, / on peut plus, / on peut se permettre de faire beaucoup plus de choses, ... Suis-je bien clair ? .... Hum ......

 c'est comme の発話中には恐らく image について語りたかったのであろうが、頭中に適切な要素が出てこなかったのであろう。

モデル文
  Paul ne vient pas. C'est que ·il est malade.
  （C'est qu'il est malade. と言えるようにする）
  Paul ne vient pas. C'est qu'il est malade.

10. 指示代名詞 ＋ 動詞 ＋ 副詞（形容詞相当語）
  ＋ 形容詞相当語（副詞）　　　（形容詞核）

c'est très, / c'est très ennuyeux / d'ê(tre) systématique et ...... （フラマグ n°1）
..... occidental, ... / c'est possible aussi / c'est-à-dire cette ...... （フラマグ n°2）

 この纏まりは安定していると思われる。上例では c'est très で後続語を探すが、再び繰り返して ennuyeux を加えている。即ち c'est ＋ 何らかの後続要素は安定しているといえる。

モデル文
  C'est assez fatigant ·de travailler tout le temps.
  C'est assez fatigant de travailler tout le temps.

11. 指示代名詞 ＋ 動詞 ＋ 冠詞 ＋ 名詞　　　（名詞核）

.... parce que / c'est une île / ...... （フラマグ n°1）
/ c'est des sensations / euh terribles tu vois ..... (fr. parlé p.28)

 文法を気にかける話者であれば、ce sont des sensations, 即ち des sensations が頭中に思い浮かんだ時に、発話の始点に立ち戻って ce sont が出るのであろうが、ce sont の代わりに c'est を用いることは頻繁であって、この例においても話者は無意識に c'est ＋ 後続要素の纏まりをイメージしたに違いない。

モデル文
  C'est un pays ·composé de quatre îles principales.
  C'est un pays composé de quatre îles principales.

12. 指示代名詞 + 動詞 + 前置詞 + 動詞　　　（動詞核）

....., / c'est de faire / quasiment cinquante pour cent de ...... (champs-E3)

 前項と同様で c'est + 後続要素の纏まりと考えることができる。とすると項目4にあるように、後続要素の頭部を表出させることも可能であるから、c'est de ...... faire ..... もあり得る。

モデル文
  J'ai envoyé des lettres. ·C'est pour inviter ·mes amis et connaissances au concert personnel.

13. 指示代名詞 + 動詞 + 副詞 + 後続要素
　　（副詞核、または核は後続要素の中にあり）

c'est un ...... / c'est bien parce qu'il va y avoir plein / plein de ...... (champs-E3) ...... qu'au cinéma / c'est un peu ce que je fais en / ...... avec ......（フラマグ n° 2）

 前掲8の指示代名詞 + 動詞 + 副詞の纏まりが含まれる。この纏まりはこの場合従属的であって意味的にはさほど関与していないと思われる。

モデル文
  C'est à peu près à minuit ·que je suis rentré à la maison.

14. 指示代名詞 + 動詞 + 冠詞 + 名詞 + 前置詞 +（後続要素）（名詞核）

..... de le centre de la France. / C'est le centre de la France. / le le le ... (M.O.)

centre de la France の音調が高く平板であるので、ここはひとつのイメージである。即ち [‾‾‾↘][sãtrədlafrɑ:s] であり、もし [⌒/ __→] [sãtrədlafrɑ:s] であるならば、イメージは C'est le centre / de la France. と二つに分離するであろう。

/ c'est des souvenirs de / ...... plus de euh ...... (fr. parlé p.26)
　前置詞の後に切れ目が生じる現象は頻繁に見られる。後置詞的性格が感じられる。この場合冠詞 + 名詞の部分が形容詞でも可能であろう。

モデル文
　　　　C'est une joie de ·vivre à la campagne.
　　　　C'est une joie de vivre à la campagne.
　　　　C'est agréable de ·vivre à la campagne.
　　　　C'est agréable de vivre à la campagne.

15. 指示代名詞 + 人称代名詞 + 動詞　　　　（動詞核）

...... et quelque part, / ça m' a rappelé / Angleterre, ...（フラマグ n° 1）

モデル文
　　　　Ça me rappelle ·le voyage.
　　　　（Ça me rappelle le voyage. と言えるようにする）
　　　　Ça me rappelle le voyage.

16. 指示代名詞 + 人称代名詞 + 動詞 + 副詞　　　（動詞核）

...... parce que ça m'a ...... / ça m'inquiète beaucoup / ......（フラマグ n° 1）

　ça m'inquiète beaucoup は完全に独立した単位であるが、parce que が文頭にある時、この単位のリズムが狂ったのであろう。parce que で切れば問題ないところだが、ça m'inquiète ...... が後続したために parce que ça m'a で後続要素を立て直したと考えられる。この時 ça m'a ..... は ça m'in...... と言って inquiète の頭が発声されたのか、或いは別の要素があったのかは定かでない。いずれにせよリズムに関係している。

モデル文
　　　Ça m'étonne beaucoup ·qu'elle se soit blessée.
　　　Ça m'étonne beaucoup qu'elle se soit blessée.

17. 指示代名詞 + 関係代名詞 + 後続要素
　　（核は後続要素の中にあり　即ち動詞核、名詞核等）

...... de séries différentes, / ce qui me laissera sans doute le temps / de faire ......
　　　　　　　　　　　　　　　　　　　　　　　　　　　　(champs-E3)
...... par tout / ce qui est le (la) culture / orientale ......（フラマグ n° 1）
Maintenant, / ce à quoi j'ai renoncé / aussi c'est ...... (champs-E3)
/ Celui qui le ..... / on dit que celui qui parle mieux le français .... (M.O.)

モデル文
　　　C'est ·ce que je dis ·sur le projet.
　　　C'est ce que je dis sur le projet.

18. 指示代名詞 + 副詞 + 動詞　　　（動詞核）

..... il y a .. trop grands ennuies. ..... / Ça toujours est ein ? / (M.O.)

モデル文

　　　Ça normalement coûte · vingt euros pour réparer cette montre.

不定代名詞

　不定代名詞は種々の由来と構成を持ち、人や物を漠然と指示する代名詞の一群であるが、伝統的にこの群に納められている代名詞には、あらかじめその観念を表す先行詞を持たないものが多く、代名詞というより名詞的用法のものが過半を占めている。

（現代フランス文法：田辺貞之助、白水社、1962.3. p.203）

1. 単独　　　（核は後続要素の中にあり）

c'est facile hein / on / on ignore. (fr. parlé p. 54, p.79)
on est relativement tranquille, / on / on fait son emploi du temps…… (champs-E3)

　on と後続の動詞は結合し易いと思われるのだが、必ずしも連動していない。発声の時に後続の動詞が浮かんでいれば、on は淀みなく動詞と纏まるが、この事実を見る限り、頭中に浮かんだのはまず on のみであって、それが発せられたと解される。

/ certains / euh racontaient. (fr. parlé p.66)

モデル文
　　　　　Y a-t-il ·quelqu'un ·qui ne comprenne pas ?
　　　　　Y a-t-il quelqu'un ·qui ne comprenne pas ?
　　　　　Y a-t-il quelqu'un qui ne comprenne pas ?

2. 不定代名詞 + 動詞
　　（動詞核、または核は後続要素の中にあり）

...... de représentation / on fait, / je pense, ... (champs-E3)
/ On peut / ...... (champs-E3)
, ... / on peut se permett(re) / de faire beaucoup ......（フラマグ n°2）
on est danseur guest, / on est / relativement ...... (champs-E3)
comme on veut, / on ...... a / bon, même s'il y a ...... (champs-E3)

　最後の例では on が単独であるような現れ方をしているが、結局は動詞と結合している。しかし後続要素は on a とは無関係である。明らかに音声的纏まりとして単位を成している。

モデル文
　　　　On cherche ·un criminel.
　　　　On cherche un criminel.

3. 不定代名詞 + 動詞 + 冠詞　　　　（動詞核）

/ on prépare une / euh on prépare des assemblées ..... (fr. parlé p.24)
/ on a reçu des / un avis de la ville .... (fr. parlé p.25)
/ on faisait venir les / les copains ..... (fr. parlé p.34)

　他動詞は目的語を必要とする一単位を作るのであろうか。冠詞 + 名詞の纏まりができずに冠詞だけをまず表出しているのは、音連続中における冠詞と名詞の結合力が強くないことを示している。冠詞が先行の動詞に結合している。ということは動詞核がこの音連続中に生じたために、要素の後続を妨げたことを示している。

モデル文
>　　　On cherche un・criminel.
>　　　On cherche un criminel.

4. 不定代名詞 + 動詞 + 副詞　　　（核は後続要素の中にあり）

quand on fait un dessin animé / on peut plus, / ......（フラマグ n°2）
...... les danseurs russes, / on ne voit pas souvent / des danseurs allemands, ...
(champs-E3)
ouh ...... / on peut vraiment / c'est comme ......（フラマグ n°2）
/ On peut pas / peut-être devant ......（フラマグ n°1）

　第4例は第2例と比較すると、/ On peut pas peut-être / で、多少の意味相違は生じるが一単位を作る可能性を持っている。単一イメージの中にどれだけの要素が想起されたかによって表出音声は正に自由である。

モデル文
>　　　On peut vraiment・chercher en secret un criminel.
>　　　On peut vraiment chercher en secret un criminel.

5. 不定代名詞 + 動詞 + 前置詞 +（冠詞）+ 名詞
　　（動詞核、名詞核）

/ on passait par la chambre / euh euh là que vous couchez ...... (fr. parlé p.75)
...... absolument / rien vu de Londres. / (Français 3)

モデル文
>　　　On cherche dans ses poches・un billet.
>　　　On cherche dans ses poches un billet.

6. 不定代名詞 + 動詞 + 形容詞相当語 + 接続詞
   （動詞核、形容詞核）

on donne / on donne une vingtaine ou / une trentaine de ...... (champs-E3)

モデル文
　　　　On parle une ou・deux langues étrangères au Japon.
　　　　On parle une ou deux langues étrangères au Japon.

7. 不定代名詞 + 動詞 + 副詞 + 後続要素
   （動詞核、核は後続要素の中にあり）

mais, bon, / on ne voit pas souvent les danseurs russes, / on ne ...... (champs-E3)

　これは発話中にイメージが想起されて、比較的長い単位となったのであろう。こういう場合もひとまず一単位と設定しておく。

モデル文
　　　　On cherche souvent la mère séparée・dans son enfance.
　　　　On cherche souvent la mère séparée dans son enfance.

8. 不定代名詞 + 人称代名詞　　　（核は後続要素の中にあり）

Là, / on me .... / enfin bon, ... (champs-E3)

　話者の心中は推測しかねるが、話者自身に関係していることを述べようとしている兆しが見える。ところが表出は on me ...... で止めてしまった。この短い纏まりは基本的であって重要と思われる。

モデル文

    On me ·cherche en secret.

    On me cherche en secret.

9. 不定代名詞 + 動詞 + 名詞 + 副詞 　　　（名詞核）

Vous vous rendez compte que ben oui / on a passé Noël là-bas hein / c'était ......

(phonétisme p.102)

モデル文

    Je sais que ·l'on fête Noël ensemble.

    Je sais que l'on fête Noël ensemble.

接続詞

接続詞は語、語群および節を相互にむすぶ不変化語の一種である。
（現代フランス文法：田辺貞之助、白水社、1962, p.426）

1. 単独　　　（核は後続要素の中にあり）

...... par jour, un jour de plein trafic, / c'est-à-dire / un jour de semaine .....
（フラマグ n°4）
...... ce à quoi j'ai renoncé / aussi / c'est mes petits week-ends ...... (champs-E3)
/ Et / c'était ...... (Italien 2)
..... / et / j'allais ..... (Italien 2)
...... , / Et / malheureusement ...... (Français 3)
.... bonnes vacances / et / si ...... (Philippe)
...... / et / euh Angelina son truc favori ...... (fr. parlé p.64)
...... entre eux, / mais / qui en fait en ont quand même un ..... （フラマグ n°2）
...... presque de chaotique, / mais / c'est surtout ...... (champs-E3)
donc ...... / mais ..... / mais il peut y avoir ...... (champs-E3)
je touche du bois, / mais / d'abord on me propose ...... (champs-E3)
..... de sens entre eux / mais, / .... （フラマグ n°2）
c'était un travail / mais / mais enfin ..... (fr. parlé p.69)
..... par exemple, / ou / des Américains ...... (champs-E3)
j'ai laissé tomber / parce que / on ne peut pas ...... (champs-E3)
...... peut-être / parce que / c'est une île, ... （フラマグ n°1）
/ Parce que / je lui ai dit ..... (Français 3)
J'espère / que / vous ...... (Philippe)
nous aussi d'ailleurs / mais 003(ms) / on avait ...... (phonétisme p.102)

接続詞の単独表出というのは、その間に後続のイメージを頭中に呼び出すのに都合のよい言葉といえるかも知れない。比較的この表出形態が多いのも話者にとっては言葉のつなぎの技術であって、言連鎖を中断せずに済むという、コーヒーブレイクならぬ、言葉休めの感がある。

モデル文
　　　　Je suis Japonais ·et ·quelle est votre nationalité?
　　　　Je suis Japonais et ·quelle est votre nationalité ?

2. 接続詞 ＋ 冠詞　　　（核は後続要素の中にあり）

..... quand l'Argentine / et les / la Grande-Bretagne ont été en conflit .....

(fr. parlé p.47)

　冠詞と名詞常に一体であるということはなく、これは冠詞の項で既に見てきた。

モデル文
　　　　Les chiens ·et les ·chats sont des animaux.
　　　　Les chiens et les chats sont des animaux.

3. 接続詞 ＋ 冠詞 ＋ 名詞 ＋ 形容詞相当語
　　（名詞核、形容詞核）

...... totale, / soit des reprises de ballets / qui n'ont jamais été ...... (champs-E3)

モデル文
　　　　J'ai un chien noir ·et un chat blanc. ·
　　　　J'ai un chien noir et un chat blanc.

4. 接続詞 + 形容詞相当語　　　（形容詞核）

..... ce qui est la culture orientale / et japonaise, / et chinoise. /（フラマグ n° 1）

　この場合、接続詞 et の意味することが《そして》ということで orientale に添加、並列されるのか、或いは《それも》《しかも》ということで orientale の説明的追加、強調なのか不明であるが、いずれにせよ話者の頭の中には culture という要素の反復はなく、orientale の延長上に並列させて、japonaise, chinoise が表出されたと考えられる。この時、表出されない culture をイントネーションによって補うことができる。即ち culture japonaise, culture chinoise に取って代る。とするとここでは省略要素を含むイメージ単位と言うことになる。

モデル文
　　　　　C'est un chat intelligent ·et agile ·et sensible au froid.
　　　　　C'est un chat intelligent et agile ·et sensible au froid.

5. 接続詞 + 形容詞相当語 + 名詞　　　（名詞核）

c'est possible aussi / c'est-à-dire cette liaison / entre le ......（フラマグ n° 2）

モデル文
　　　　　J'ai un chat ·c'est-à-dire que les rats ·s'en vont de chez nous.
　　　　　J'ai un chat ·c'est-à-dire que les rats s'en vont de chez nous.

6. 接続詞 + 形容詞相当語 + 名詞 + 前置詞 +（形容詞相当語）+ 名詞　　　（名詞核）

..... / et quelle sorte de royauté / était-ce ...... (Italien 2)

この単位の中心は音声現象から見ると sorte であって、これに付随する de royauté は必ずしもその一単位の中の要素ではない。

hein faut le faire hein / et sept degrés autour du p.....005(cs) / enfin ......

(phonétisme p.102)

モデル文

    Tu as trois chats ・et quel chat de ces trois ・ aimes-tu le mieux ?
    Tu as trois chats ・et quel chat de ces trois aimes-tu le mieux ?

7．接続詞 + 副詞 　　　（核は後続要素の中にあり）

De faire des choses / parce que justement / tu vas les manger ...... （フラマグ n°1）
...... faire le (les) fleurs / parce que justement / ça va mourir ..... （フラマグ n°1）
..... que je connaissais / et quelque part / ça m'a rappelé ...... （フラマグ n°1）
...... / milliard 200 millions / et par jour / un jour de plein trafic ......

（フラマグ n°4）

...... assez intéressante, bon, / mais après, / effectivement, il y a plein ......

（フラマグ n°2）

Voilà, / et bien / voilà monsieur ...... (Philippe)
..... vraiment une douceur ...... de vivre ..... / et alors / que c'est une ville qui va .....

（フラマグ n°2）

..... dans la rue, hein, / et donc / malheureusement, bon ...... (champs-E3)
..... viennent danser / mais, bon, / on ne voit pas souvent les ...... (champs-E3)

つなぎの言葉として話し手はむしろ後続要素を探しているように思える。

モデル文

    Je cherche mon chat ・ parce que justement ・il vient de sortir par la porte.

Je cherche mon chat・parce que justement il vient de sortir par la porte.

8. 接続詞 + 副詞 + 形容詞相当語
　　（核は後続要素の中にあり）

ça sonnait bien / et il y avait trois, / ・・・ trois syllabes ……（フラマグ n°2）

モデル文

　　J'ai un chat・et justement ce・ce chat vient de sortir par la porte.
　　J'ai un chat・et justement ce chat vient de sortir par la porte.

9. 接続詞 + 人称代名詞　　　（核は後続要素の中にあり）

….. m'amuser follement / comme je / le fais souvent. (champs-E3)
c'est pas des gars / que je je / je peux pas dire …… (fr. parlé p.73)
j'ai fait des tournées internationales / donc je / je leur donne la …… (champs-E3)

モデル文

　　C'est un chat noir・qu'il・cherche depuis hier.
　　C'est un chat noir qu'il cherche depuis hier.

10. 接続詞 + 人称代名詞 + 動詞　　　（動詞核）

…. créations, / au moins qu'on puisse donner / un ou deux de …… (champs-E3)
….. à peu près / puisque je devise / à part égale …. (champs-E3)
/ Et j'avais / …… (Français 3)
/ Quand j'ai eu / …… ta …… (fr. parlé p.24)
….. pas vraiment / parce que je n'avais pas / rêvé à ce poste. (champs-E3)
….. à prendre un gramme / parce que je ne peux / je n'ai plus le droit de …..
　　　　　　　　　　　　　　　　　　　　　　　　　　(champs-E3)

/ Si vous voulez / il reste ..... (philippe)
j'étais enceinte de Charlotte, / quand je suis venue / pour la première fois, ...
（フラマグ n°1）

je lui ai dit / que j'avais lu / Aurélien ..... (Français 3)
..... une sorte de claustrophobie / et j'ai été / même plus qu'agréablement .....
（フラマグ n°2）

..... l'idée / que je chante / devant un public..... （フラマグ n°1）
/ Et vous dansez / la moitié, à peu près ..... (champs-E3)
... / Et ils ont / ..... donc ... ces Parisiens il y a ... (M.O.)

　これまでの纏まりは安定していて確かにイメージの単位を成し得る内容と持続時間を含んでいる。ところが次の例は否定の pas が後続要素とより関係するために、本来の ne---pas の形式とは別に表出されている。

mais c'est vrai / qu'il n'a / pas énormément profité .... (champs-E3)

モデル文

　　　Le chat mâle au pelage tricolore ·parce qu'il existe · très peu est bien apprécié.

11. 接続詞 + 人称代名詞 + 動詞 +（副詞）+（形容詞相当語） + 名詞　　（動詞核、名詞核）

......, / puisque j'ai toujours recherché ça / dans ...... (champs-E3)

モデル文

　　　Le chat mâle au pelage tricolore ·parce qu'il prévoit le temps ·est bien apprécié par les pêcheurs.

12. 接続詞 + 人称代名詞 + 動詞 + 副詞（形容詞相当語、後続要素）　　（副詞核、形容詞核）

il y a vingt ans / quand j'étais enceinte / de Charlotte ......（フラマグ n° 1）
...... pas dans l'hôtel / parce qu'on m'avait pas / payé ...... (Français 3)
Plein de métro vite / et ils courent au point de métro / ils courent pour .... (M.O.)

モデル文

    Le chat ·quand il marche lentement ·ne fait pas de bruit.
    Le chat quand il marche lentement ·ne fait pas de bruit.

13. 接続詞 + 人称代名詞 + 動詞 + 接続詞　　　　（動詞核）

/ Mais j'espère que / il va comprendre ......（フラマグ n° 1）

モデル文

    Mon chat est perdu. ·Mais j'espère que ·il sera retrouvé bientôt.
    Mon chat est perdu. ·Mais j'espère qu'il sera retrouvé bientôt.

14. 接続詞 + 動詞　　　（動詞核）

...... tourner un petit peu tout en dérision, / et m'amuser, / m'amuser .....

(champs-E3)

モデル文

    On m'a tourné en dérision ·et s'est amusé ·à me dévisager.
    On m'a tourné en dérision ·et s'est amusé à me dévisager.

15. 接続詞 + 名詞　　　（名詞核）

... que je connais / parce que moi / j'ai fait des ...... (champs-E3)
/ Que jardin / japonais, la toute la ....（フラマグ n°2）

モデル文
　　　　J'ai un chat ・et toi ・tu as un chien.
　　　　J'ai un chat et toi ・tu as un chien.

16. 接続詞 + 不定（指示）代名詞 + 再帰（人称）代名詞
　　　（核は後続要素の中にあり）

...... qui (es)t une vi(lle) qui bouge, / qu'on se / où on se sent mal dès qu'on reste
.....　　　　　　　　　　　　　　　　　　　　　　　　　　　　（フラマグ n°2）

　これは où on se ..... というところを誤って qu'on se としたために言い直しているのだと思われる。フィードバックによって qu'on se で切れてしまったが、話者の頭中には on se sent mal まで想起されていたのであろう。文法的に言えば、on se の段階でこの場合関係代名詞 que のくることがないので話者は気がついたのであろう。だからこの場合、いわゆる想起されたイメージの纏まりというのではない。しかし常識的に考えれば qu'on se sent mal とまで言ってしまってから où on se sent mal と言い直してもよさそうである。フィードバックもある程度時間的経過がないと起こらないと思われるのだが、この場合、訂正するのが早すぎる感がある。或いは話者の頭中には ville（場所）があって、機械的に ville où ..... が想起され、既出の qu'on se ..... を直ちに訂正したとも考えられる。se は人称代名詞ではなく、再帰代名詞であるが、文法的間違いがなく、正しく où を使い、話者がここで後続要素を探すことになれば、/ où on se / sent mal. という纏まりも可能であることは言うまでもない。

je saurai demain / parce que ça ma ..... / ça m'inquiète ..... （フラマグ n° 1）

　この切れ方は、先の例の / où on se / sent mal. の切れ方を肯定するように思える。ça ma の時、話者の頭中には ça m'inquiète が想起されていると思われる。ただ inquiète が音声と結びつかなかっただけで、この場合それでも parce que ça ma をイメージの単位とするのか、或いは parce que ça m'inquiète を単位とするのかは難しい。ただイメージが纏まらない段階でも音声表出をしてしまうという点では発話としての大事な単位であり、parce que ça ma は認知領域においては意味がある。また先例の qu'on se も同様である。

モデル文
　　　　Je n'aime pas le chat ・parce que ça me ・ça me blesse au bras.
　　　　Je n'aime pas le chat ・parce que ça me blesse au bras.

　　　　C'est vrai・qu'on se・qu'on s'aime après tout.
　　　　C'est vrai ・qu'on s'aime après tout.

17. 接続詞 + 前置詞　　　（核は後続要素の中にあり）

...... sans raconter l'histoire / mais avec / la possibilité pour ...... (champs-E3)
..... un rôle d'acteur vraiment, / mais avec / tout ce que comporte ma .....

(champs-E3)

　前置詞 avec が何故用いられたかといえば、後続要素が予定されていたからにほかならない。しかし後続要素の音声連続が具体化されないまま、まずは mais　avec を表出するという発話のメカニズムは話者にとって重要である。漠然とした後続要素を予定しているにも拘わらず、前置詞が決定されて発話してしまうという言葉の不思議さを感じる。或いは avec を表出してしまって、それに合わせた後続要素を見つけているとも考えられるが、言葉は無から生ずるはずはないので、この考え方は妥当ではないであろう。

モデル文

  J'ai écouté un cri pas de bébé ·mais de ·chat en rut.
  J'ai écouté un cri pas de bébé ·mais de chat en rut.

18. 接続詞 + 前置詞 + 冠詞　　　（核は後続要素の中にあり）

ou j'étais / et pendant les / cinq jours .... (Français 3)

 前項と比較してみると、冠詞の位置が不安定である。この場合複数形 les を発話した時には、既に cinq jours が頭中にあって、pendant les には落ちついたリズム感がある。もし cinq jours が未確認情報の時は pendant で切れ、後続要素を探すであろうと思われる。

モデル文

  Le chat s'étonne ·et après le ·chat qui s'enfuit, court un chien.
  Le chat s'étonne ·et après le chat qui s'enfuit, court un chien.

19. 接続詞 + 前置詞 + 冠詞 + 名詞　　　（名詞核）

...... payé un hôtel / mais dans la pension / de famille ... (Français 3)
...... plus de choses, par exemple, faire voler un frigidaire, / qu'au cinéma / c'est un peu ce que je fais en .....　　　　　　　　　　　（フラマグ n° 2）
...... par rapport au cinéma ..... / et à l'animation, / .... ouh, ... quand on fait un ......
　　　　　　　　　　　　　　　　　　　　　　　　　　　（フラマグ n° 2）

モデル文

  Le chat s'enfuit ·et après le chat ·court un chien.
  Le chat s'enfuit ·et après le chat court un chien.

20. 接続詞 + 前置詞 + 動詞 + 前置詞　　　（動詞核）

...... de / et de traduire a / ..... avant chaque chanson.（フラマグ n°1）

　このaは後続 avant のaであろう。動詞に前置詞が後続する場合、特に動詞と密着した前置詞は一体化することが多い。traduire の場合他動詞で、目的語を導く前置詞を必要としないから一体化とは別なのだが、後続 avant の前置詞の兆しが見えていることは、前置詞によって想起されたイメージと動詞との結びつきが大きいことを示している。

モデル文

　　　Le chat s'étonne ・et avant de s'enfuir de ・du chien en face, il dresse les poils.
　　　Le chat s'étonne ・et avant de s'enfuir du chien en face, il dresse les poils.

21. 接続詞 + 接続詞　　　（核は後続要素の中にあり）

...... Aurélien / et quand / je suis revenu ...... (Français 3)
/ Et que / qu'ils vont pas être dérangés de ...... （フラマグ n°1）
/ et puis / .... (champs-E3)
.... / Mais parce que / de toute façon ils vont tout vite à Paris. (M.O.)

モデル文

　　　J'espère que tu vas bien ・et que ・tout le monde aussi va bien chez toi.
　　　J'espère que tu vas bien et que ・tout le monde aussi va bien chez toi.
　　　J'espère que tu vas bien ・et que tout le monde aussi va bien chez toi.

22. 接続詞 + 指示代名詞 + 動詞
　　（核は後続要素の中にあり）

..... de treize, quatorze heures, / et c'est / ça n'arrête pas, quoi. (champs-E3)
..... que je fasse le décompte / mais c'est / énorme, on donne ...... (champs-E3)
...... un petit peu / mais c'est / très c'est très, c'est très ennuyeux .....
　　　　　　　　　　　　　　　　　　　　　　　　　　（フラマグ n°1）
je veux pas dévoiler / parce que c'est, / vous savez, quand on ..... (champs-E3)

モデル文

　　　J'aime le chien ・parce que c'est ・toujours fidèle.
　　　J'aime le chien parce que c'est ・toujours fidèle.
　　　J'aime le chien ・parce que c'est toujours fidèle.

23. 接続詞 + 指示代名詞 + 動詞 + 副詞（形容詞相当語）
　　（副詞核、形容詞核）

ouh ..... / quand on cherchait un / , ... (フラマグ n°2)
tu vas les manger / et ça va être partout, / le fait de ..... (フラマグ n°1)
/ mais c'est vrai / qu'il n'a pas énormément ...... (champs-E3)

　最初の例で冠詞を表出しているが、これは意味ある音声ではないであろう。こういう時にフランス人は動詞語末を延ばさずに、他の音声表出をするのであろうか。とすればそれは語末アクセントと関係があるのかも知れない。アクセント音節を延長して後続要素を探すということは一般的ではない。イメージ想起には無アクセント音声が必要である。この音声は本来的には区切る際にイメージ単位の中に入れない方がよく、即ち ouh..... とか n..... のような模索中の音声と同類と見てよいであろう。但し un にアクセントがあって、後続に明らかに名詞を予定している場合は、un はイメージ単位の中に入れられるべきである。

モデル文

  J'aime le chien ·parce que c'est toujours · fidèle à son maître.
  J'aime le chien ·parce que c'est toujours fidèle à son maître.

24. 接続詞 + 指示代名詞 + 動詞 + 冠詞 + 名詞　　　（名詞核）

..... et alors / que c'est une ville / qui va très vite quand même ......（フラマグ n°2）

モデル文

  J'aime ce chien blanc ·parce que c'est un chien· particulièrement fidèle à son maître.
  J'aime ce chien blanc ·parce que c'est un chien particulièrement fidèle à son maître.

25. 接続詞 + 不定代名詞 + 動詞 + 後続要素
  （動詞核、または核は後続要素の中にあり）

e ...... / dès qu'on res(te) plus (de) trois jours / ouh ......（フラマグ n°2）

　イメージが纏まり、しかも後部の音声が想起されると、それを一気に表出しようとするので途中の音声が曖昧になったり、音脱落が生じたりする。この例では trois jours に意識の集中が移ったこともあり、また比較的長い纏まりとなったので、こうした現象が起こったといえる。

ouh ..... / quand on fait un dessin animé / on peut plus.....（フラマグ n°2）

モデル文

  C'est vrai ·qu'on s'aime après tout.
  C'est vrai qu'on s'aime après tout.

26. 接続詞 + 関係代名詞 + 動詞　　　（動詞核）

...... sur la vie, / et qui expriment / ...... (champs-E3)

モデル文
   J'aime le chien intelligent ·et qui obéit ·à ce qu'on dit.
   J'aime le chien intelligent ·et qui obéit à ce qu'on dit.

27. 接続詞 + 成句　　　（核は後続要素の中にあり）

...... et / si vous avez besoin / de quoi ..... (Philippe)
...... pour l'autre jour / et bonnes vacances. / (Phlippe)

モデル文
   Si vous avez besoin ·de quoi que ce soit, dites- le-moi.
   Si vous avez besoin de quoi que ce soit, dites-le-moi.

28. 接続詞 + 後続要素　　　（核は後続要素の中にあり）

..... plus de spectacles / mais je ferai moins de séries différentes, / ce qui .....
                 (champs-E3)

前項25に共通性が見られる。

je suis dans la vie, / c'est-à-dire faire des imitations, / tourner ...... (champs-E3)

後続要素だけで別の単位を作る可能性は十分にある。

モデル文
   Si vous avez besoin de quoi ce soit·dites-le-moi.

動　詞

　動詞は主語のなす行為、他に与えるまた他から受ける行為、主語の存在・意欲・感情・状態・価値等、万般の事情や関係をあらわす。
　　　　　　　　　　（田辺貞之助：現代フランス文法、白水社、1962. p.222）
　この説明によれば動詞は主語又は他（目的語 etc. と考えられる）との関係を表すのだからイメージとしては何らかの要素と連結して単位を作りそうである。ところが現実の表出音声は必ずしもそうではない。構造としては確かに動詞は主語と目的語 etc. の関係を示すから、表出音声はいずれその関係を示す方向に向かうとしても、まずは音形式としては細分化されて表出されることの方が多い。

1. 単独　　　（動詞核）

Par an, le métro / transporte / environ 1 milliard 200 millions et .....
　　　　　　　　　　　　　　　　　　　　　　　　（フラマグ n°4）
Je suis / arrivé / à Londres. (Français 3)
Je me suis / enfermé / ...... (Français 3)
...... j'ai / emporté / à Londres ..... (Français 3)
..... le nombre des étudiants / était / ouh ...... (Italien 2)
..... je vais essayer de / expliquer / ...... pourquoi ....（フラマグ n°1）
ouh .... / retenir / la tension ..... (Italien 2)
..... classiques ne sont pas..... en tout cas ne sont pas plus / confinés / dans un .....
　　　　　　　　　　　　　　　　　　　　　　　　(champs-E3)
..... plus de choses, par exemple / faire voler / un frigidaire, qu'au ......
　　　　　　　　　　　　　　　　　　　　　　　　（フラマグ n°2）
..... qu'il n'a pas énormément / profité, / je dirais ..... (champs-E3)
La cathédrale de .... de Bourges / est / située exactement au centre de la France.

(M.O.)

　言葉というのは不思議である。後続要素が想起されないのに何故取りあえず最初の要素が表出されるのだろうか。この動詞単独表出を扱っていて思いついたのだが、「話者は無音の連続音声つまり言葉にならない像（イメージ）が頭中にあって、それを追いかけて音声を見つけている。だからまず思い浮かぶ動詞はその像（イメージ）に結合したものが選択されるのは当然である。」そのイメージが次のものに移るまで音声が探し続けられ、結局一つのイメージが細分化された音声表出となる。そのイメージをどのように単位音声で追ってゆくのかが知りたいのである。イメージの想起は日本人もフランス人も同様である。だからフランス人が音で組み立てるイメージの作り方を日本人も体得して、フランス語を話し言葉としての水準で学べるようにしたいのである。

　　仮説　　イメージ想起は約一秒以内
　　発話　　音声表出中に後続の像を探す、描く、内的音声にする、音声表出に至る

モデル文
　　　　　Je vais essayer de・expliquer・pourquoi j'ai commencé le français.
　　　　　Je vais essayer d'expliquer・pourquoi j'ai commencé le français.
　　　　　Je vais essayer de・expliquer pourquoi j'ai commencé le français.

2. 動詞 + 冠詞　　　　（動詞核）

..... vous allez / passer de / bonnes vacances. (Philippe)
..... quand on / cherchait un ...... / un nom pour appeler le groupe .....

（フラマグ n° 2）

動詞

モデル文
    Je vais essayer de・chanter une・une chanson populaire que vous connaissez bien.

    Je vais essayer de・chanter une chanson populaire que vous connaissez bien.

3. 動詞 + 冠詞（所有形容詞等）+ 名詞　　　（名詞核）

...... il faudrait que je / fasse le décompte / mais c'est ......
.... ça va être partout, le fait de / faire les fleurs / parce que ..... （フラマグ n°1）
...... parce qu'on m'avait pas / payé un hôtel / mais dans la pension ... (Français 3)
...... tout ce que / comporte ma personnalité / d'extravagant, de débridé .....
　　　　　　　　　　　　　　　　　　　　　　　　　　　　(champs-E3)

　この最後の例は動詞の後に目的語として表出されたのではないが、単に品詞の並びからこの項に入れた。話者の頭にはこの項目の他例とは別のイメージ構造が想起されたであろう。

...... il va compren(dre) / --- dre (le) climat / .... （フラマグ n°1）

　動詞 + 形容詞相当語 + 名詞の単位はイメージとして纏まりやすいと考えられる。comprendre を完全ではないが、繰り返し表出している。もちろん le climat だけを表出する可能性もある。

モデル文
    Je vais essayer de・chanter une chanson・que vous connaissez bien.
    Je vais essayer de chanter une chanson・que vous connaissez bien.
    Je vais essayer de・chanter une chanson que vous connaissez bien.

4. 動詞 + 前置詞　　　（動詞核）

...... en les sommant de bien vouloir / cesser de / de combattre sur ces îles ......

(fr. parlé. p.47)

..... c'est pas là qu'on arrive à / voir dans / dans une grande ville comme .....

(fr. parlé p.60)

　最後の例では前置詞の後に切れ目が à の後と dans の後で二度連続している。前置詞にはアクセントが置かれないことが多いから、このように前置詞を言いながら後続要素を探すことは自然である。音声的には高調から低調に下がったところに前置詞が現れ、そこがイメージ単位の切れ目となる。またこうした区切り方がアクセントと関係あるだろうと先述したが、場合によってはアクセント音節の次に区切りが生ずることも当然ある。その時後続要素を求めるのに話者は何らかの手段を用いなければならない。筆者はそれはフランス語アクセントに長さの特徴的要素があることと関係があるだろうと考える。日本人ならば日本語を話す時に、えーとか、んーとかのような音を入れて後続要素を探すし、またひときり流行した語末音の長音化、即ち……なのでエーとか、……だからアーの言い方がこれと似ている。フランス人もアクセント音節の長音化だけでは後続要素を探しきれない場合、やはり euh とか ouh のような音を発する。それにまたこの音に代わって前置詞などのようなアクセントのない要素は、表出されやすいだろう。何故それでは選ばれた前置詞即ち方向性を持った要素が表出されるかというと、先述のごとくイメージが生じていても、単に後続の言葉が見つからないためであり、頭中では既に積極的な方向へと後続要素が動いているからに他ならない。

モデル文

　　　　Je vais ·essayer de ·chanter une chanson.
　　　　Je vais essayer de ·chanter une chanson.

5. 動詞 + 副詞 +（後続要素）　　　（動詞核、副詞核）

...... pas vous l'avoir / donné tout de suite. / (Philippe)
...... de / faire de même. / (Philippe)
La cathédrale de ..... de Bourges est / située exactement au centre de la France. /
(M.O.)

　　この例の後続要素はそれ自身で単位を作り得る。

モデル文

　　　　Je vais essayer de ·chanter de toutes mes forces· une chanson en français.
　　　　Je vais essayer de ·chanter de toutes mes forces une chanson en français.

6. 動詞 + 副詞 + 形容詞相当語　　　（形容詞核）

...... je trouvais que la mentalité / était très proche / de les (des) Anglais.

（フラマグ n°1）

モデル文

　　　　Cette vieille chanson · est très connue · de tout le monde.
　　　　Cette vieille chanson est très connue · de tout le monde.
　　　　Cette vieille chanson · est très connue de tout le monde.

7. 動詞 + 指示（人称）代名詞（主語）
　　（核は後続要素の中にあり）

..... qui est une pure merveille, / paraît-il, / qui va venir danser, ... (champs-E3)
.... et quelle sorte de royauté / était-ce / .... (Italien 2)

モデル文

  Elle est contente · me semble-t-il · d'avoir écouté ces chansons.
  Elle est contente, me semble-t-il, · d'avoir écouté ces chansons.

8. 動詞 + 人称代名詞（主語）+ 副詞　　　（動詞核）

...... m ...... / Suis-je bien / clair ?（フラマグ n° 2）

モデル文

  Les Français boivent plus de vin que les Japonais.
  Et · aimez-vous bien · le vin ?
  Et · aimez-vous bien le vin ?

9. （助）動詞 + 動詞　　　（動詞核）

...... je sais que ce nom-là / est devenu / ouh ......（フラマグ n° 2）
..... par exem(ple) / faire voler / frigidaire .....（フラマグ n° 2）
..... cette compagnie, / puissent s'exprimer / au sein d'un programme.
            （champs-E3）

モデル文

  Je sais que les Français · aiment boire · du vin produit en France.
  Je sais que les Français aiment boire · du vin produit en France.
  Je sais que les Français · aiment boire du vin · produit en France.

間投詞

　間投詞は極めて自然かつ感情的に精神上の反動をあらわす語または成句で、中には固有の意味をもたず、前後関係や抑揚ないしは表情・身振の助けをかりてはじめて意味の通ずる物もあり……
　　　　　　　　（田辺貞之助：現代フランス文法、白水社、1962.p.447）
　間投詞は様々な要素と結びつくことなく表出されるであろうことは予想がつく。上の説明によれば語または成句であるから、必然的に単独表出になる。

1．単独　　　（間投詞核）

on ...... a / bon, / même s'il y a un peu un manque ...... (champs-E3)
.... malheureusement, / bon / j'ai été obligé de ...... (champs-E3)
on me ...... / enfin bon, / je veux pas dévoiler ..... (champs-E3)
..... pour appeler le groupe et, / bon / , Indochine, ça sonnait bien, et il y ......
　　　　　　　　　　　　　　　　　　　　　　　　　（フラマグ n°2）
e ...... / bon / ouh .....（フラマグ n°2）
.... il avait une phonétique assez intéressante, / bon, / mais après ......
　　　　　　　　　　　　　　　　　　　　　　　　　（フラマグ n°2）
.... pas un rôle de danseur / hein, / un rôle d'acteur vraiment ..... (champs-E3)
Voilà / merci. (Philippe)
/ Voilà / merci. (Philippe)
..... et bien / voilà monsieur. / (Philippe)

モデル文
　　　　Voilà・merci・merci encore.

2. 休止　　　（核は後続要素の中にあり）

...... qui devrait / ouh .... / retenir .... (Italien 2)

...... le nombre des étudiants était / ouh ..... / à peu près ...... (Italien 2)

Je pense que / ouh ..... n ..... / ..... (Italien 2)

.... à peu près / ouh ...... / trois mille ..... (Italien 2)

.... de grand prestige / ouh ...... / (Italien 2)

C'était / n ...... / ce n'était ... (Italien 2)

モデル文

  Je pense que ·ouh ·il arrivera à temps à cette réunion.

その他

　いずれかの分類項に属するのだろうが、この項は分類しにくい要素に何らかの要素が付加された場合を取り上げる。ここでの要素はそれだけでイメージ単位を成し得る。

1．成句単独　　　（核は後続要素の中にあり）

..... / il y a vingt ans / quand j'étais enceinte .....（フラマグ n°1）
..... mais / en même temps / c'est un hasard.（champs-E3）
.... pour un crétin / n'est-ce pas. /（Français 3）
...... si vous avez besoin / de quoi que ce soit / en France .....（Philippe）
ouh ..... / à peu près / ouh ....（Italien 2）
...... une quarataine, / à peu près, / puisque je divise .....（champs-E3）
....la moitié, / à peu près / quinze ballets ?（champs-E3）
...... plus de choses / par exem(ple) / faire voler .....（フラマグ n°2）
..... des danseurs allemands, / par exemle, / ou des Américains .....（champs-E3）
..... je vais en faire / sans doute / une quarantaine, ...（champs-E3）
..... je peux traduire / un petit peu / mais c'est .....（フラマグ n°1）
..... quand je suis venue / pour la première fois. /（フラマグ n°1）
..... j'essaie que ça soit / tout à fait / équitable entre les .....（champs-E3）

モデル文

　　　　Il a l'air jeune ・à peu près ・de 15 ans.
　　　　Il a l'air jeune ・à peu près de 15 ans.

2. 先行要素 + 接続詞　　　（核は後続要素の中にあり）

.... avec le texte / c'est-à-dire que / ......（フラマグ n° 2）
C'est très ennuyeux / d'être systématique et / de traduire ......（フラマグ n° 1）

モデル文

　　　　Cette petite fille pleure.　C'est parce que・elle a perdu le chemin.
　　　　Cette petite fille pleure.　C'est parce qu'elle a perdu le chemin.

3. 先行要素 + 代名詞（主語）+ 動詞　　　（動詞核）

.... on se sent mal / dès qu'on reste / plus de trois jours, il y a ......（フラマグ n° 2）

モデル文

　　　　Il travaille・bien qu'il ait・de la fièvre.
　　　　Il travaille・bien qu'il ait de la fièvre.

4. 先行要素 + 代名詞 + 動詞 + 前置詞（副詞など）
　　（動詞核、または核は後続要素の中にあり）

..... c'est un peu / ce que je fais en / ..... avec, avec le texte, ...（フラマグ n° 2）
Mais parce que / de toute façon ils font tout vite / à Paris. (M.O.)

モデル文

　　　　Il travaille・bien qu'il ait besoin de・se reposer.
　　　　Il travaille・bien qu'il ait besoin de se reposer.

5. 先行要素 + 前置詞 + 名詞　　　（名詞核）

..... à toutes les musiques éthniques ..... / mélangées un peu au rock / occidental.

その他

(フラマグ n°2)

モデル文

    Il travaille ·bien qu'il ait besoin d'un repos.

6. 先行要素 + 動詞 + 冠詞 + 名詞 　　　(名詞核)

...... par tout / ce qui est la culture / orientale et japonaise, ... (フラマグ n°1)

モデル文

    Ce qu'ont vu les hommes · dans la guerre · est misérable.
    Ce qu'ont vu les hommes dans la guerre est misérable.

7. 先行要素 + 動詞 + 後続要素(動詞核など)

..... (ils) parlent très très / de suite (ils) parlent vite. / (M.O.)

モデル文

    Qu'est-ce qui arrive · qu'il ne vient pas à temps ?
    Qu'est-ce qui arrive qu'il ne vient pas à temps ?

8. 先行要素 + 副詞 + 形容詞相当語 　　　(形容詞核)

..... il a dansé / de façon assez sporadique, / il a ...... (champs-E3)

モデル文

    Il va travailler ·bien qu'il soit très fatigué.
    Il va travailler bien qu'il soit très fatigué.

9. 先行要素 + 指示代名詞 + 動詞 + 後続要素
（核は後続要素の中にあり）

/ est-ce que c'est un / l'appel à ..... (フラマグ n° 2)
Celui qui le .... / on dit que celui qui parle mieux le français ici / c'est du peut-ê(tre) de ....   (M.O.)

モデル文
  Il tousse beaucoup, mais il travaille・bien que ce soit un・un indice de la grippe.
  Il tousse beaucoup, mais il travaille・bien que ce soit un indice de la grippe.

10. 先行要素 + 冠詞 + 名詞 + 後続要素　　　（名詞核）

...... qui est anglaise, / il y a des danseurs que je connais / parce que moi .....
(champs-E3)
/ De toute façon les Parisiens il (y) a un accent / bien typique ein ? (M.O.)

モデル文
  Il y a des élèves qui parlent français・et anglais.

11. 先行要素 + 冠詞　　　（核は後続要素の中にあり）

...... les jeunes talents, / il y a une / jeune fille qui s'appelle ..... (champs-E3)

モデル文
  Il y a des・des élèves qui parlent français.
  Il y a des élèves qui parlent français.

12. 先行要素 + 形容詞相当語（副詞）　　　（形容詞核）

...... effectivement, / il y a plein / ..... plein ...... plein .... （フラマグ n°2）

モデル文
  Il y a tant de ·fautes dans cette réponse.
  Il y a tant de fautes dans cette réponse.

13. 先行要素 + 形容詞相当語 + 名詞　　　（名詞核）

...... plus de trois jours ouh .... / i(l y a u)ne douceur / dans cette ville, ...

（フラマグ n°2）

La Rochelle / il y a i(l) y a un petit accent. / (M.O.)

モデル文
  Il arrive souvent qu'il n'exprime pas son opinion · bien qu'ayant du courage ·à la réunion.

結　論

　話し言葉に於ける話し方の規則はあるとしても、それは個人の話し方に対しては絶対性を持たない。つまり音連続が常に同一の形式で表現されるとは限らないということであり、原則としてしかじかの傾向が見られるという表現で留めざるを得ない。以下に示す箇条も筆者の取り上げた例に見られた性質であって、別例、別所に於いては新たな傾向が見られるに違いない。このことを念頭に置き、まずは結果を述べる。

1. 単語といわれる音連続の途中で切れる例は非常に少ないが、例えば本文中の et j'ai été, ... / plus qu'agréa(blement) / ..... agréablement surpris. だとか / c'est sen- / sensation. だとか il y a des choses / qui doi- / qui doivent se revendiquer plus fort .... においては単語の途中で切れている。単語の長いときにはこうした表れ方は起こり得る。また短い時にも起こり得る。だから切れ目は全く自由といってよい程に至る所に生じる。ということはイメージ単位は何ら規則性がないかもしれない。しかし言葉のリズムのためには、切られた単位を相互に結合してある程度の纏まりにする必要がある。例えば / c'est de faire / quasiment cinquante pour cent de ..... (champs-E3) において、c'est de faire は c'est, de faire とすることも可能であるし、c'est de, faire も可能である。その時 faire は quasiment に連結する可能性も出てくる。単語といわれる単位だけを記憶することは話し言葉において言語運用には役立たない。イメージする単位の中にどんな要素即ち音連続の纏まりが含まれるかを把握しなければならない。話者がどれほどの内容を想起したかによって表出音声の区切りには自由さが現れることを見ても明らかである。例えば不定代名詞の表れ方について本文中から引用してみると、

　　　　... / on est / relativement ..... (champs-E3)

　　　　/ On prépare une / euh on prépare des assemblées ... (fr. parlé p. 24)

結 論

　　　ouh ..... / on peut vraiment / c'est come ..... （フラマグ n° 2）
on に続く音連続は単位の中に様々な文法要素（品詞）を取り込んでいる。
　この自由さの起こる原因について筆者は、イメージ単位の中には核ともいうべき中心となる要素があって、それに他の要素が付随しているからだと考えている。但し話者の脳裏には、イメージが音声的に纏まらなくても、まずは発話してしまおうという話者の態度があり、その際、核ともいえる音声表出が、短い或いは長い音連続の中に現れていると思われる。
　　je suis allée me promener dans le parc hier soir. という表現をする時に、初心者ならば je suis allée, me promener, dans le parc, hier soir と短い単位が連続するであろう。そのそれぞれの単位の中には、行く、散歩する、公園、昨晩という意味の核があって、それが中級、上級に移るに従って je suis allée me promener, dans le parc, hier soir. と単位が長くなる。その時、je suis allée は付随音声として話者は無意識のうちに表出することになる。言葉の学習はここにある。

2．無アクセントの状態でイメージ単位が切れる時、その切れ目の前には本来アクセントの置かれない接続詞や前置詞 etc. が表出されている。例えば je pense que..... とか on va à ..... のような時、que や à は後続要素の頭であるが、母音部の長音化があって、その間に後続要素を探している。これを学習のための type figé（固定形態）とすることができよう。

3．有アクセントの状態でイメージ単位が切れる時、アクセント音節に長さの要素が表出されるが、これが重要である。この長さは後続要素を探すのに必然的に生じたものであろう。先の je pense que ..... にしても on va à ..... にしても pense, va の [ɑ̃]、[a] が長音化されると je pense / que ..., on va / à ... となり得る。Danielle Duez によれば〈無音ではない休止は後続単位、即ち構成素のプログラム化に必要な時間を話し手に与えているのであり、このプログラム化は先行構成素の最後つまり、その際には末尾音節の長音化から始まるということを述べるのは興味深い〉[14]（D. Duez

：1991）と言っているように、長音化は後続要素のプログラム化に重要である。また〈末部の長音化は主観的休止知覚（聞き手の休止知覚ということか？）において、もっとも有効なパラメータのように思われる〉[15]（D. Duez：1991）とも言っており、長音化はイメージ単位を作るのに重要である。

4．イメージ単位の長さを示すことは、話者の話し方の遅速により、単位の中に取り込む要素の量が異なるから安易に処理できないのだが、おおよそ150ms-1000ms（1秒）位と筆者は結論を出した。[16]（K. Kojima：1991）これはその結果を図示したものであるが、縦軸は頻度、横軸は2000ミリ/秒である。おおよそ1000ミリ/秒以内に現れている。

しかしこの単位時間が何を意味するのかを考える必要がある。即ち、プログラム化されたイメージの纏まりが結果として1000ms内に納まっているのか、或いはリズムが先行するため、この1000msの時間内にイメージをはめ込んでいるのか。つまりイメージ優先か、時間優先かということであるが、筆者には、話者の話し方の遅速に関係なくおよそ1000msの単位時間が観察されることから、目下時間優先という中で、話者はイメージ化していると考えている。つまりリズムと関係してい

る。このことは本論の冒頭のところで引用した中でも同様のことが言われている。[17] （P. Léon : 1992.）

　ところで話し手の立場とは異なるが、聞き手にとってはどの位の単位時間が意味理解につながるのだろうか。D. SELESKOVITCH et al. によれば[18] 6－7語即ちおよそ3秒と言っている（D. Seleskovitch : 1986. p.40）。確かに話し手のイメージ化の方が、聞き手のイメージ化より創造するという点で時間が細分化されるかもしれない。

5．以下に述べることは、それぞれの品詞の定義を考えた上で、文法的規範からは考えにくい音声的纒まりである。
　　　先行要素＋冠詞　　　　先行要素＋前置詞　　先行要素＋副詞
　　　先行要素＋人称代名詞　　先行要素＋接続詞　　先行要素＋動詞
すべて網羅することは不可能であるが、現実の音声は上のような纒まりで表出されることもしばしばある。実例は本文中参照。

　特に冠詞と前置詞の表出のされ方に注目したい。冠詞は必ずしも常に名詞と一緒ではない。何故だろうか。そこで目下、名詞を引き出すための〈誘引語〉と考える。そうすれば名詞に束縛された冠詞概念も払拭される。そして頭中で纒まった音形式が順に表出される時、音連続が冠詞止めとなることは考えられる。何やら後続の名詞を引き出そうとしているからである。その証拠に性数の一致が必ずしも行われず、こんな時話者は改めて冠詞を表出しなおしている。それは又、リズムを得るためにeuh とか n..... に代わる冠詞という可能性もある。

　前置詞はしばしば先行要素と結びつき、それを後置詞と呼ぶこともできるかも知れない。学習の際は、aller à ..., venir de ... のように先行要素と共に前置詞を捉える必要がある。

6．発話表現の区切り方は自由に表出されている。しかし自由といっても許容度があって、ある規則を越えると言葉の体系が崩れるのであろう。では途中で切れることの少ない音連続は何であろうか。……それは品詞といわれるものが長い場合は別として、一般にまずは品詞といわれる要素

は途中で切れない。だから単語を憶えることをまず必要とし、それの音声語としての音連続を学習しなければならない。

7．学習の際に、方法はいろいろあるが、本論ではパターンということで一つの方法を示している。つまり大脳に於いてニューロンパターンを作ることである。言語によって話す周波数が違うという理論から、目指す外国語の周波数を聞かせながら学習させようというのがあるが、聞き手は話し言葉においては、すべての音を聞いているはずである。人の話す言葉の周波数はおよそF0が100－300ヘルツであるから、しかも子音でもsの8000ヘルツくらいであるから、聞こえていない音はまずない。その音の連続の仕方が問題なのであって、これは耳即ち聴覚ではなく、感覚性言語中枢の処理に関係する。もし聴覚で聞き取りに言語差があるとするならば、ある言語が150ヘルツあたりで話されるとしたら、250ヘルツあたりの声は聞きにくくなる。そんなことはない。そうだとしたら言語差以前に男は女の言葉が聞き難いということになる。フランス人が《シュザレアキョオト》と言った時、何回聞いても音は聞こえているが意味が浮かばない。かって筆者が体験した例である。« Je suis allée à Kyoto. »と言う音声のシュザレに意味が結びつかなかったのだが、これはパターンが記憶されていなかったからである。シュザレの音声を聞いてJe suis allée.に結びつかないのはある特定の周波数が聞こえていないのではなく、シュザレというパターンが言語中枢に無かっただけのことである。《ワタシ》というところを《ワシ》というか《アシ》というかによって、意味が把握できるかどうかに関わっている。外国人にはこうした問題がある。つまりパターンとして音声連続を記憶することが必要なのである。ニューロンパターンとして記憶している連続を学ぶことである。

8．因みに日本人で上級と思われる大学のフランス語教師であるが、考えを言う時にゆっくりとイメージを描きながら話すので、イメージの単位の捉え方がはっきりと読みとれる。フランス人との比較をするために二例

結　論

を示す。

（1）C'est une très / ..... c'est / ..... précieuse expression (expérience ?) / ..... je ne / ..... je ne trou..... / je ne trouve rien / ..... à améliorer / ..... dans la cla.. / dans la classe mais / ..... pas mais / ..... c'est l(e) moi qui / ..... c'est moi qui / ..... à à à / ..... être amélior / ..... amélioré (ai été amélioré ?) Mais je suis j'or si j'ore (j'ose ?) dire / ..... si, si / ..... si c'est possible / .... les / ..... on / .... on envoy / ..... on on envoi on en / ..... envoyer / ..... la les textes avant / ..... la (le) stage / .....

（2）Au début / ..... et .... / au début / .... tout stage ..... / pour moi ... / je ne peux pas bien ..... / je ne peux pas bien écouter .... / ni ... / ..... ? Donc ..... / donc alors ..... / c'est vrai que ce stage ..... / c'est ..... / au début et voilà .... / au début c'était .... / c'était ..... / comme un cauchemar. (rire) ....mais maintenant ? ..... c'est / .... c'est une .. / bonne ..... / bonne expér..... / je crois c'est une bonne ..... / expérience alors et ? stagiaires sont très gentils ..... / très sympathiques et les professeurs ..... / sont .... / peut-être ..... / gentils (rire) ..... ? je vous remercie beaucoup tout ..... / tout le ..... / tout le monde à tout le monde. Merci.

1) イメージ単位が非常に短い。品詞と言われる単位が単独で表出されている箇所が随所に見られる。
2) フランス人には殆ど見られない品詞の途中で切る発話が見られ、これは大きく異なる点といえよう。
3) 切れ目の箇所は一見無秩序のように見えるが、フランス人のと大差ない。ただ文法的に性数などを間違えて、フィードバックの結果、言い直す箇所はかなり多い。このことがフランス語の響きと多少違う原因とも考えられる。
4) 文法を頭中に思い浮かべながら話すとき、言い直しが多くなるのは日本人はじめ外国人ならば必然であろう。ではどうすれば言い直しが

少なくなるであろうか。やはりイメージのパターンを記憶することであろう。それにはもう少し長い時間の中で要素（品詞）を組み立てることである。この時間はおよそ一秒以内であろうと実験の結果から言える。もちろん例外的にこの時間を大きく超過する例もあることは認めなければならない。

9. 言語には予め固定形態（type figé）というのがあって、それに何らかの付属語がついて単位を作ると考えられる。即ち固定形態にイメージ（意味）の核があって、それに形容詞、副詞等のような付属語がつき小単位を作ると考えられる。Ma maison blanche において、Ma maison は固定形態、そして blanche は意味の補強といえる。ところが blanche にイメージの核があれば、Ma maison / blanche になる。Je pense à/ mon avenir qui sera / en rose. という文章において、qui sera が独立する可能性は十分にある。このようにしてできた単位の長さが、ほぼ一秒以内であるが、この時間内における要素の配分が重要で、これが言語のリズムにつながるのであろう。

10. 外国語を学ぶ時に、文法的単位を知る必要がある。その中で核という概念が必然的に教え込まれる。例えば、冠詞＋名詞＋形容詞だとか、名詞（主語）＋動詞＋冠詞＋名詞（目的語）といったような音連鎖は文法的纏まりであり、言葉を成立させるための重要な単位である。この単位の中で人は核となる要素をイメージしながら、次の核へと移動し、言葉は連続する。最近の傾向として外国語教育に会話文が多く散見される。これは表面的な把握であって、本来の言葉の成立過程を踏まえていない。言連鎖の分析から伝統的な文法を見直し、そこから新たな規則を見つける必要がある。会話文の中には重要な言葉成立のための情報が含まれているが、上記の情報を無視して会話文の単なる反復のような表面的教授法は意味をなさないのである。

11. 頭中にイメージされ、単位化される言連鎖はリズムグループといっても

よい。このリズムグループは本論で述べてきたように様々な構成を示すが、その様子はまだまだたくさんあって、網羅することは不可能と言える。ただ単純にA、B、C……というリズムグループを憶えても、話者はそれぞれの複合形態によって話すことがしばしばなので、パターンは複雑になり、聴取理解は時に難しい。即ちA＋B、B＋C、A＋C、A＋B＋C……がそれぞれ一リズムグループパターンを作る。とはいえ生理的にも長い言連鎖を一気に表出することは不可能であり、前述のようにそれがせいぜい一秒であるから、学習において困難なことはない。

12. 本論中の項目を核によって纏めたのが次の表である。それによれば動詞、名詞そして形容詞が重要であり、コミュニケーションにおいて、述語の役割を持っている。後続要素の割合が大きかったのは、核を持たずに表現されたにもかかわらず、言葉の形式を保つ上で必要だったからである。コミュニケーションにおいては二次的重要性がある。イメージを組み立てるには動詞、名詞、形容詞を核とすることが大事であろう。

核による順序

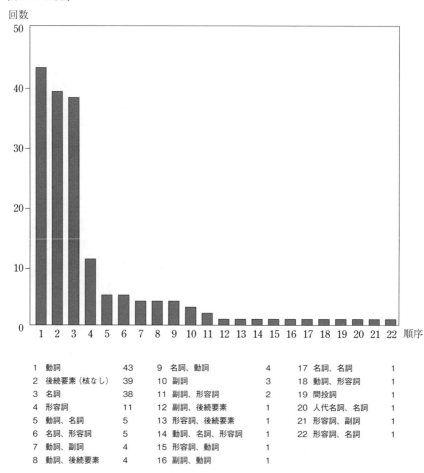

1	動詞	43	9	名詞、動詞	4	17	名詞、名詞	1
2	後続要素（核なし）	39	10	副詞	3	18	動詞、形容詞	1
3	名詞	38	11	副詞、形容詞	2	19	間投詞	1
4	形容詞	11	12	副詞、後続要素	1	20	人代名詞、名詞	1
5	動詞、名詞	5	13	形容詞、後続要素	1	21	形容詞、副詞	1
6	名詞、形容詞	5	14	動詞、名詞、形容詞	1	22	形容詞、名詞	1
7	動詞、副詞	4	15	形容詞、動詞	1			
8	動詞、後続要素	4	16	副詞、動詞	1			

13. 動詞構成、名詞構成、形容詞構成を把握することがよいといえる。

あとがき

　思い浮かぶ言葉をそのまま書き取った時に、その記述された文にはリズムがある。筆の走る調子は、たとえ句読点を打たなくても、字間隔とか、筆の力の入れ方による字の形など判断要素として散見される。日本語において平仮名だけで一気にワープロで打った文を見てみると読みづらい。文章にリズムがないのである。その時日本人はその音連続に意味単位を求めて読むことになる。ところが漢字仮名混じり文になると読む速度は速くなる。それは漢字という意味表象を備えた文字が、話者のコード化された音声単位とよく結びつくからであろう。ヨーロッパ人が文章を読む時は、丁度日本人が平仮名を読む時と似ている。漢字を持たないヨーロッパ人は音表文字であるローマ字の音連続を、コード化された音声単位に一致させ、確認しながら発声しているはずである。我々がただ文字を音声化しても、区切りが違っているため、意味表象に至らぬことが多い。橋元良明は《仮名がいったん音韻符号化されたのち意味的処理され、一方、漢字は、形態的認知から音韻処理に先んじて直接意味的符号化が行われる可能性を指示している。音読速度では一般に漢字表記が仮名表記に劣るにもかかわらず、黙読の場合、仮名文より漢字仮名混じり文の方が速いのは、すべての語について音韻表象を介在させる場合と、音韻表象をスキップする場合との相違である。》[19]と言っているように、これが話す場合にしても意味単位の捉え方に相違はないであろう。即ち意味単位は読んで音声を取り込む時も、話して音声を発する時も、音声と結びついているのであろう。このメカニズムの本質は、日本人、外国人に共通していると思われる。ただ言語の構造の違いによって、単位の構成のメカニズムに違いがあることは否めない。例えば j'habite à / ....., j'habite près de / ..... というように、前置詞の後での区切りは話者の意味の積極的な方向性を示している。話すことは能動的であるから、こうした区切りは自然である。日本語でも「東京に住んでいる」「東京は車が多い」「東京を訪れる」「東京

や大阪は大都市です」という時に、もしも区切りを置くならば、「東京＋助詞/……」のように助詞（後置詞）の後ろであろう。この助詞のつく区切りによって、話者のイメージが聞き手にかなりの状況の情報を既に与えている。これはイメージの音声単位である。このように今では言葉を単に要素の文法的分析ではなく、話者の動態の中で捉えるようになっている。

　外国語教育に携わる者として、特にフランス語学習方法の一案を試みた。言語の分野に於ける理論は様々であるが、その殆どが何のためにあるのか明らかでない。言葉の道具遊びでしかない。人間同士のコミュニケーションを求めるならば、言葉そのものが何であるかという言葉の究明から、人間の所有物である言葉の運用にまで研究を進めるべきである。前者は理論であり、実践的ではない。民族の数だけ言語はあると思えばよい。彼らの話す言語が形態は違っていても、人間の同じ本質的な機構によって生成されているとしたら、その機構を把握することが言語理解、そして人間理解に通じるであろう。抽象的な理論は別として、客観的生理現象はいずれ医学の分野で明らかになると思われるが、無限の表現性を可能にする言葉の研究は、まだ始まったばかりといえる。本論で述べてきたことは、話者の心の中を音声によってある程度想像を交えながら忖度するものであるから、数学の結果のような安心感を持つものではない。しかしそこに現実の人間がすべて異なる生き方をしながら、言葉という共通概念を持っている事を忘れてはならない。案外複雑そうな人間が、本論の考え方のように単純な機構の中で生きているのかも知れない。難しいこと、また難しくすることは決して有効ではない。本論は言語習得の一方法を探る意味で書かれたものである。

　最後に本書製作にあたり、多大なご配慮を下さった聖徳大学のクリスチャン・ブテイエ教授に、それから街頭インタヴューに快く答えて下さったフランス人の方々へ、同時に朝日出版社の近藤千明様、清水浩一様には常にご尽力頂きました。皆様に深く感謝致します。

小島　慶一

註

(1) Pierre R. Léon, Phonétisme et prononciations du français, Éditions Fernand Nathan, 1992. p.102 ISBN 2-09-190290-X
(2) Sophie MONPIOU et al, La reconnaissance auditive des mots en français, travaux de l'IPS No 25, 1995, p.21-
(3) Judith C. GOODMAN and Howard C. NUSBAUM, The Development of Speech Percepion, M.I.T.Press, London, 1994. p.11
(4) Judith C. GOODMAN, ibid, p.15-16
(5) Louis-Jean BOE, Sciences phonétiques et relations, forme / substance, Histoire Epistémologie Langage, Tome 19, FASCICULE 1, 1997. SHESL (Paris), PUV(Saint-Denis) 1997, p.34, ISSN 0750-8069
(6) Pierre MARTIN, Eléments de phonétique avec application au français, Les Presses de l'Université Laval, Sainte-Foy, 1996, p.138-
(7) Pierre MARTIN, ibid, p.139
(8) Norman J. LASS, Ph.D., Principles of Experimental Phonetics, Mosby. St. Louis, 1996, p.280
(9) Pierre MARTIN, ibid. p.141
(10) Claire Blanche-BENVENISTE, le français parlé, Edition de CNRS,Paris, 1990, p.24
(11) Alan CRUTTENDEN, Intonation, Cambridge University Press, 1986. p.35-42.
(12) Jean-Pierre Orliaguet, Perception visuelle du mouvement humain : de l'anticipation motrice à l'anticipation perceptive. L'anticipation à l'horizon du Présent, Rudolph Socket et Betrice Vaxelaire: MARDAGA(Belgique) 2004. p.130 ISBN : 2-87009-878-2
(13) Claire Blanche-BENVENISTE, ibid, p.73
(14) Danielle Duez, La pause dans la parole de l'homme politique, édition de CNRS Paris, 1991, p.73
(15) Danielle Duez, ibid. p.143
(16) Keiichi KOJIMA, Dans quelle mesure peut-on prévoir la séquence phonétique

qui se réalise en image ? Actes du XII ème congrès international des Sciences Phonétiques, 19-24 août 1991. Aix-en-Provence, vol.5. p.331

(17) Pierre R. Léon, ibid. p.102

(18) Danica SELESKOVITCH, Marianne LEDERER, Interpréter pour traduire, publié avec le concours de l'université Paris III et de G.E.L - Paris XII, Publications Litteratures 1. 10, Didier Erudition, Collection "Traductologie 1", 1986, p.40

(19) 橋元良明,音読と黙読,月刊 言語,vol.27. No.2, 1998, p.23. 大修館

La structure de la séquence phonétique remémorée lors de l'émission

essai d'application des images phonétiques
à l'apprentissage du français

Keiichi KOJIMA

Librairie Asahi-shuppansha

table des matières

préface   163
   mots clés   169
   corpus et informateurs   170
   méthode pour analyser   173
   appareils utilisés   173
   études précédentes   174
   segmentation de l'image   180
   cible et objet   182

l'article   187

  1   émission indépendante
      (le noyau de l'image est dans les éléments qui suivent)   187
  2   article + **nom**
      (le syntagme dans lequel le nom est le noyau c'est-à-dire le syntagme qui est dérivé du nom, ce que nous appelons < noyau-nom >, et ainsi de suite.)   189
  3   article + mot équivalent à l'adjectif + **nom**   (noyau-nom)   193
  4   article + **nom** + mot équivalent à l'**adjectif**
      (noyau-nom, noyau-adjectif)   193
  5   article + **nom** + adverbe   (noyau-nom)   195
  6   article + **nom** + préposition   (noyau-nom)   195
  7   article + **nom** + verbe + mot équivalent à l'**adjectif** (adverbe)
      (noyau-nom, noyau-adjectif)   197
  8   article + **nom** + mot équivalent à l'**adjectif** + mot équivalent à l'adverbe   (noyau-nom, noyau-adjectif)   198
  9   article + **nom**+ pronom relatif   (noyau-nom)   198
  10 article + nom + préposition + **nom**
      + adverbe (mot équivalent à l'adjectif)   (noyau-nom)   201

11	article + **nom** + mot équivalent à l'adjectif + **verbe** + adverbe (noyau-nom, noyau-verbe) 201
12	article + **nom** + conjonction + article + nom (noyau-nom) 202
13	article + **nom** + préposition + article + nom (noyau-nom) 202

la préposition 203

1	émission indépendante (noyau dans les éléments qui suivent) 203
2	préposition + (article) + **nom** (noyau-nom) 205
3	préposition + article (noyau dans les éléments qui suivent) 207
4	préposition + article + **nom** (noyau-nom) 208
5	préposition + **verbe** (noyau-verbe) 210
6	préposition + **verbe** + adverbe (noyau-verbe) 211
7	préposition + verbe + mot équivalent à l'adjectif + **nom** (noyau-nom) 211
8	préposition + adverbe (noyau dans les éléments qui suivent) 212
9	préposition + mot équivalent à l'adjectif (noyau dans les éléments qui suivent) 212
10	préposition + mot équivalent à l'adjectif + **nom** (noyau-nom) 213
11	préposition + (mot équivalent à l'adjectif) + **nom** + mot équivalent à l'adjectif ou d'autres (noyau-nom) 215
12	préposition + adverbe + **verbe** (noyau-verbe) 216
13	préposition + **verbe** + mot équivalent à l'adjectif (noyau-verbe) 217
14	préposition + pronom personnel + **verbe** (noyau-verbe) 217

15 préposition + (article) + **nom** + préposition + (article) + **nom** (noyau-nom)   218

16 préposition + verbe + mot équivalent à l'**adjectif** + conjonction (noyau-adjectif)   219

le nom   220

1 émission indépendante   (noyau-nom)   220
2 **nom** + (adverbe) + mot équivalent à l'adjectif (adverbe) (noyau-nom)   221

l'adjectif   223

1   émission indépendante   (noyau-adjectif)   223
2   mot équivalent à l'adjectif + article
    (noyau dans les éléments qui suivent)   224
3   mot équivalent à l'adjectif + **nom** + (éléments qui suivent)
    (noyau-nom)   225
4   mot équivalent à l'adjectif + **nom** + (pronom personnel) + **verbe**
    (noyau-nom, noyau-verbe)   227
5   mot équivalent à l'adjectif + **nom** + éléments qui suivent
    (noyau-nom)   228
6   mot équivalent à l'adjectif + **nom** + adjectif + éléments qui suivent
    (noyau-nom)   228
7   mot équivalent à l'adjectif + **nom** + mot équivalent à l'**adjectif**
    (l'adverbe)   (noyau-nom, noyau-adjectif, adverbe)   229
8   mot équivalent à l'adjectif + mot équivalent à l'adjectif + **nom**
    + éléments qui suivent   (noyau-nom)   229
9   mot équivalent à l'adjectif + **nom** +pronom relatif
    (noyau-nom)   229
10 mot équivalent à l'**adjectif** + adverbe + préposition
    + (mot équivalent à l'**adjectif**) + **nom**
    (noyau-adjectif, noyau-nom)   230

11 mot équivalent à l'**adjectif** + éléments qui suivent
    (noyau-adjectif)   230

l'adverbe   231

1   émission indépendante   (noyau-adverbe)   231
2   **adverbe** + **adverbe**   (noyau-adverbe)   233
3   adverbe + **verbe**   (noyau-verbe)   233
4   adverbe + **nom**   (noyau-nom)   234
5   adverbe + mot équivalent à l'**adjectif**   (noyau-adjectif)   234
6   adverbe + mot équivalent à l'adjectif + **nom**
    (noyau-nom)   235
7   adverbe + préposition
    (noyau dans les éléments qui suivent)   235
8   adverbe (pas) + prépositon + mot équivalent à l'adjectif + **nom**
    (noyau-nom)   236
9   adverbe (pas) + article + **nom**   (noyau-nom)   236
10 adverbe + article + **nom** + mot équivalent à l'adjectif
    (noyau-nom)   237
11 adverbe + pronom personnel + **verbe**   (noyau-verbe)   237
12 **adverbe** + pronom personnel (démonstratif) + **verbe** + **adverbe**
    (noyau-verbe, noyau-adverbe)   238
13 **adverbe** + conjonction + **adverbe**   (noyau-adverbe)   239
14 **adverbe** + conjonction + pronom personnel + **verbe**
    (noyau-adverbe, noyau- verbe)   239
15 adverbe + mot équivalent à l'adjectif + conjonction + pronom + **verbe** + préposition   (noyau-adjectif, noyau-verbe)   240

le pronom personnel   241

1   émission indépendante
    (noyau dans les éléments qui suivent)   241
2   pronom personnel (sujet) + pronom personnel complémentaire

table des matières

    (noyau dans les éléments qui suivent)   242

3   nom (pronom personnel, sujet) + **verbe**   (noyau-verbe)   243

4   pronom personnel + **verbe** + préposition   (noyau-verbe)   245

5   pronom personnel + pronom personnel complémentaire + **verbe** (noyau-verbe)   245

6   pronom personnel + pronom personnel complémentaire + **verbe** + éléments qui suivent   (noyau-verbe)   247

7   pronom personnel + **verbe** + mot équivalent à l'adjectif + **nom** (noyau-verbe, noyau-nom)   247

8   pronom personnel + verbe + mot équivalent à l'**adjectif** (noyau-adjectif)   248

9   pronom personnel + verbe + mot équivalent à l'**adjectif** + préposition (noyau-adjectif)   248

10   pronom personnel + **verbe** + mot équivalent à l'adverbe (noyau-verbe, noyau-adverbe)   249

11   pronom personnel + **verbe** + adverbe + mot équivalent à l'adjectif (noyau-verbe)   249

12   pronom personnel + **verbe** + conjonction (noyau-verbe)   250

13   pronom personnel+ **verbe** + conjonction + article (noyau-verbe)   250

14   pronom personnel + **verbe** + conjonction + pronom personnel (noyau-verbe)   251

15   pronom personnel + verbe + conjonction + les éléments qui suivent (noyau dans les éléments qui suivent)   252

16   pronom personnel + verbe (auxiliaire) + pronom (personnel) + **verbe** (noyau-verbe)   253

17   pronom personnel + **verbe** + préposition+ **verbe** (noyau-verbe)   253

18   pronom personnel + verbe (auxiliaire) + adverbe + **verbe**

155

    (noyau-verbe)   253

19 pronom personnel + **verbe** + adverbe + article + **nom** + préposition + **verbe**   (noyau-nom, noyau-verbe)   254

20 pronom personnel + **verbe** + préposition + article (noyau-verbe)   254

21 pronom personnel (objet) + **verbe**   (noyau-verbe)   255

22 pronom personnel (tonique) + éléments qui suivent (noyau dans les éléments qui suivent)   255

le pronom relatif   257

1 émission indépendante (noyau dans les éléments qui suivent)   257

2 pronom relatif (sujet) + **verbe**   (noyau-verbe)   258

3 pronom relatif (sujet) + **verbe** + éléments qui suivent (noyau-verbe, noyau dans les éléments qui suivent)   258

4 pronom relatif (sujet) + verbe + **adverbe** (mot équivalent à l'**adjectif**) (noyau-adjectif, noyau-adverbe)   259

5 pronom relatif + adverbe + verbe (noyau plutôt dans les éléments qui suivent)   260

6 pronom relatif + **verbe**   (noyau-verbe)   260

7 pronom relatif (sujet) + pronom personnel + **verbe** (noyau-verbe)   261

8 pronom relatif (objet) + pronom personnel (sujet) + **verbe** (noyau-verbe)   261

9 pronom relatif (place) + pronom personnel (sujet) + **verbe** + (**adverbe**) (noyau-verbe, noyau-adverbe)   261

10 pronom relatif + pronom personnel (noyau dans les éléments qui suivent)   262

11 pronom relatif + adverbe + pronom neutre + **verbe** + adverbe (noyau-verbe)   262

table des matières

le pronom démonstratif   263

1 émission indépendante
   (noyau dans les éléments qui suivent)   263
2 pronom démonstratif + verbe
   (noyau dans les éléments qui suivent)   263
3 pronom démonstratif + verbe + article
   (noyau dans les éléments qui suivent)   264
4 pronom démonstratif + verbe + préposition
   (noyau dans les éléments qui suivent)   266
5 pronom démonstratif + **verbe** + préposition + article
   + (éléments qui suivent)   (noyau-verbe)   267
6 pronom démonstratif + verbe + **nom** (coupé)
   (noyau-nom)   267
7 pronom démonstratif + verbe + mot équivalent à l'**adjectif**
   (noyau- adjectif ou noyau dans les éléments qui suivent)   268
8 pronom démonstratif + **verbe** + adverbe
   (noyau-verbe ou noyau dans les éléments qui suivent)   268
9 pronom démonstratif + verbe + conjonction
   (noyau dans les éléments qui suivent)   269
10 pronom démonstratif + verbe + adverbe + (mot équivalent à l'**adjectif**)
   + mot équivalent à l'**adjectif** (adverbe)   (noyau-adjectif)   270
11 pronom démonstratif + verbe +article + **nom**
   (noyau-nom)   270
12 pronom démonstratif + **verbe** + préposition + **verbe**
   (noyau-verbe)   271
13 pronom démonstratif + verbe + **adverbe** + éléments qui suivent
   (noyau-adverbe ou noyau dans les éléments qui suivent)   271
14 pronom démonstratif + verbe + article + **nom** + préposition
   + (éléments qui suivent)   (noyau-nom)   272

157

15 pronom démonstratif + pronom personnel + **verbe**
(noyau-verbe)   272

16 pronom démonstratif + pronom personnel + **verbe** + adverbe
(noyau- verbe)   273

17 pronom démonstratif + pronom relatif + éléments qui suivent
(noyau dans les éléments qui suivent c'est-à-dire noyau-verbe, noyau-nom etc.)   273

18 pronom démonstratif + adverbe + **verbe**   (noyau-verbe)   274

le pronom indéfini   275

1 émission indépendante
(noyau dans les éléments qui suivent)   275

2 pronom indéfini + **verbe**
(noyau-verbe ou noyau dans les éléments qui suivent)   276

3 pronom indéfini + **verbe** + article   (noyau-verbe)   276

4 pronom indéfini + verbe + adverbe
(noyau dans les éléments qui suivent)   277

5 pronom indéfini + **verbe** + préposition + (article) + **nom**
(noyau-verbe, noyau-nom)   277

6 pronom indéfini + **verbe** + mot équivalent à l'**adjectif** + conjonction
(noyau-verbe, noyau-adjectif)   278

7 pronom indéfini + **verbe** + adverbe + éléments qui suivent
(noyau-verbe, noyau dans les éléments qui suivent)   278

8 pronom indéfini + pronom personnel
(noyau dans les éléments qui suivent)   279

9 pronom indéfini + verbe + **nom** + adverbe
(noyau-nom)   279

la conjonction   280

1 émission indépendante
(noyau dans les éléments qui suivent)   280

table des matières

2 conjonction + article
  (noyau dans les éléments qui suivent)   281
3 conjonction + article + **nom** + mot équivalent à l'**adjectif**
  (noyau-nom, noyau-adjectif)   281
4 conjonction + mot équivalent à l'**adjectif**
  (noyau-adjectif)   282
5 conjonction + mot équivalent à l'adjectif + **nom**
  (noyau-nom)   282
6 conjonction + mot équivalent à l'adjectif + **nom** + préposition
  + (mot équivalent à l'adjectif) + **nom**   (noyau-nom)   283
7 conjonction + adverbe
  (noyau dans les éléments qui suivent)   283
8 conjonction + adverbe + mot équivalent à l'adjectif
  (noyau dans les éléments qui suivent)   284
9 conjonction + pronom personnel
  (noyau dans les éléments qui suivent)   284
10 conjonction + pronom personnel + **verbe**   (noyau-verbe)   285
11 conjonction + pronom personnel + **verbe** + (adverbe)
  + (mot équivalent à l'adjectif) + **nom**
  (noyau-verbe, noyau-nom)   286
12 conjonction + pronom personnel + verbe
  + **adverbe** (mot équivalent à l'**adjectif**, éléments qui suivent)
  (noyau-adverbe, noyau-adjectif)   286
13 conjonction + pronom personnel + **verbe** + conjonction
  (noyau-verbe)   286
14 conjonction + **verbe**   (noyau-verbe)   287
15 conjonction + **nom**   (noyau-nom)   287
16 conjonction + pronom indéfini (démonstratif)
  + pronom réfléchi (personnel)
  (noyau dans les éléments qui suivent)   287

159

17 conjonction + préposition
   (noyau dans les éléments qui suivent)   289
18 conjonction + préposition + article
   (noyau dans les éléments qui suivent)   289
19 conjonction + préposition + article + **nom**   (noyau-nom)   290
20 conjonction + préposition + **verbe** + préposition
   (noyau-verbe)   290
21 conjonction + conjonction
   (noyau dans les éléments qui suivent)   291
22 conjonction + pronom démonstratif + verbe
   (noyau dans les éléments qui suivent)   291
23 conjonction + pronom démonstratif + verbe
   + **adverbe** (mot équivalent à l'**adjectif**)
   (noyau-adverbe, noyau-adjectif)   292
24 conjonction + pronom démonstratif + verbe + article + **nom**
   (noyau-nom)   292
25 conjonction + pronom indéfini + **verbe** + éléments qui suivent
   (noyau-verbe ou noyau dans les éléments qui suivent)   293
26 conjonction + pronom relatif + **verbe**   (noyau-verbe)   294
27 conjonction + locution figée
   (noyau dans les éléments qui suivent)   294
28 conjonction + éléments qui suivent
   (noyau dans les éléments qui suivent)   294

le verbe   296

1 émission indépendante   (noyau-verbe)   296
2 **verbe** + article   (noyau-verbe)   297
3 verbe + article (adjectif possessif etc.) + **nom**
   (noyau-nom)   298
4 **verbe** + préposition   (noyau-verbe)   299

5 **verbe** + **adverbe** + (éléments qui suivent)
   (noyau-verbe, noyau-adverbe)   300
 6 verbe + adverbe + mot équivalent à l'**adjectif**
   (noyau-adjectif)   300
 7 verbe + pronom démonstratif (personnel) (sujet)
   (noyau dans les éléments qui suivent)   301
 8 **verbe** + pronom personnel (sujet) + adverbe
   (noyau-verbe)   301
 9 verbe (auxiliaire) + **verbe**   (noyau-verbe)   301

l'interjection   303

 1 émission indépendante   (noyau-interjection)   303
 2 pause   (noyau dans les éléments qui suivent)   304

les autres   305

 1 émission indépendante de locution
   (noyau dans les éléments qui suivent)   305
 2 éléments qui précèdent + conjonction
   (noyau dans les éléments qui suivent)   306
 3 éléments qui précèdent + pronom (sujet) + **verbe**
   (noyau-verbe)   306
 4 éléments qui précèdent + pronom + **verbe** + préposition (adverbe etc.)
   (noyau-verbe ou noyau dans les éléments qui suivent)   306
 5 éléments qui précèdent + préposition + **nom**
   (noyau-nom)   307
 6 éléments qui précèdent + verbe + article + **nom**
   (noyau-nom)   307
 7 éléments qui précèdent + **verbe**+ éléments qui suivent
   (noyau-verbe etc.)   307
 8 éléments qui précèdent + adverbe + mot équivalent à l'**adjectif**
   (noyau-adjectif)   308

9 éléments qui précèdent + pronom démonstratif + verbe
+ éléments qui suivent
(noyau dans les éléments qui suivent)   308
10 éléments qui précèdent + article + **nom** + éléments qui suivent
(noyau-nom)   308
11 éléments qui précèdent + article
(noyau dans les éléments qui suivent)   309
12 éléments qui précèdent + mot équivalent à l'**adjectif** (adverbe)
(noyau-adjectif)   309
13 éléments qui précèdent + mot équivalent à l'adjectif + **nom**
(noyau-nom)   309

conclusion 311

postface   322
notes   325

préface

Nous, Japonais, nous servons de la langue japonaise dans la langue quotidienne. En réfléchissant bien, nous n'avons aucun souvenir de l'époque où nous avons acquis le japonais pour commencer à le parler. Nous parlions déjà japonais lors de l'apprentissage de la grammaire japonaise à l'école et nous avons grandi dans la société japonaise sans rien sentir d'incommode en prêtant peu d'attention à être habile ou malhabile à parler. Nous n'avons pas d'image de grammaire dans la tête quand nous parlons c'est-à-dire que l'imagination du syntagme du sujet-objet-verbe, ou de la conjugaison du verbe ou bien de faits gramaticaux ne se produit pas en même temps que les paroles. La grammaire, originellement est le système post-construit des faits linguistiques et la raison d'être en est pour établir des sciences qui visent à niveler les paroles de locuteurs en faisant abstraction de la langue d'une communauté linguistique. Ainsi il arrive partout et souvent que l'on dévie du cadre grammatical en parlant. Cela veut dire que la grammaire doit se trouver en admettant cette réalité. Chercher des faits grammaticaux est d'entrer dans le domaine scientifique qui nous montrerait comment lier le système d'émission des paroles couché aux profondeurs à celui d'émission effective. Mais les règles ou des cadres ne pourraient pas toujours s'appliquer à bien des cas de situations mentales. Il est facile de mettre fin à un fait hors du cadre en le qualifiant d'emploi abusif. Mais que se passe-t-il si on généralise ces faits hors du cadre ? On a besoin de nouveau de la révision de la règle ou de l'élargissement du cadre. Les expressions dénuées de « RA » en japonais par exemple, qui se disent souvent de nos jours, comme dans « miréru » au lieu de « miRAréru », « tabéréru » au lieu de « tabéRAréru », etc. sont hors du cadre de la règle du japonais. Il n'y aurait pas tout de même de soucis de malentendu et on y trouverait l'aisance psychologique pour la prononciation facile, semble-t-il. Il s'ensuit que la grammaire est en voie de changement et doit se modifier avec le courant du temps si on a la notion que la grammaire est la règle et qu'elle peut se changer.

On ne ressent aucune difficulté à parler avec une langue acquise à son insu. Mais il est souvent pénible d'aquérir une nouvelle langue quelques années après la naissance, cela dépend des personnes bien sûr, avec une nécessité d'effort pour l'apprentissage de cette langue. A cette occasion, la grammaire est utile en tant qu'elle nous indique la règle nivelée de la langue. C'est une des méthodes, bien sûr, de répéter la prononciation écoutée, mais l'acquisition de la langue n'est pas durable quand on a atteint à l'âge de raison, étant donné que la construction des circuits de mémoire ne marche pas mieux, loin de l'état linguistique où on a acquis sans peine la langue donnée. D'autre part, la grammaire est une règle si bien arrangée que l'on n'a pas grand mal pour construire les circuits de mémoire. La grammaire dont on parle ici est la grammaire soi-disant traditionnelle mais nous ne savons pas si la théorie grammaticale récente est propre à l'apprentissage de la langue étrangère.

A ce propos, il y a tout de même un problème si la grammaire traditionnelle en question est alors propre à l'apprentissage de la langue étrangère. C'est parce qu'elle saisit dans une petite sphère la langue exprimée dont le style ou le phénomène est cependant presque illimité. La grammaire est l'équilibration d'une langue. Et on ne peut pas déborder le cadre déjà établi si on s'obstine sur la grammaire. Si on prend les paroles exprimées pour le côté de l'expression introspective des locuteurs, pourra-t-on réussir à bien connaître une méthode pour l'apprentissage de la langue en suivant leurs phénomènes de débits d'après l'analyse phonétique de leurs paroles, c'est-à-dire en suivant autant que possible la manière dont les Français construisent les paroles pour réaliser l'imagination produite dans la tête et en imitant la manière phonétique de groupement des paroles, celle des observations ou celle des réflexions des locuteurs ? Et il arrive souvent que le phénomène réalisé des paroles dévie du cadre de la grammaire.

Or, la raison pourquoi nous est arrivée cette notion se fonde sur la doute qui s'est produite dans notre esprit. Comparons une phrase japonaise avec une française. L'ordre des mots japonais est comme ci-dessous.

« Ce, je vous ai parlé, l'homme, est »

En prenant en considération cette phrase émise, le locuteur devrait avoir déjà élaboré dans son esprit la situation comme image jusqu'à la fin de la phrase lors de l'émission de paroles, parce que cette émission ne se réaliserait pas sans image de « l'homme » dans la tête du locuteur qui est la conclusion de cette phrase, à plus forte raison la direction des paroles pour faire développer l'émission ne pourrait pas s'établir sans cette image de « l'homme ». Si bien que le locuteur, anticipant dans son esprit sur la conclusion de l'émission en parlant japonais, c'est-à-dire rentrant préarablement la conclusion comme image sans aucune voix, semble réaliser en même temps les autres éléments phonétiques avec la voix pour compléter l'émission par l'intermédiaire de processus très compliqués.

l'homme en image	c'est ... (il y a une image de l'homme dans la tête)
éléments phonétiques	je vous ai parlé
éléments phonétiques	l'homme

D'autre part, une phrase avec l'ordre des mots français est comme ci-dessous.

« C'est l'homme dont je vous ai parlé. »

Dans ce cas-là, les conditions du français sont différentes de celles du japonais. La conclusion étant donnée au début de la phrase, « C'est l'homme » est l'élément phonétique. Mais voici le point en question pourquoi le pronom relatif « dont » a été émis tout après « l'homme » et que le « dont » a été choisi au lieu de « que ». C'est facile d'adopter le « dont » sous le stéréotype grammatical de structure lexicale de « parler de ..... ». Mais du point de vue physiologique de la voix, on doit reconnaître que le locuteur a déjà eu à l'avance le mot « parlé » comme image dans la tête quand le mot « dont » s'est produit. C'est-à-dire que la séquence « dont je vous ai parlé » est une unité phonétique et on a besoin de regarder comme unité phonétique la séquence de « dont » jusqu'à « parlé ». Pour combiner le mot « l'homme » avec les éléments qui suivent, il peut arriver qu'on dit d'abord en utilisant un pronom relatif par exemple « que » comme « c'est l'homme que ..... » et puis qu'au moment où il introduit dans la tête la séquence « je vous ai parlé », on dit à nouveau « dont je vous ai parlé ». Dans le cas cité ci-dessus, le français voit le développement phonétique dans le cadre grammatical lors de la combinaison des éléments (mots) produits en image avec les éléments qui suivent et le japonais au contraire voit le développement phonétique dans la structure d'émission où on garde l'image d'abord sans voix, faisant précéder les éléments concrets qui sont attachés à la voix pour réaliser l'image-noyau gardée à la fin de l'émission. C'est une structure particulière d'émission de type de « porte-image » en cas de japonais.

éléments phonétiques   c'est l'homme dont .....
éléments phonétiques   je vous ai parlé.
                                          *qui .....
                                          *que .....
                                          *où ...... (*impossible)

Dans la manière pour réunir la conclusion et les éléments qui y sont touchés, lequel entre le japonais et le français est le plus facile pour l'émission des paroles des locuteurs ou pour la compréhension des paroles des auditeurs ?

Du point de vue des auditeurs, quand les Français écoutent le japonais et que les Japonais écoutent le français, il n'y aurait pas de différence de difficultés dans lesquelles on fait des efforts pour la compréhension. Pour cela d'abord, il doit y avoir le mécanisme commun entre ces deux langues.

Du point du vue des locuteurs, le développement d'émission qui fait précéder la conclusion comme en français serait plus facile que le japonais qui pratique le soi-disant « porte-image » jusqu à la fin, parce qu'on ne pourrait pas émettre les paroles couramment en tant qu'il garde ce porte-image en parlant, étant donnée qu'il doit garder l'image jusqu'à la fin de l'émission. Si on compare le français qui fait placer la conclusion vers le début de l'émission avec le japonais qui la fait placer à la fin, c'est en cas de français qu'on ne met pas plus de temps pour parler en tirant l'image. Il y aurait certaines raisons pour lesquelles les Japonais mettent du temps pour parler. Dans ce sens, il est plus nécessaire pour les Japonais d'exprimer le français en le coupant en unités de sens dans l'ordre des mots. C'est-à-dire qu' il est nécessaire d'établir « l'unité d'image » dans le cadre de la grammaire. Imiter le système de la formation phonétique et de la séquence construite dans la tête des Français, c'est d'acquérir la langue par le fonctionnement du cœur et non par la forme dans laquelle les Japonais ont appris la langue étrangère jusqu'à maintenant. C'est qu'on acquiert le rythme de la langue. L'imitation simple de la voix est efficace pour les petits enfants mais la langue apprise comme ça après le temps de petits enfants disparaîtrait très vite de la mémoire si on n'apprenait pas la langue théoriquement, de plus cette langue apprise par l'imitation de la voix n'est point utile pour l'application à la construction de la langue. C'est impossible pour les Japonais de parler sans coupure la phrase longue comme les Français. Cet essai a pour objet de rechercher le fond pour l'apprentissage de la langue étrangère en cherchant dans la relation grammaticale, la séquence phonétique produite en image dans la conversation quotidienne des Français. Dans ce cas-là, on peut observer que la place de la coupure de la séquence ne se situe pas toujours dans le cadre de la grammaire, tout en se développant dans la règle grammaticale, ce que montre cette phrase citée ci-dessous.

..... Les interruptions du flot langagier résultent, selon elle, du temps qu'il faut pour encoder la phrase et non de sa complexité syntaxique. [1]

(Pierre R. Léon, 1992)

Du point de vue de l'auditeur, s'il y a une certaine forme propre pour l'accès de la langue, il devra avoir une certaine forme commune avec celle du locuteur pour compléter la communication. Sophie MONPIOU et al. (1995) citent des hypothèses de phonéticiens dans leur article pour nous présenter le phonème (la reconnaissannce lixicale) ou la syllabe (unité fonctionnelle) ou les paquets syllabiques qui sont l'unité de base pour la perception des mots mais il nous semble du point de vue de la séquence émise par le locuteur que l'unité d'image évoquée dans la tête serait plus grande que la syllabe.

Et le fait que la façon pour couper la séquence est différente entre les Français et les Anglais apporte la différence pour produire l'unité de l'image, étant donné que la structure de la langue est différente.

Cutler & al. (1986) ont montré que des sujets français et anglais ne procédaient pas de la même façon pour segmenter les unités verbales sonores lors de la reconnaissance de ces unités, et que cette différence de comportement était liée à la structure linguistique des langues auxquelles ils appartenaient. [2] (MONPIOU et al, 1995)

Il en est de même non seulement pour l'auditeur mais aussi pour le locuteur.

Judith C. Goodman et al. nous donnent une citation que les auditeurs anglais et français adoptent les stratégies de la segmentation différente :

Cutler and her colleagues have found that English and French listeners adopt different segmentation strategies that reflect the rhythmic structure of their respective languages. Native English listeners segment the speech at strong-syllable boundaries, thus increasing the likelihood of finding and accessing a content word (Cutler and Norris 1988). Native French listeners, however, use a syllable-based strategy (Cutler et al. 1986, 1989). [3]

(J.C. Goodman et al.,1994)

C'est-à-dire que les Français trouvent l'unité parmi des syllabes si bien que la

préface

segmentation réglementaire en unité est rendue indulgente. D'autre part les auditeurs natifs anglais, en segmentant les paroles en unités de syllabes fortes, entendent régulièrement les unités parce que l'anglais a l'accent fixe dans les mots de la chaîne parlée. Mais en français il y a un accent différent de celui de l'anglais et cet accent français pour écouter jouerait en même temps un rôle important pour la compréhension. Comme c'est l'accent mobile, la longueur de l'unité serait plus variée que celle de l'anglais. C'est donc que les Français parleraient en unités segmentées plus variées que les Anglais. De plus, étant donné que les Français n'ont pas beaucoup conscience de l'accent, la segmentation n'arrive pas toujours sur l'accent. Dans ce sens, les Français entendraient la chaîne parlée sur la base de syllabes. D'ailleurs, selon Goodman la stratégie dont on se sert se baserait sur les caractéristique de leur langue maternelle. Il s'ensuit qu'on peut dire que la structure de la langue parlée s'attache bien à la formation et à la perception de paroles.

..... monolingual English listeners use a stress-based segmentation strategy and monolingual French listeners use a syllable-based strategy to segment linguistic units in speech. Further, when presented with stimuli in their nonnative language (French for English speakers and English for French speakers), they do not switch segmentation strategies (Cutler et al. 1989). The strategies listeners use appear to depend on the characteristics of their native language. [4]   (J.C. Goodman et al., 1994)

La façon de segmenter pour écouter est aussi celle pour parler et alors il est important pour l'apprentissage du français d'analyser la manière de parler des Français.

mots clés

coupure d'image   unité d'image   évocation d'image

pattern d'image	séquence phonétique	unité phonétique encodée

corpus et informateurs

Le corpus se trouve illimité, étant composé de voix émises tous les jours. Les matériaux observés dans cette matière sont une partie de grand corpus si bien que les opinions conclues risquent nécessairement de ne pas saisir le tout.

Or, nous donnons ci-dessous des matériaux que nous avons obtenus au hasard. La coupure de l'unité est indiquée par /.

(1) matériaux donnés à titre de FRA-MAG N° 1 (FRANCE MAG No1, Institut Franco-Japonais de Tokyo)
(--- Alors, quelle impression ça vous fait ? .....)
--- je ne sais pas, / je saurai demain, / parce que ça ma / ça m'inquiète beaucoup, / l'idée / que je chante / devant un public / qui ne comprend pas les paroles. / Mais j'espère que / ils vont comprendre le climat. / Et que / ils vont pas être dérangés / de ne pas comprendre. / Je peux traduire / un petit peu, / mais c'est / très c'est très, / c'est très ennuyeux / d'être systématique et de / et de traduire / avant chaque chanson. / On peut pas. / Peut être, devant / "Avec le temps", / de Léo Ferré, / je vais essayer de / expliquer, / pourquoi / c'est triste. /

(Pour ce premier concert à l'étranger, c'est Jane Birkin elle-même qui a choisi le Japon qu'elle a déjà visité plusieurs fois. Elle s'est déclarée "fascinée" par ce pays qui lui fait terriblement penser à l'Angleterre :)

"C'est moi qui ai demandé le Japon. / Ils ont dit : / Où est-ce que vous voulez aller ?" / J'ai dit : / "Le Japon". / Je suis très / très subjuguée, / par les / par / par tout / ce qui est la culture / orientale / et japonaise, / et chinoise. / Les Japonais, peut-être, / la délicatesse / de l'éphémère. / De faire des choses / parce que justement, / tu vas les manger / et ça va être partout, / le fait de faire les fleurs / parce que justement / ça va mourir. /

préface

Il y a vingt ans, / quand j'étais enceinte / de Charlotte, / quand je suis venue / pour la première fois, / c'était le / plus étrange pays / que je connaissais / et quelque part, / ça m'a rappelé / Angleterre, / peut-être parce que / c'est une île, / je trouvais que la mentalité / était très proche / de les Anglais. /

(2) matériaux donnés à titre de FRA-MAG N° 2 (FRANCE MAG No2, Institut Franco-Japonais de Tokyo

("Le choix du nom Indochine, il y a 8 ans,) je sais que ce nom-là / m'est venu / quand on cherchait un / un nom / pour appeler le groupe / et, / bon, / Indochine / ça sonnait bien / et il y avait trois, / trois syllabes, / trois rythmes, donc / ..... c'était / quelque chose de / ...., m'intéressant / qui se retenait bien, / le mot était joli / en plus, / il avait une phonétique / assez intéressante, / bon, / mais après, / effectivement, / il y a plein / ..... plein / ..... plein d'explications possibles / ...., est-ce que c'est un l'appel à / à toutes les musiques / ethniques / ..... mélangées un peu au rock / occidental, / c'est possible aussi, / c'est-à-dire cette liaison / entre / ..... l'orient, / l'occident, / le rapprochement / de l'Orient et de l'Occident / musicalement, / c'était peut-être / inconsciemment / la vraie signification / du nom quoi." /

...... / je trouve que c'est une image / intéressante, / image un peu de folie, / une image un peu / ..... on peut vraiment / ......c'est comme, / c'est comme / la / ..... par rapport au cinéma / et à l'animation, / quand on fait un dessin animé, / on peut plus, / on peut se permettre de faire beaucoup plus de choses, / par exemple, faire voler / (un) frigidaire, / qu'au cinéma, / c'est un peu ce que je fais, en / ..... avec, / avec le texte, / c'est-à-dire que / je fais coller des mots / qui normalement n'ont pas / de sens / entre eux, / mais qui en fait en ont quand même / un / vraiment. / Suis-je bien clair ? / ..... Hum ..... " /

..... (c'est une grande ville Tokyo,) / avec / beaucoup de pollution, / des gens / partout, / .....une sorte de claustrophobie / et j'ai été / même plus qu'agréablement surpris. / Par rapport à New York / qui est une ville qui bouge, / qu'on se / où on se sent mal / dès / dès qu'on reste plus de trois jours, /

171

il y a une douceur [indusœ : r] / dans cette ville, / vraiment une douceur / ..... de vivre / ..... et alors / que c"est une ville / qui va très vite quand même. / Que jardins / japonais, / la / toute la ....." /

(3) Champs-Elysées SERIE 10 No 3, Septembre 1991.
(4) interview à la radio (2 Français, 1 Italien)
(5) monologue (1 Français, par la bande magnétique)
(6) le français parlé : Claire Blanche-BENVENISTE, éditions du CNRS, 1990, Paris)
(7) Phonétisme et prononciation du français : Pierre R. LEON, NATHAN Université, Paris, 1992, p.102)

Les renseignements sur les informateurs sont inconnus. L'âge, le pays d'origine etc. des informateurs ne sont pas nécessaires dans cette matière, étant donné que c'est la structure de l'unité phonétique pour l'évocation en tête de l'image des Français lors de l'émission. C'est le phénomène commun de l'évocation physiologique des locuteurs qui n'ont rien avec la nationalité ou la race.

Voici une partie de corpus que nous avons eus en France.

(8) à Bordeaux, aôut 1994, M.O. 58 ans, né et élevé à la Rochelle, nationalité française.

La prononciation de la Rochelle est un peu différente de celle de Paris ? Qu'en pensez-vous ?
---- La Rochelle / il y a i(l) y a un petit accent. / De toute façon les Parisiens il (y) a un accent [ʳnaks] / bien typique ein ? / Celui qui le / ..... on dit que celui qui parle mieux le français ici / c'est du peut-ê(tre) de / ... de Bourges / de le centre de la France. / C'est le centre de la France. / Le le / ... le centre de la France / c'est la

préface

cathédrale de Bourges. / Le Berry. / La cathédrale / de / ... de Bourges / est / située exactement au centre de la France. /

Et comment trouvez-vous la prononciation de Paris ? Il me semble que... on parle trop vite pour moi à Paris.
---- À Paris, / oui, / (ils) parlent très très / de suite (?) parlent vite. / Et ils ont / ..... donc / ..... ces Parisiens il y a / ..... trop grands ennuis / .... Ça toujours est ein [et] ? / Mais parce que / de toute façon ils font tout vite / à Paris. / Plein de métro vi... te / et ils courent au point de métro / ..... ils courent pour aller travailler / .... ils courent pour tout faire. /

méthode pour analyser

La voix sur laquelle on dit banalement que c'est l'apparition du cœur n'est pas seulement le tremblement de l'air produit par les cordes vocales humaines mais c'est celle reconnue par des paroles. Et comme c'est la voix qui comprend les renseignements de l'image évoquée à l'intérieur de l'homme, on peut rechercher par l'analyse de cette voix, l'unité imaginée en tête des paroles. Nous allons observer les dessins des ondes sonores enregistrées par les appareils d'analyse. Tous les renseignements de locuteurs étant compris dans les ondes sonores, c'est une technique subtile des observateurs d'en extraire les renseignements.

appareils utilisés

Magnétophone	: SONY SOLID STATE CASSETTE-CORDER TC-1180
Bande magnétique	: cassettes TDK C60
Capteur d'intensité	: PITCH EXTRACTER SE-01B (RION COMPANY LTD)

Ecran vidéo	: SEIKO VIDEO PRINTER VP-51
Papier pour l'écran video	: ORIENTAL OSCILLOGRAPH PAPER, DV, C-17F, RP-25 (RIONCOMPANY LTD)
Oscillographe	: visigraphe-p (San-ei sokki k.k.)
Papier pour l'oscillographe	: AGFA-GEVAERT OSCILLOSCRIPT D#
Ordinateur	: NEC PC-9801 vm2 personal computer NEC VALUE STAR NX
Logiciel	: Lotus 1-2-3 R2 1J Onsei Rokubunken for windows（Datel Inc.） L-Voice（Liberty-System）
Imprimante	: EPSON vp-1000 HEWLETT PACKARD Desk Jet 710C

études précédentes

Dans le passé a-t-il été indiqué par bien des chercheurs cités ci-dessous que la segmentaiton dans la séquence phonétique est impossible. C'est certainement impossible de mettre la segmentation dans la séquence mais pas toujours impossible si c'est celle de l'unité des sons comme celle de conscience. Les études sur l'unité de conscience sont citées dans cette matière-ci mais c'est peu nombreux.

...... Les diffucultés fondamentales du concept de *segmentation* sont dues au fait que *les frontières de segments* n'existent ni au niveau articulatoire, ni au niveau acoustique, ni au niveau perceptif
(Hockett 1955; Fant et Lindblom 1961; Liberman 1970; Hammarberg 1976; Cutting et Pisoni 1978; Repp 1981; Fowler 1986) :
  Il n'est pas possible d'observer objectivement l'existence de segments dans le signal de parole, pas plus que dans le flux des gestes articulatoires. (.......) Le concept de segment a été posé comme a priori dans le cadre des études

physico-physiologiques du langage (Hammarberg 1976) ;⁽⁵⁾ ......(Louis-Jean BOE, 1997)

Ce qui est indiqué ci-dessus serait la segmentation des sons simples, séquence des phonèmes.
Or, c'est ce que Pierre Martin dit sur l'unité syntaxique.

> En français, par exemple, <u>l'allongement de la dernière syllabe d'un mot, associé à une montée de F0, est perçu comme l'indication d'une frontière syntaxique quelconque.</u> Des seuils différentiels de perception sont également établis pour les indices prosodiques. En situation normale de conversation, on estime qu'<u>une différence de trois demi-tons et plus</u> peut jouer un rôle. Pour l'intensité, le seuil différentiel correspond dans ces conditions <u>à une augmentation de 1 à 2 dB,</u> une différence de 4 dB pouvant être perçue comme de l'emphase. Puis, en contexte, seules <u>des variations de durée supérieures à 20 %</u> semblent être significatives sur le plan perceptif. ⁽⁶⁾
>
> (Pierre MARTIN, 1996) (souligné par l'auteur)

C'est sur la frontière syntaxique, mais elle est aussi associée à celle de l'unité de sens. Pierre Martin dit aussi plus loin comme ci-dessous.

> ......, c'est-à-dire du codage par le nerf auditif des informations transmises par la cochlée et ..... la deuxième étape se situerait dans le système auditif central, qui activerait des détecteurs d'indices auditifs. A partir de là, les modèles de perception de la paroles divergent. ⁽⁷⁾ ....
>
> (Pierre MARTIN, 1996)

Cela a à voir avec la sensation auditive mais c'est un peu différent de ce que nous cherchons. Nous pensons que l'unité des paroles se trouve encodée en tant que « pattern » (modèle) dans le centre sensoriel de la langue, par conséquent ce n'est pas comme il dit que les modèles de perception de la paroles divergent mais nous pensons que les modèles de perception, établis dèjà dans le centre sensoriel et en accord avec les informations encodées, s'attachent à la compréhension des paroles. Au moment de parler, l'émission se ferait selon les patterns trouvés dans le centre sensoriel. Ce qui est important est que comment la détection d'indices auditifs se fait dans le centre sensoriel. Si elle se fait selon les patterns de la mémoire, le système du procès pour émettre les paroles s'accorde avec notre pensée.

Selon Savin et al., la syllabe est l'unité plus fondamentale de perception que le phonème, (..... syllable is a more basic perceptual unit than the phoneme.) (Savin and Bever, 1970 ; Massaro, 1972) et les chercheurs dans le domaine de la théorie de la linguistique générative proposent comme unité de perception celle qui est aussi longue que la proposition et la phrase. (Researchers in generative lingistic theory have even proposed units as large as the clause or sentence.) (Miller,1962; Bever, Lackner and Kirk, 1969) [8] (Norman J. Lass, Ph.D.,1996)

Quel est donc l'élément nécessaire et suffisant pour la perception et la reconnaissance ? La définition pour cela est diiffcile à établir pour le moment. Hors de rechercher l'unité de la perception et de la reconnaissance du côté de l'auditeur, nous avons l'intention de rechercher le segment de la séquence phonétique du côté du locuteur lors de l'émission, ce qui nous permettrait de former en tout cas l'unité de la perception et de la reconnaissance. Pierre Martin recherche aussi l'unité de la perception dans le domaine linguistique, neuronal et acoustique.

..... Quelles sont réellement les unités perceptives de base ? Correspondent-elles précisément aux unités linguistiques ? Comment peut-on arriver à les identifier correctement et quelle est leur forme neuronale ? Dans le signal acoustique, quels sont les éléments (invariants) nécessaires et suffisants pour

préface

qu'il y ait perception et reconnaissance ? D'autre part, en mémoire à long terme, quelle est la forme que prennent les expériences auditives antérieures et comment celles-ci interviennent-elles en perception et reconnaissance des unités transmises par le signal acoustique ?[9]   (Pierre MARTIN,1996)

Nous croyons que le principe de la perception ressemble aux patterns de neurones qui se forment en tête du point de vue de la neurologie.
Nous dessinons un plan à grands traits dessous.

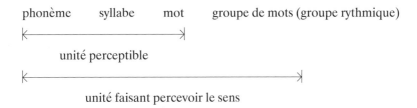

L'unité montrée au-dessus de la perception serait au moins le mot ou celle qui est plus longue que le mot c'est-à-dire le groupe de mots. Cette unité est nécessaire non seulement pour l'auditeur mais aussi pour le locuteur et elle est d'autant plus importante que le locuteur essaie de produire les unités plus variées pour faire communiquer en particulier le message.

Il est bien naturel que la forme des unités soit innombrable parce que la forme des patterns que les neurones fabriquent en tête est innombrable. Dans "il est parti pour la France" par exemple, l'unité peut apparaître comme dans "il" "il est" "il est parti" "il est parti pour" ....., c'est parce que chaque unité est figée en forme de pattern en tête. Il s'ensuit alors que les unités s'émettent en types variés. Pour la perception de l'auditeur, il faut avoir les types correspondants à ceux du locuteur. Si l'auditeur n'a que des unités formées en proposition ou en phrase, il n'aura pas l'évocation d'images pour provoquer la représentation du sens bien qu'il ait entendu de plus petites unités comme un mot ou un groupe de mots.

Le procédé par lequel le neurone-pattern se fabrique est montré dans le passage cité ci-dessous.

..... le locuteur revient en arrière pour faire cette correction : la correction intervient fréquemment dans un groupe nominal juste après le prédéterminant, *le, ta, une,* qui reste ainsi en suspens : .....
 je revois toujours le
ce
ce petit lit
ce joli petit lit rose [10]

(Claire Blanche-BENVENISTE, 1990)

Le neurone-pattern se fabriquerait comme ça et se mémoriserait dans le cerveau.

La méthode d'analyse donnée ci-dessous dans cette matière dont neuf phénomènes des ondes sonores ont été présentés au XIIème congrès international des sciences phonétiques (ICPhS) tenu à Aix-en-Provence de France le 23 août 1991, a été développée et additinonnée dès lors par d'autres matériaux.

On parle souvent du groupe intonatif dont la segmentation s'accorde bien avec celui de l'image mais ces deux sont essentiellement différents. Celui-là est l'unité de sens et celui-ci comprend la possibilité d'être segmenté en plus de petites unités du point de vue physiologique. De même qu'il est difficile comme dit Alan Cruttenden de segmenter la phrase en groupe intonatif, il est plus difficile de segmenter la phrase en unités d'image. Il pose par exemple la marque de groupe intonatif lors du changement de hauteur de syllabes inaccentuées, lors de la pause, lors de l'anacrouse, lors de l'allongement de la syllabe finale et lors de l'accent de hauteur. Ces éléments s'accordent bien avec les marques de la

préface

segmentation de l'image que nous avons proposées. Voici ce qu'il dit.

> ....., there are many cases where it remains difficult to decide whether a boundary is present or not. And with inexperienced readers and speakers (adults' intonational competence is extremely variable) the dificulties are multiplied. When we consider spontaneous speech (particularly conversation) any clear and obvious division into intonation-groups is not so apparent because of the broken nature of much spontaneous speech, including as it does hesitation, repetitions, false starts, incomplete sentences and sentences involving a grammatical caesura in their middle.
>
> ---
>
> In summary, one or both of the following criteria will in most cases delineate intonation-groups :
> (i) change of pitch level or pitch direction of unaccented syllables
> (ii) pause, and / or anacrusis, and / or final syllable lengthening, plus the presence of a pitch accent in each part-utterance thus created [11]
>
> (A. CRUTTENDEN, 1986)

En tout cas, il parvient de voir que le locuteur, avant d'avoir l'image totale, commence d'abord à emettre et il continue de parler avec l'image qui suit. C'est ce que Jean-Pierre Orliaguet dit aussi :

> .....Cet ensemble de données indiquent donc que la production d'une séquence motrice complexe ou de longue durée commence avant qu'elle ne soit totalement programmée. Une partie de cette programmation a lieu en cours de mouvement, sans par ailleurs gêner la fluidité des mouvements. [12]
>
> (Jean-Pierre Orliaguet, 2004)

En prenant cette indication en considération, nous posons pour le moment les marques de la segmentation de l'image comme suit.

segmentation de l'image

1. après l'allongement du son
   ex. En m'excusant encore de ne ..... / pas vous l'avoir donné ....
2. après l'arrêt du son
   ex. J' ai lu / Aurélien.
3. après l'insertion du son muet.
   ex. ..... était à peu près [···] ..... / 7 mille .....
4. après l'intonation montante rapide
   ex. Je suis arrivé ↗ / à Londres.
5. à la place où est provoqué le décalage d'amplitude au cours de deux même sons
   ex. En m'excus<u>ant</u> / <u>en</u>core .....
6. au changement du son fort en faible
   (Les amplitudes ne se comparent pas en différence acoustique absolue mais relative.)
   ex. ..... pas vous l'a<u>voir</u> / <u>don</u>né tout de suite......
7. au changement du son faible en fort
   ex. ..... passer <u>de</u> / <u>bonnes</u> vacances.
8. après une grande quantité vocalique (ensemble de l'intensité, la hauteur et la durée)
   ex. <u>Si</u> / vous voulez .....
9. après la détente lente de l'amplitude
   ex. Voilà ↘, / merci, Merci encore ......
10. après le changement du son haut en bas
    ex. J'ai renoncé <u>à</u> / <u>à</u> mes grasses matinées ......
    C'est le <u>centre</u> / <u>de la</u> France.
11. après chaque unité de sons répétés
    ex. ..... mais c'est / très c'est très, / c'est très ennuyeux ......

2 se rapporte à la « pause ». Il y a un corpus dans lequel Danielle Duez a analysé la durée de l'unité segmentée dans le discours de Mitterrand fait en 1984. Le locuteur cherchant l'image qui suit pendant la pause, il nous semble avoir quelques relations pas toujours affirmatives mais possibles entre la durée de la pause et celle de l'unité qui suit.

Il s'agit je le répète / pause : 1030 ms / d'un indispensable préalable / pause : 640 ms / à toute / pause : 180 ms / demande / pause : 210 / de consultation populaire / pause : 390 ms / touchant / pause : 320 ms / aux libertés / pause : 2000 ms /.
(Danielle DUEZ : La pause dans la parole de l'homme politique, édition du CNRS, Paris, 1991, p. 99)

Nous mettons ici pour la comparaison une partie des effets analysés que nous avons eus.
Et / c'était / n ..... (200 ms) / ce n'était (350 ms) / pas une royauté / absolue.
Je pense que / ouh ..... n ..... (800 ms) / une (960 ms) / solution / de grand prestige / ouh ..... (180 ms) / qui devrait (940 ms) / ouh ..... (370 ms) / retenir (430 ms) / la tension / des responsables / et / j'allais / même dire / .....
En m'excusant / encore / de ne ..... (280 + 670 ms) / pas vous l'avoir (1370 ms) / donné tout de suite.
Au commencement / du / 16ème siècle / le nombre des étudiants / était / ouh ..... m ..... (840 ms) / à peu près (870 ms) / ouh ..... (180 ms) / trois mille (1090 ms) / chaque année.

Bien qu'il y ait d'autres phénomènes possibles concernant la coupure de l'image, nous allons avancer l'observation selon ces 11 rubriques présentées. On peut attraper auditivement ces phénomènes et nous avons présenté par notre ouïe ce qui est comparativement clair et pour ce qui est ambigu nous avons utilisé les appareils pour l'analyse.

cible et objet

Quand on attrape physiquement les sons du langage, l'effet de l'analyse est superficiel et quand on veut rechercher dans les phénomènes phonétiques les images produites au cœur du locuteur avant l'émission, nous y trouvons notre cible d'études. Si le locuteur applique à l'apprentissage les intonations quelconques qu'il a acquises, ce n'est qu'une imitation superficielle pour lui dont la langue maternelle est composée d'autres types différents de formes d'intonation. L'imitation, cela peut être la cible, mais cela n'est pas l'objet. Ce qui est important est pourquoi est convoqué ce contour intonatif. Dans le cas du japonais, l'intonation descendante apparaît au passage d'une image à une autre et en cas du français, au contraire, c'est l'intonation montante. C'est ici la transition même d'une image à l'autre qui se produit dans la tête. Même en français l'intonation descendante apparaît en cours d'émission mais ce serait la fin de la conscience. En tout cas avec la notion de la segmentation d'image dont la limite a été éclairée, à quoi sert la voix intérieure qui précède l'émission dans la tête de locuteurs ?

L'activité de la production de l'image jusqu'à l'émission de paroles en tête du locuteur peut s'exprimer comme ci-dessous :

production d'une image
↓
changement de l'image en paroles
nécessité de la grammaire
(pas celle de la langue écrite mais celle de la langue parlée)
↓
construction de petites unités (groupe rythmique)
↓
émission

Bien que la grammaire de la langue écrite puisse être un moyen pour l'apprentissage de la langue étrangère comme nous avons déjà dit, elle a une faible distance de la langue vivante, langue parlée. Nous avons un projet d'établir < la grammaire de la langue parlée > pour qu'on puisse faire comprendre phonétiquement et saisir plus tôt aux étudiants l'état du langage dans lequel agissent effectivement les locuteurs natifs. Ce serait plutôt la séquence phonétique de la langue parlée que la grammaire de la langue parlée. C'est parce qu'il n'y pas ici de règle claire. Quand les étudiants ont appris la structure phonétique, ils pourraient parler par image la langue en question, c'est-à-dire par image intérieure dessinée au fond du cœur plus profond. Dans ce cas-là, nous sommes convaincus de pouvoir parler avec la même manière que les locuteurs natifs pour avoir des images.

En voyant cependant que le locuteur émet isolément une unité de séquence appelée < l'article >, on peut dire que la méthode pour couper l'émission est libre. Cela veut dire qu'on peut émettre les mots en segmentant un par un dans la tête. Mais il peut y avoir en réalité une unité facile à se couper ou à se produire pour se faire une phrase. Comme la manière de construire l'image est différente selon les personnes, on ne peut pas établir de règle claire, mais on peut distinguer provisoirement un type de « synthétiser » (du point du vue de la séquence un peu plus longue) de celui d'« analyser » (du point de vue de couper l'unité en petits éléments), en sachant la longueur (la durée) d'une unité d'image individuelle. L'homme qui parle vite prend plus de renseignements dans une unité que celui qui parle lentement et il serait du type de priorité d'image c'est-à-dire du type de « synthétiser ». L'homme qui parle lentement est du type d'« analyser » qui confirme l'émission en coupant la séquence en petites unités. Mais du point de vue phonostylistique, il arrive des différences selon la position sociale de locuteurs c'est-à-dire selon le degré de culture ou selon l'habitude de parler en public etc. Cependant il n'y a pas de critère pour situer objectivement la position sociale, si bien qu'il arrive aussi des différences dans les effets analysés suivant le moyen de choisir les informateurs. Il est inévitable que ce soit ainsi. Nous ne l'avons pas pris en considération dans cette matière, mais on pourrait deviner plus ou moins les situations caractéristiques des informateurs par le titre mis à la tête de chaque article, c'est-à-dire que la durée de la séquence de ceux qui sont habitués à parler est plutôt longue. En supposant que la durée de l'unité d'imagination soit environ entre 150 - 1000 ms (déjà analysé par l'expérience), les informateurs sont séparés en deux types (synthétiser et analyser) par la quantité de renseignements de la séquence phonétique émise dans l'unité d'image.

px. Comme il y a beaucoup de voitures à Tokyo, il arrive toujours un problème de l'embouteillage.

Si on dit < Comme il y a / beaucoup de voitures / à Tokyo, / il arrive toujours / un problème / de l'embouteilage >, c'est le type d'« analyser ». Si on dit < Comme il y a beaucoup de voitures à Tokyo, / il arrive toujours un problème de l'embouteillage >, c'est le type de « synthétiser ». Si on considère cette unité d'image comme état de jonction de neurone-pattern de cerveau, on pourra indiquer un modèle pour le type d'« analyser » comme ci-dessous.

(type d'analyser)

    Comme il y a [ə.....]   beaucoup de voitures à Tokyo [ə.....]

    il arrive toujours [ə.....]   un problème d'embouteillage

(type de synthétiser)

    Comme il y a beaucoup de voitures à Tokyo [ə.....],

    il arrive toujours un problème d'embouteillage.

préface

C'est un des patterns et le locuteur, quand il parle la langue maternelle, pourrait s'apercevoir de son type de parler. Après avoir pris conscience du type de parler, on pourrait inventer la manière pour construire l'unité de la séquence phonétique lors de l'émission, particulièrement lors de l'apprentissage de la langue étrangère. En cas du type d'analyser, par exemple pour dire : je pense qu'il est malade, on devrait diviser la phrase en quelques unités comme ci-dessous :

    je pense que ..... il est malade.
    je pense que ..... il est ..... malade.
    je pense qu'il est ..... malade.   etc.

En cas du type de synthétiser :
    je pense qu'il est malade.
    je pense qu'elle est malade.
    je pense qu'il est arrivé.
    je pense qu'elle est Française.   etc.

Pour parler une langue étrangère au début, on commence par le type d' « analyser », c'est bien sûr, et on passera ensuite au type de « synthétiser » selon qu'il s'habitue à parler cette langue. En observant en effet les voix émises par les Français, nous voyons les deux types mais le locuteur qui se montre en type de « synthétiser » par exemple, ne prononce pas toujours à cette manière. Sa manière de parler varie selon le contenu des paroles et du contexte. On a tendance à se conduire en type de « synthétiser » pour les expressions bien familières. C'est même aussi pour le cas où les Japonais parlent japonais. C'est-à-dire qu'il vaut mieux saisir au début la séquence comme en type d'« analyser ». Cependant on a besoin d'une part d'apprendre la langue par le type de « synthétiser » en cas de japonais, parce que si on apprend une phrase par le type d'« analyser » comme en « Je (watashi wa) ..... lis un livre » au lieu de dire « Je lis un livre. », nous nous demandons si on peut introduire « ga » (particule qui montre le sujet) quand on remplace par « le livre que je (watashi ga) ..... lis ». On parviendrait à dire < le livre que je (watashi wa) .....lis >, ce qui n'est pas le japonais correct. La prononciation de la particule doit se changer de < wa > en < ga >. Mais quand < ga > est introduit dans tel cas, il est certain que l'unité de séquence < le livre que je lis > est déjà réalisé dans la tête de locuteur. On peut le dire aussi en utilisant « no » à la japonaise au lieu de dire « ga » : « le livre que *mon (..... no) lis ». C'est-à-dire que c'est < mon livre > qui introduit < le livre que je lis >. Dans ce cas il faudrait apprendre la phrase comme « le livre que je lis » par le type de « synthétiser ». Il y a ici un problème auquel les étrangers font face quand ils apprennent le japonais. En sommes nous avons pour objet d'apprendre la manière d'acquérir la langue par la jonction des deux éléments : voix et image.

Or, Quelle est la notion standardisée de l'unité de l'image ? Bien qu'il soit possible que l'unité des sons se fasse avec un noyau suivi de la séquence autour de ce noyau, la méthode d'indiquer cette unité est difficile. Et en ce moment nous allons nous servir dans cet essai de l'unité synthétique appelée < les parties du discours >. Les exemples dans chaque rubrique sont les documents de l'émission de l'individu des informateurs. Nous allons de plus présenter des modèles des unités de l'image. C'est en tout cas pour les Japonais qui apprennent le français comme débutant.

l'article

L'article, placé devant le nom indique le degré de définition de ce nom et montre le genre du nom. Selon cette définition, l'article est bien attaché au nom qui suit mais du point de vue phonétique en effet, l'émission de l'article dans la langue parlée n'est pas toujours en accord avec l'unité grammaticale, soit l'unité saisie dans la langue écrite.

1. émission indépendante
(le noyau de l'image est dans les éléments qui suivent)

c'est comme, c'est comme, / la /, par rapport au cinéma ...... (FRAMAG N° 2)
Que jardins japonais, / la /, ... toute la ...... (FRAMAG N° 2)

Il n'est pas clair pourquoi l'article a été émis ici. Parce que la séquence émise comme éléments suivis n'a rien à voir avec « la ».

, ... / un / ...... vraiment ...... (FRAMAG N° 2)

Pourrait-on prendre ce « un » pour l'article ? Ou bien devrait-on le prendre pour [ə...] de la recherche de la pensée qui suit ? Mais il n'y a pas de motif pour éclaircir la décision.

ouh ......n ...... / une / solution ...... (italien 2)
Je pense à / des / Barychonikof ou ..... (champs-E3)

L'article et le nom ne se prononcent pas ensemble dans une unité. Dans l'exemple d'avant-dernier le fait que l'article s'accorde avec le genre du mot qui suit nous donne un doute si le locuteur, bien qu'il ait une image dans l'esprit, n'a pas trouvé le mot « solution » ou bien a émis par hasard l'article « une ». Voyons l'exemple qui pourrait expliquer, nous semble-t-il, la situation en question.

sans doute / une / une quarantaine, ... (champs-E3)

L'article qui s'accorde avec le genre et le nombre du mot suivant se répète. En tant qu'on voit cet exemple, le locuteur aurait déjà imaginé la situation « quarantaine » quand il a émis le premier « une ». Comme il n'a pas pu trouver le mot, il a répété encore une fois le mot « une » quand il a trouvé le mot « quarantaine ». C'est impossible de confirmer que le mot « une » a été émis par hasard. On va voir de plus un exemple dans lequel on prévoit le mot qui suit.

ils sont d'accord sur ...... / la / sur l'acte de fusion projeté (fr. parlé p.25)

Le nom « acte » est masculin et on doit émettre essentiellement « le » mais le fait qu'on a émis « la » signifie qu'on a perçu à l'avance « l'a » de « l'acte » et qu'on cherche l'élément qui suit. Alors le « la » de ce cas n'est pas celui de l'article mais « l'a » de « l'acte ». Mais il y a ici un autre exemple qui montre le contraire de celui-là.

c'est là que en principe a lieu / le le / la production ...... (fr. parlé p.60)

Dans la langue écrite correcte, on dit < c'est là qu'en principe a lieu la production ..... >. Les Français ne commettent pas beaucoup d'erreurs pour le genre d'article et ce cas n'est pas exceptionnel, non plus. C'est-à-dire que l'article est tout à fait indépendant et qu'il n'a rien à voir avec le mot qui suit. Que cherchait le locuteur, en disant « le le ». Enfin « la production » a apparu. Cela veut dire que l'article est émis en indépendance. Il est peu naturel de couper brusquement la voix pendant l'émission et on aurait besoin dans ce cas-là d'une

l'article

voix comme celle de l'article.

C'est le centre de la France. / Le le / le centre de la France, c'est ..... (M.O.)

phrase modèle
    C'est un ·un ·......un chapeau. (· indique la pause de césure et ainsi de suite.)
    C'est le ·le ·.....le chapeau de Pierre.

Comment trouve-t-on de mettre dans la chaîne parlée une césure ? Cela concerne le rythme. En développant cette structure pour unir l'unité, on apprendra comment saisir l'image. Nous allons mettre dans les phrases modèles une structure unie dans laquelle on pourrait établir l'image. Nous appliquons cette méthode dans les phrases modèles.

    C'est un ... · un chapeau.
    C'est un chapeau.

    C'est le ... · le chapeau de Pierre.
    C'est le chapeau de Pierre.

    Il prend du ... ·du café.
    Il prend du café.

2. article + nom
(le syntagme dans lequel le nom est le noyau c'est-à-dire le syntagme qui est dérivé du nom, ce que nous appelons < noyau-nom >, et ainsi de suite.)

Cette séquence phonétique est naturelle. L'article fait essentiellement corps avec le nom pour avoir une petite unité de sens. Il est bien clair que l'article s'attache bien au nom, la forme étant changée facilement selon le genre et le nombre du nom qui suit.

1) article indéfini + nom   (noyau-nom)
, ... / un nom / pour appeler le groupe ...... (FRAMAG N° 2)
beaucoup de pollutions ouh ...... / des gens / partout ...... (FRAMAG N° 2)

La voix émise s'accorde bien avec l'article, le locuteur cherchant dans la tête le mot qui suit. Cette union indique que l'article s'attache très fort au nom.

phrase modèle
    C'est ·un chapeau.
    C'est un chapeau.

    Je prends ·du café.
    Je prends du café.

    Voulez-vous me donner ·de l'eau, s'il vous plaît ?
    Voulez-vous me donner de l'eau, s'il vous plaît ?

une / une quarantaine, / à peu près ...... (champs-E3)

La répétition de l'article nous indique une union forte avec le nom. Il arrive d'autre part une coupure après « une » pour émettre le nom suivant sans répéter l'article. L'unité de « l'article + le nom » ainsi que « l'émission indépendante de l'article » se prouve comme on voit ci-dessus.

Non, je considère pas ça comme / un sommet / c'est ...... (champs-E3)

L'unité est émise comme celle de « l'article + le nom » après la préposition.

Cette unité est même que celle de la phrase comme « c'est une île. ». « une île » se serait déjà réalisée comme image à la tête lors de l'émission de « c'est ».

qui normalement pas / de sens / entre eux. (FRAMAG N° 2)

C'est le cas de l'article transformé. L'accent se pose sur « pas » et au bout du compte les éléments « de sens » se groupent. La conscience grammaticale n'intervient pas ici, parce qu'on ne coupe pas comme « n'ont pas de / sens ». Si on dit que c'est possible de dire ainsi dans la langue parlée, on aura un phénomène d'un allongement de [···] de « de ». Comme on ne pose presque pas l'accent sur [···] en particulier, on n'a qu'à allonger [···] pour dire comme « n'ont pas de / sens ».

2) article défini + nom (noyau-nom)
..... / l'idée / que je chante ...... (FRAMAG N° 2)

Au fond de l'imagination de « l'idée », il n'y a jamais la conscience de la séparation entre « la » et « idée ». Et « l'idée » peut être une unité de pensée mais l'exemple suivant montre que l'article défini ne se rattache pas toujours au nom.

entre le ...... / l'orient / l'occident, ...(FRAMAG N° 2)
(Sur cela on verra plus loin dans « la préposition + l'article ».)

Quand on voit que l'article défini et le nom sont unis ensemble, on trouve cette unité plus naturelle dans laquelle l'article défini est placé devant le nom qui est imaginé d'abord, plutôt que le nom suit l'article défini. Au point où il ne vient pas le mot qui suit dans la tête du locuteur, il peut bien arriver la possibilité de séparation entre l'article défini et le nom. « entre le ...... » cité ci-dessus est un bon exemple où le nom ne suit pas l'article défini et le locuteur cherche le mot.

Or, comme on le voit au moins les exemples suivants, on pourrait dire que le nom imaginé dans la tête s'unit avec l'article. L'article défini dans ce cas-là, n'aurait pas de sens particulier à être expliqué grammaticalement.

l'orient l'occident, ... / le rapprochement / l'orient et ....(FRAMAG N° 2)
ils peuvent voir / la compagnie, / voir ...... (champs-E3)
j'ai dit / Le Japon / (FRAMAG N° 2)
qui ne comprend pas / les paroles / (FRAMAG N° 1)
retenir / la tension / des responsables (italien 2)
Et vous dansez / la moitié, / à peu près quinze ballets ? (champs-E3)
/ La Rochelle / il y a i(l) y a un petit accent. (M.O.)
/ La cathédrale / de .... de Bourges est ..... (M.O.)
Par an, / le métro / transporte environ / milliard 200 millions et (FRAMAG N° 4)
(Dans cet exemple-ci le sujet ne s'unit pas phonétiquement avec le verbe qui suit. Dans la langue écrite il s'unirait phonétiquement avec le verbe.)
/ les Japonais / peut-être / la délicatesse / de l'éphémère ...... (FRAMAG N° 1)

Dans cet exemple-ci le locuteur répète successivement comme « .....la délicatesse / de l'éphémère, la délicatesse de / l'éphémère. » Il aurait voulu souligner « éphémère ». Faisons attention, cependant, à ce qu'il fait rattacher l'article défini au nom.

Enfin, l'article se rattache toujours au nom pour composer une unité, mais il arrive de temps en temps que l'article se sépare du nom. Et dans ce cas-là l'article se répète pour s'unir avec le nom c'est-à-dire que dans presque tous les cas l'article s'unit en général au nom pour composer une unité phonétique.

phrase modèle
    c'est ·le chapeau ·de Pierre.
    c'est le chapeau · de Pierre.
    c'est le chapeau de Pierre.

3. article + mot équivalent à l'adjectif + nom (noyau-nom)

L'adjectif et le nom s'unissent dans une unité phonétique ou chacun de ces éléments est évoqué dans des unités différentes, c'est ce qui peut arriver en faveur de la structure de l'ordre des mots. L'adjectif se pose en général après le nom mais l'adjectif posé devant le nom est sujet à s'unir au nom suivant, c'est-à-dire qu'il n'y aurait pas de coupure de conscience entre l'adjectif et le nom pour composer un mot phonétique.

Inconsciemment, ... / la vraie signification /, ... du nom quoi. (FRAMAG N° 2)
...... à m'envoyer / un petit mot / ...... (Philippe)

phrase modèle
    C'est ·un bon élève.
    C'est un bon élève.

4. article + nom + mot équivalent à l'adjectif (noyau-nom, noyau-adjectif)

Bien que la longueur de l'unité phonétique évoquée devienne longue et qu'on établisse cette séquence comme une unité phonétique, de plus petites unités peuvent se produire dans cette séquence, car on cherche maintenant une unité pouvant s'élargir dans laquelle on peut réunir un certain nombre de mots comme unité phonétique, si bien que ces trois éléments, bien qu'ils soient dans une unité de séquence, peuvent se séparer, bien sûr, selon le cas comme « article + nom / adjectif » ou « article / nom + adjectif » ou « article / nom / adjectif ». Nous avons déjà montré des cas où l'article apparaît indépendant et l'unité de « l'article + le nom » se réalise.

...... danser / un ballet classique / avec une mentalité ...... (champs-E3)
on ne voit pas souvent / des danseurs allemands, / par exemple, ... (champs-E3)
, quand on fait / un dessin animé /, on peut plus, on peut se permettre de ......
(FRAMAG N° 2)
je dirais, ... de de ...... / des scènes parisiennes. / (champs-E3)
que j'ai invités, / les danseurs étrangers / de de faire découvrir ...... (champs-E3)

L'unité de « l'article (mot équivalent à l'adjectif) + le nom + l'adjectif » semble apparaître souvent, comme elle est une unité figée du point de vue du sens. Mais comme nous avons déjà dit ci-dessus, la coupure phonétique peut arriver de manière très variée dans la séquence, ce qui se rapporte subtilement à l'image du sentiment du locuteur. Et une unité phonétique a toujours la possibilité de se séparer facilement. C'est pareil même dans une seule séquence phonétique. Dans un exemple « le congrès international », il se classe nécessairement dans cette rubrique-ci comme seule image, mais il se peut que l'adjectif puisse être séparé du nom en cas de « congrès qui est international ». On peut bien voir en ce moment le caractère de l'adjectif. C'est-à-dire que l'adjectif n'est pas toujours facile pour s'unir phonétiquement au nom et qu'il arrive que l'adjectif, inséré dans l'autre unité d'image qui suit, explique de temps en temps le nom qui précède. Que l'adjectif soit placé après le nom est bien généralisé en français mais le nom dans ce cas montre bien l'émission séparée de l'adjectif, ce qui est essentiellement différent de l'anglais et du japonais. De plus, en cas de l'adjectif posé après le nom, il arrive que « des yeux bleus », par exemple, aurait une séquence et « les yeux bleus » aurait deux séquences. Bref, « les yeux bleus » est « les yeux / qui sont bleus ». L'adjectif du français est subtil pour faire une image de la langue.

phrase modèle

   Il a ·des yeux bleus. cf. Il a ·les yeux ·bleus.
   Il a des yeux bleus.   Il a les yeux ·bleus.

Il a les yeux bleus.

5. article + nom + adverbe   (noyau-nom)

Bien qu'étant identique à la rubrique précédente, celle-ci doit se distinguer de celle-là, étant donné que l'adjectif est essentiellement différent de l'adverbe en usage. C'est-à-dire que l'adjectif a l'idée de s'unir avec le nom qui précède et que d'autre part l'adverbe ne s'unit pas fonctionnellement avec le nom pour chercher d'autres éléments qui suivent. Mais dans l'exemple suivant, il succède phonétiquement au nom sans les éléments qui suivent. C'est une séquence illogique du point de vue de la grammaire.

image un peu de folie, ouh .... / une image un peu / ouh .... on peut vraiment
(FRAMAG N° 2)

On a besoin d'un mot équivalent à l'adjectif comme « folle » après « un peu ». Quand on dit « c'est une fille très .... », il cherche dans la tête l'adjectif propre.

phrase modèle
    C'est ·un élève très ·assidu.
    C'est un élève très ·assidu.
    C'est un élève très assidu.

6. article + nom + préposition   (noyau-nom)

L'unité de « l'article + le nom » est naturelle mais quand on fait suivre la préposition à cette unité pour chercher le mot qui suit, il indique que la préposition conduite par le nom est presque prévue. C'est-à-dire que la relation entre les éléments qui suivent la préposition et le nom, incite quelle préposition comme de, à, par etc. va être utilisée selon le caractère de ce nom et on pourrait dire que les éléments qui suivent la préposition, étant encore peu imaginés, le locuteur va cependant émettre sans image concrète pour parler.

C'est / l'aboutissement de / .... d'un ...... (champs-E3)

Le locuteur n'émettrait pas cette séquence selon l'effet clair mais il aurait utilisé « de » dans l'image d'ensemble et puis il cherche l'élément qui mène la cause. « de » est l'émission naturelle.

est-ce que c'est un ·· / l'appel à /, ... à toutes les musiques ...... (FRAMAG N° 2)

Le fait que la pause se produit après la préposition est justifié par « l'appel à .... » comme dans l'exemple ci-dessus. Cette unité phonétique montre un caractère postposé de la préposition et la répétition de la préposition montre aussi un caractère préposé de la préposition.

Ça va être partout, / le fait de / faire le (les) fleurs parce que ......
(FRAMAG N° 1)

Nous pouvons comprendre facilement l'utilisation de la préposition « de » dans « le fait de » parce qu'il y a une séquence « faire les fleurs » qui suit. Alors pourquoi ne l'émet-on-pas d'un seul trait comme « le fait de faire les fleurs » ? Le locuteur cherche-t-il vraiment dans la tête les éléments qui suivent « de » ou bien a-t-il coupé exprès une longue séquence du point du vue phonétique pour tenir le rythme ? En tout cas pourquoi met-il la coupure après la préposition ? Dans ce cas, à la différence des deux derniers exemples, celui-ci n'a pas la répétition de la préposition.

phrase modèle
     Il a ·un bouquet de ·roses rouges.

Il a un bouquet de ·roses rouges.
Il a un bouquet de roses rouges.

7. article + nom + verbe + mot équivalent à l'adjectif (adverbe) (noyau-nom, noyau-adjectif)

Cette structure se réduit en « sujet + verbe + attribut ».

qui se retenait bien / le mot était joli / en plus, ... (FRAMAG N° 2)

« le mot était joli » n'a pas de nécessité d'être toujours une unité phonétique et les éléments dans cette unité peuvent se séparer à tous les endroits. Selon ce que nous avons déjà dit dans la première rubrique et la deuxième, nous pouvons le prévoir.

      le   mot   était   joli
l'article indépendant
l'article + le nom
l'article + le nom + le verbe
l'article + le nom + le verbe + l'adjectif (l'adverbe)

phrase modèle
    le vin est bon, ...
    les chevaux courent vite, ...

8. article + nom + mot équivalent à l'adjectif + mot équivalent à l'adverbe
(noyau-nom, noyau-adjectif)

ou / des Américains émigrés en Allemagne / comme Evelyn Hart .... (champs-E3)

Bien que ce soit une unité phonétique, cette séquence semble longue comme unité. Elle peut se diviser en plus petits groupes d'unité, bien sûr, et dans ce cas-là le locuteur n'aurait pas évoqué l'imagination d'un seul trait ; il aurait émis des unités sans interruption qui se sont produites dans la tête. On peut prendre ce cas aussi pour une unité de pensée imaginée.

des	Américains	émigrés	en allemagne
l'aticle			
l'article +	le nom		
l'article +	le nom +	mot équivalent à l'adjectif	
l'article +	le nom +	mot équivalent à l'adjectif +	mot équivalent à l'adverbe

phrase modèle

    C'est un ·un chapeau rouge un peu ·clair.
    C'est un chapeau rouge un peu ·clair.
    C'est un chapeau ·rouge un peu clair.
    C'est un chapeau rouge ·un peu clair.
    C'est un chapeau rouge un peu clair.

9. article + nom + pronom relatif   (noyau-nom)

..... / les gens qu-i / sont venus...... (le français parlé, p.73)

Cette description n'est pas la nôtre mais selon celle de C. B-Benveniste, il nous semble que la formalisation des pensées des Français dans le cas du pronom relatif, différente de la nôtre où nous le choisissons d'après le jugement de la forme grammaticale qui suit, est plus compliquée que nous, les Japonais, par conséquent leur coupure se produirait dans le pronom ralatif. Les citations ci-dessous sont suggestives.

...... Sous la forme *qui*, elle est utilisée pour les emplois de sujets, sans distinction sémantique, avec un < i > instable :
--- les gens qui sont venus, les choses qui manquent, les choses qu'ont manqué.

Nous analysons ce *qui* comme une forme composée par la particule *que* et un < i > instable qui apparaît automatiquement quand le dispositif comporte un verbe non précédé de son sujet. (34脚注) :
--- les gens qu-i sont venus. (35脚注)

En s'assurant s'il y a le sujet ou non dans la phrase qui suit, on est obligé de choisir « que » ou « qui » en disant « qu- » par conséquent on met la coupure après « qu- ».

(34) Le français de conversation connaît une forme *qu-iz*, dans le cas de sujet pluriel, devant un verbe qui commence par une voyelle : *les gens qu-iz ont fait ça*.
(35) Il s'agit de la présence d'un < sujet > au sens morphologique ; un < il impersonnel > empêchera la formation du < i > de la particule *qui* : *les choses qu'il y avait*. (13)

(Claire BLANCHE-BENVENISTE, 1990)

Le « qui » qu'on appelle le pronom relatif se compose de « que + i instable ». Mais, nous, les Japonais, n'analysons pas le pronom relatif comme ça. Nous choisissons automatiquement le « qui » si l'antécédent est le sujet de la phrase suivante (proposition relative). Mais comme expliqué dans la citation ci-cessus, quand on dit : « ce *qui* comme une forme composée par la particule *que* et < i > instable qui apparaît automatiquement quand le dispositif comporte un verbe non précédé de son sujet », par quel mécanisme les Français extraient-ils effectivement le « qui » dans la tête ? On n'entend pas la prononciaton comme [leʒɑ̃kəisɔ̃vny] ou [leʒɑ̃kə..... isɔ̃vny]. Enfin [leʒɑ̃kisɔ̃vny], mais en tenant compte de l'explication citée ci-dessus, < i > instable lors de l'émission de « qui » est un frein pour le locuteur parce que ce < i > se rapporte avec la structure de la phrase au cours de l'expression de l'image. Le locuteur ne pourrait-il pas alors couper la séquence après [ki] ? C'est ce qui est différent des Japonais qui coupent la séquence avant le pronom relatif. Ou bien si [i] est instable, [ki] perdra [i] pour se prononcer comme [k] (que). C'est possible. Si les Français apprennent le pronom relatif « qui » par la méthode expliquée ci-dessus et s'en servent, notre supposition sera vraisemblable. Mais effectivement on peut penser que les Français aussi, ainsi que les Japonais, choisissent le pronom relatif d'après la forme pour s'en servir. Et bien que cela soit vrai, c'est bien possible qu'ils mettent la coupure après le pronom relatif. Si on prend en considération que le pronom relatif s'emploie indépendamment du contour phonétique(on verra plus loin), il est bien naturel de mettre la coupure après le pronom relatif. Et on pourrait dire seulement que le pronom relatif des Français est réalisé par un autre mécanisme que le nôtre.

phrase modèle
    C'est ·le chapeau qui ·a un ruban bleu.
    C'est le chapeau qui · a un ruban bleu.
    C'est le chapeau qui a un ruban bleu.

    C'est ·le chapeau que ·Sophie a acheté.
    C'est le chapeau que · Sophie a acheté.

C'est le chapeau que Sophie a acheté.

10. article + nom + préposition + nom + adverbe (mot équivalent à l'adjectif) (noyau-nom)

hein, / un rôle d'acteur vraiment, / mais avec tout ce ...... (champs-E3)

Le dernier élément « vraiment » comprend-il le sens propre ? Il nous semble que non. On pourrait dire que le locuteur a émis cet élément pour tenir un ton léger. Si c'était l'adjectif au lieu de l'adverbe, le sens propre serait réalisé avec le nom précédant.

phrase modèle
    C'est ·le chapeau de Pierre vraiment ·chic.
    C'est le chapeau de Pierre vraiment · chic.
    C'est le chapeau de Pierre vraiment chic.

11. article + nom + mot équivalent à l'adjectif + verbe + adverbe (noyau-nom, noyau-verbe)

Cette séquence est grammaticalement une phrase. Une phrase simple peut être une unité, ce qui est clair.

/ Les danseurs classiques ne sont pas ...... / en tout cas ...... (champs-E3)

phrase modèle
    un lapin agile court vite......

12. article + nom + conjonction + article + nom (noyau-nom)

La conjonction a pour rôle ici de la juxtaposition et il rassemble tous les éléments en une unité de séquence.

le rapprochement / l'orient et l'occident / musicalement ...... (FRAMAG N° 2)

phrase modèle
    J'aime ·le vin et la bière.
    J'aime le vin et la bière.

13. article + nom + préposition + article + nom (noyau-nom)

Cela ressemble à la rubrique précédente. Le rôle de la conjonction et celui de la préposition sont différents mais l'unité d'imagination est d'une même espèce ici sans tenir compte du rôle.

16è siècle / le nombre des étudiants / était ouh ...... (italien 2)
et par jour, ... / un jour de plein trafic, / ...... c'est-à-dire un jour de semaine ......
                                                            (FRAMAG N° 4)
Le le / le centre de la France / c'est de la cathédrale de Bourges. (M.O.)

phrase modèle
    C'est la liste de ·des noms des élèves.
    C'est la liste des noms des élèves.

la préposition

Elle fait le complément des parties du discours dans le cadre gramatical comme celui du nom ou de l'adjectif etc., et dans beaucoup de cas elle fait suivre un élément appelé le nom pour avoir une petite unité fournie d'un sens dynamique. Le sens dynamique veut dire comme suit : « l'heure » par exemple a un simple sens statique mais quand il s'imploie dans « à l'heure » comme complément de la préposition, le sens de « l'heure » s'étend sur le sens dynamique comme ni avant l'heure ni après l'heure. La préposition s'emploie sur une grande étendue et elle s'unit toujours à des éléments quelconques.

1. émission indépendante
(noyau dans les éléments qui suivent)

L'emploi propre de la préposition est lié comme indiqué dans la définition ci-dessus avec des éléments quelconques mais dans la langue parlée, il arrive souvent que le locuteur, ayant émis d'abord la préposition, cherche des éléments qui suivent. Il est peu naturel en apparence que le locuteur émette seulement la préposition sans avoir encore cherché d'éléments qui suivent. Mais quand il a émis la préposition, l'encadrement de paroles est déjà établi en relation avec les éléments précédents et à ce moment il n'a besoin que l'élément appelé « le nom ». Enfin la préposition est importante plutôt dans la relation avec les éléments qui précèdent. Cependant il peut arriver souvent que la préposition soit séparée de l'élément précédent et il s'ensuit que l'émission indépendante de la préposition se réalise.

1-1 répétition
    ...... de s'exprimer là, / de / de danser, ... (champs-E3)

...... de débridé, / de / de fou avec ...... (champs-E3)

c'est très ennuyeux d'être systématique et ...... / de / ...... et de traduire avant ......
(FRAMAG N° 1)

c'est un peu ce que je fais, en ..... / avec /, avec le texte ...... (FRAMAG N° 2)

...... les danseurs étrangers, / de / de faire découvrir ...... (champs-E3)

je dirais, / de de ...... / des scènes parisiennes. (champs-E3)

La cathédrale / de / .... de Bourges est sutuée exactement .... (M.O.)

Ou bien on peut observer qu'il arrive souvent l'allongement de la voyelle finale de la préposition.

1-2 allongement

tout à fait équitable / entre .... / les danseurs étoiles, je ...... (champs-E3)

Les Japonais, peut-être, la délicatesse ...... / de ...... / l'éphémère .....
(FRAMAG N° 1)

moi, de mon côté / de ...... / faire de même. (Philippe)

quelques chansons / de ..... / Yves Duteil. (Philippe)

c'est une grande ville Tokyo, / avec ...... / beaucoup de pollution ......
(FRAMAG N° 2)

Dans ces cas-là, le locuteur se fait déjà une image suivante au cours de l'émission de la préposition. Le phénomène de l'allongement du son final serait apparu pour la mise en ordre des éléments qui suivent. Et au cas où les éléments suivants seraient longs, le son final de la préposition peut se remplacer par l'allongement de la voyelle finale.

qu'on se, où on se sent mal / dès e ...... (239 ms) / qu'on reste plus de trois jours ......
(FRAMAG N° 2)

plus haut qu'on est arrivé en / avec / euh + 026(cs) deux appareils ......
(phonétisme p.102)

la préposition

phrase modèle
> Il est important · de · de sortir aussitôt que possible.
> Il est important de ·de sortir aussitôt que possible.
> Il est important de ·sortir aussitôt que possible.

2. préposition + (article) + nom   (noyau-nom)

Cette unité est un groupement essentiel de la préposition mais effectivement apparaît-elle souvent dans la langue parlée ? Nous avons déjà vu l'émission indépendante de la préposition. En fin de compte, comme nous allons voir les exemples ci-dessous, l'unité qu'on s'habitue à employer dans la vie quotidienne se réalise dans une série de séquence phonétique.

de danser, / comme Gigi Hyatte / de chez un ...... (champs-E3)
..... arrive / à Londres. / (Français 3)
..... emporte / à Londres / ...... Aurélien en ma valise. (Français 3)
...... agréablement surpris, je, / par rapport / à New york / qui (es)t une vi(lle) qui bouge ......   (FRAMAG N° 2)
c'est comme, c'est comme là ...... par rapport / au cinéma / et à l'animation, ...
                                                   (FRAMAG N° 2)
de quoi que ce soit / en France. / (Philippe)
mais dans la pension / de famille / où j'étais ...... (Français 3)
tout ce que comporte ma personnalité / d'extravagant, / de débridé, / de, / de fou / avec ...... sans raconter ......   (champs-E3)
quand j'étais enceinte / de Charlotte / quand je suis venue ...... (FRAMAG N° 1)
de chez un / de chez Neumeier, / enfin, je ......   (champs-E3)
Peut-être, devant < Avec le temps >, / de Léo Ferré, / je vais essayer de ......
                                                   (FRAMAG N° 1)
/ Par an, / le métro transporte environ 1 milliard 200 millions et ......
                                                   (FRAMAG N° 4)

de faire beaucoup plus de choses, / par exemple / faire voler un frigidaire, ...

(FRAMAG N° 2)

/ Au commencement / du 16ème siècle ...... (italien 2)

la tension / des responsables / et ...... (italien 2)

...... des mots qui normalement n'ont pas de sens / entre eux, / mais qui est en fait .....

(FRAMAG N° 2)

..... en allemagne / comme Evelyn Hart. / (champs-E3)

c'était peut-être inconsciemment la vraie signification / du nom quoi. /

(FRAMAG N° 2)

.... c'est du peut-ê(tre) de / ..... de Bourges / de le centre de la France. (M.O.)

La cathédrale de / .... de Bourges / est située exactement au centre .... (M.O.)

/ À Paris, / oui, (ils) parlent très très ..... (M.O.)

..... de toute façon ils font tout vite / à Paris. / (M.O.)

Les prépositions « à »,« en » donnée à la tête de la ville ou du pays sont sujettes à s'unir aux éléments suivants et de plus les expressions figées comme « par rapport », « par exemple » etc. ne seraient presque pas séparées entre elles. Dans le cas de « de » ou « d'autres prépositions » ils s'unissent avec les éléments précédents ou s'émettent tout seul ou s'unissent avec les éléments suivants dont l'emploi est instable. Dans la langue parlée, ils n'ont pas toujours besoin de s'unir phonétiquement avec les éléments qui suivent.

phrase modèle

    Il reste ·dans la pension ·de la famille de Pierre.

    Il reste dans la pension ·de la famille de Pierre.

    Il reste· dans la pension de la famille de Pierre.

    Il reste dans la pension de la famille de Pierre.

3. préposition + article
(noyau dans les éléments qui suivent)

Le fait que l'article est séparé du nom suivant est déjà observé dans l'émission indépendante de l'article. Nous allons ici présenter les exemples où la préposition précède l'article qui n'a pas d'élément suivant.

hormis le temps des vacances, / hormis pendant les / périodes de repos ......
(champs-E3)
c'est-à-dire cette liaison / entre le ...... / l'orient, l'occident ..... (FRAMAG N° 2)
ne sont plus confinés / dans un / mode de pensée (champs-E3)

Dans l'esprit des Français l'unité « mode de pensée » serait-elle plus naturelle que celle de « dans un mode / de pensée » ? En réfléchissant bien sur la coupure, nous pourrions dire que c'est plus facile pour parler et plus facile pour saisir l'image.

Je suis très, très subjuguée / par les / par, par tout ce qui est ...... (FRAMAG N° 1)
j'ai renoncé dans un, / dans un / en tous les cas pour ...... (champs-E3)
comme Gigi Hyatte / de chez un / de chez ...... (champs-E3)
Au commencement / du / 16è siècle (italien 2)

Dans le dernier exemple, le locuteur ne dit pas comme « de le ... ». Le fait que l'article défini sous forme de la contraction « du » est séparé de « 16è siècle » montre la représentation déjà faite jusqu'à « siècle » dans la tête au moment de l'émission de « du ». C'est parce que le locuteur a pu introduire « du ». Dans d'autres exemples aussi, il y a bien des cas où le locuteur semble prévoir déjà les éléments qui suivent au moment de l'émission de l'article. Nous pouvons le juger par le fait de l'accord du genre et du nombre de l'article avec l'élément qui suit. Cette manière de parler du locuteur qui fait précéder l'article séparé tout en prévoyant l'élément qui suit, est-elle seulement d'avoir un rythme de paroles ou est-elle un phénomène physiologique et nécessaire ? Cela vaut la peine de se remarquer.

il passe son temps / avec des / je ne sais qui.
        (Crown Dictionnaire français-japonais, 3è édition p.1298 Lib. Sanseido)

Nous n'avons pas de matériel enregistré mais nous mettons pour le moment la coupure devant « avec ». Et puis nous pouvons mettre la coupure après « des ». C'est parce qu'on peut prévoir une structure phonétique comme « avec des ..... je ne sais qui ». En effet on ne peut pas dire « il passe son temps avec je ne sais des qui »

phrase modèle
    On se déplace ·par le ·par le métro à Paris.
    On se déplace par le· par le métro à Paris.
    On se déplace· par le métro à Paris.
    On se déplace par le métro à Paris.

4. préposition + article + nom   (noyau-nom)

Cette séquence est si naturelle comme unité d'image que les diverses locutions augmentent. De plus, elles sont fixées si fort comme expressions quotidiennes qu'on émet couramment la séquence sans coupure.

Alors / pour le moment / je dirais que ..... (champs-E3)
...... beaucoup plus de tranquillité / dans la vie, / j'ai une vie qui ...... (champs-E3)

On émet la tournure fixée en règle comme « au » (à + le) sans erreur grammaticale dans l'expression quotidienne.

...... par rapport / au cinéma / et à l'animatoin, ... (FRAMAG N° 2)

Mais il arrive aussi qu'on émet « de les ..... » par erreur grammaticale.

...... je trouvais que la mentalité était très proche / de les Anglais. /
(FRAMAG N° 1)

La forme correcte est « des Anglais ». La locutrice n'aurait pas été au courant de la contraction de la préposition et l'article. L'informatrice, soit dit en passant, est une chanteuse anglaise J.B.. Bien que ce soit une séquence « être proche de », la préposition « de » s'unit avec « les Anglais » suivant.

Au contraire, dans l'expression déjà vue « la tension / des responsables / et ..... »(rubrique 2), « de les » devient « des » qui s'unit avec « responsables ». Les éléments suivants auraient été évoqués au cours de l'émission de « la tension ». Si le locuteur saisit une séquence comme « la tension de », il aura la possibilité de dire « la tension de ..... les resposables » ou « la tension de .. des responsables ».

l'idée que je chante / devant un public / qui ne comprend pas ......
(FRAMAG N° 1)

Le locuteur ne fait pas de liaison dans « devant un », mais il le dit d'une séquence phonétique. « devant » et « un public » auraient été évoqués individuellement. Il aurait évoqué « un public » au cours de l'émission de « devant ». S'il avait évoqué une série de séquences suivantes au cours de l'émission de « .... chante », il aurait eu la possibilité de dire avec la liaison comme « devant un public », parce qu'elle est une unité de séquence. Mais la liaison dans ce cas n'est pas obligatoire.

La séquence « préposition + article + nom » que nous avons appelée naturelle au début de cette rubrique figure beaucoup.

il reste / sur la cassette / peut-être ...... (Philippe)
ouverts / sur l'extérieur, / sur la vie, / et qui ..... (champs-E3)
On peut pas, peut-être devant ......, / avec le temps / de Léo Ferré.
(FRAMAG N° 1)
un ballet classique / avec une mentalité / aujourd'hui. (champs-E3)
mon père m'a pris / pour un crétin / n'est-ce pas ...... (Français 3)
c'est un peu ce que je fais, en ...... avec, / avec le texte, / c'est-à-dire ......
(FRAMAG N° 2)

Dans le dernier exemple, il est clair que le locuteur cherche la préposition. Il essaie de chercher d'abord une préposition quelconque et il en arrive à « en .... avec, ». Au moment de l'émission « ...., je fais », il n'y a aucun d'élément évoqué dans la tête. Le deuxième « avec » répété s'est uni avec « le texte » qui suit, ce qui nous montre que la préposition, unie avec l'élément suivant fait une unité de séquence et qu'en même temps la préposition, émise individuellement joue un rôle pour arranger le rythme des paroles. C'est ce qui est vu dans « en ..... avec ». Normalement, on chercherait les éléments au cours du son allongé comme [ə .....] ou [n .....] mais ici, ils ont été remplacés par la préposition. Il en est de même de l'exemple suivant.

l'aboutissement de ...... / d'un parcours, / je dirais ...... (champs-E3)

phrase modèle
        On se déplace ·par le train ·dans la campagne.
        On se déplace ·par le train dans la campagne.
        On se déplace par le train dans la campagne.

5. préposition + verbe   (noyau-verbe)

La préposition s'unit fort avec l'élément suivant. Les exemples dans lesquels

la préposition

l'élément suivant de la préposition est le verbe transitif sont peu nombreux ici mais cette séquence (préposition + verbe) est émise comme unité d'image.

...... de bien vouloir cesser de / de combattre / sur ces îles. (français parlé, p.47)

phrase modèle
    Il sort tôt de la maison · pour arriver · à temps au bureau.
    Il sort tôt de la maison pour arriver · à temps au bureau.
    Il sort tôt de la maison · pour arriver à temps au bureau.

6. préposition + verbe + adverbe   (noyau-verbe)

on peut se permett(re) / de faire beaucoup / plus de choses ...... (FRAMAG N° 2)

phrase modèle
    Il lui dit · de marcher vite.
    Il lui dit de marcher vite.

7. préposition + verbe + mot équivalent à l'adjectif + nom (noyau-nom)

Le verbe transitif fait une unité avec l'objet.

un nom / pour appeler le groupe / et ......, bon, (FRAMAG N° 2)
/ De faire des choses / parce que justement ...... (FRAMAG N° 1)
j'ai renoncé / à prendre un gramme / parce que je ne peux ...... (champs-E3)
en tous les cas pour cette année / à faire des films, / j'avais deux ..... (champs-E3)
ce qui me laissera sans doute le temps / de faire un autre film. / (champs-E3)
de de fou avec ...... / sans raconter l'histoire / mais avec la ...... (champs-E3)
de / de faire découvrir les jeunes talents, / il y a des ...... (champs-E3)

phrase modèle
> Je lève la main ·pour appeler un taxi.
> Je lève la main pour appeler un taxi.

8. préposition + adverbe
(noyau dans les éléments qui suivent)

le mot était joli / en plus / il a vu ...... (FRAMAG N° 2)

Dans le cas de la locution, elle s'exprime en une unité.

encore / de ne ...... / pas vous l'avoir donné tout de suite ..... (Philippe)

La forme de la négation de l'infinitif est « ne pas + verbe ». Quand cette unité est divisée en deux parties, « pas » s'unit avec l'élément qui suit et « de ne » fait une unité. La forme sans « ne » lors de la négation comme il y a celle de « Pas de chance, Pas possible, etc. » sépare « pas » de « ne pas ».

phrase modèle
> Attention · de ne ·pas tomber.
> Attention de ne · pas tomber.
> Attention de ne pas tomber.

9. préposition + mot équivalent à l'adjectif
(noyau dans les éléments qui suivent)

Je suis très, très subjuguée, par les, par, / par tout / ce qui est ......
(FRAMAG N° 1)

Il nous semble que l'adjectif est sujet à s'unir avec les éléments entourés mais quand l'élément qui suit l'adjectif s'unit avec l'autre, la coupure apparaît à un endroit grammaticalement peu naturel. Il en est de même dans l'exemple suivant.

chefs-d'œuvre, / de leurs / meilleurs ballets je pense ...... (champs-E3)

Si c'était une séquence de « de leurs ballets », elle n'apparaîtrait pas en général segmentée comme « de leurs / ballets ». Un autre élément « meilleur » ayant été rentré, le locuteur aurait évoqué une image plus détaillée après « leurs » . Enfin on peut dire qu'au moment d'avoir évoqué des éléments quelconques, on peut couper la séquence avant ces éléments et puis on parle de nouveau sur un nouveau rythme.

phrase modèle
    Elle fait une robe ·pour sa ·jolie poupée.
    Elle fait une robe pour sa ·jolie poupée.
    Elle fait une robe · pour sa jolie poupée.

10. préposition + mot équivalent à l'adjectif + nom (noyau-nom)

Cette séquence ressemble à la rubrique 4. Quand une unité de séquence est longue, nous pouvons y voir des parties qui semblent des émissions inconscientes. C'est évidemment le français mais on peut dire qu'on gagne du temps en les prononçant pour évoquer l'image qui suit, ce qui est très courant. Dans la langue parlée il apparaît le soi-disant « mot abandonné (logatome) » et celui-ci en même temps rend la langue plus naturelle.

dans un ...... / <u>en tous les cas</u> pour cette année / à faire des films (champs-E3)

La séquence soulignée serait le mot abandonné. Dans cette séquence il y a au moins deux unités de séquence : en tous les cas, pour cette année. Mais le fait que c'est une seule succession phonétique nous semble avoir peu de sens propre à la première des deux unités.

une solution / de grand prestige / ouh ...... (Italien 2)
/ Il y a vingt ans, / quand j'étais enceinte de ...... (FRAMAG N° 1)
, ... / à cinq jours. / ...... Et ...... (Français 3)
j'ai renoncé à / à mes grasses matinées / j'ai renoncé à prendre un ......
(champs-E3)
qui est beaucoup plus axée / sur mon métier, / j'ai renoncé à mes grasses matinées ..... (champs-E3)
très ennuyeux d'être systématique et de traduire à ...... / avant chaque chanson. /
(FRAMAG N° 1)
puisque je divise à part égale / entre chaque danseur étoile. / (champs-E3)

Ces séquences semblent être des unités faciles à s'unir.

il y a une douceur / dans cette ville, / vraiment une douceur ...... (FRAMAG N° 2)
quand je suis venue / pour la première fois, / c'était le plus étrange pays ......
(FRAMAG N° 1)
Merci encore / pour l'autre jour / et ...... (Philippe)

Les expressions quotidiennes s'unissent bien dans une unité de séquence et l'image, dans cette séquence d'expression quotidienne, ne serait pas interrompue.

est-ce que c'est un ...... l'appel à ...... / à toutes les musiques / éthniques ouh ......
(FRAMAG N° 2)

C'est un exemple dans lequel l'image peu quotidienne: « éthniques », ajoutée à

la préposition

l'image d'une expression quotidiennne, on met celle-là à l'autre image suivante.

phrase modèle
> Il y a un chien · dans le jardin.
> Il y a un chien dans le jardin.

11. préposition + (mot équivalent à l'adjectif) + nom + mot équivalent à l'adjectif ou d'autres.   (noyau- nom)

C'est l'unité allongée traitée dans la rubrique 2, qui est déjà vu. Il y a la possibilité de coupure qui se produit après le nom. Or, le fait que l'adjectif se met après le nom signifie que l'adjectif donne un sens particulier au nom. Alors, s'il y a une concentration de l'évocation au nom, il y aura la coupure de la séquence après le nom et s'il y en a au mot équivalent à l'adjectif, li n'y aura qu'une seule séquence sans coupure. Par exemple « avec des yeux bleus » serait une séquence et « avec les yeux bleus » serait nuancé comme « avec les yeux qui sont bleus » et dans ce cas « yeux » et « bleus » se sépareraient du point de vue de l'image. C'est très subtil, bien sûr. Comment est l'exemple suivant ?

à l'Opéra alors / dans ces ballets nouveaux, / je combine soit la ...... (champs-E3)

Il y a la possibilité de coupure comme « dans ces ballets / nouveaux ». Parce que l'expression générale est « dans ces nouveaux ballets » et que « nouveaux » mis après le nom, il y aurait une concentration de l'évocation sur cet adjectif. Mais dans ce cas cette séquence est émise d'une unité, ce qui nous montre un autre mouvement psychologique que la théorie grammaticale.

Qu'est-ce qui est le centre de l'image dans une séquence ? Ce serait le dernier élément (mot) devant la coupure. Le locuteur, pour attacher une unité de séquence à l'autre qui suit, parle en se dirigeant vers le centre de l'image soi-disant vers la cible en question de l'unité de séquence. Alors, d'autres éléments que la cible émis dans cette unité sont ceux de valeur supplémentaire bien que ce soient les composants de l'unité. C'est le cas du français. Dans le cas des autres langues les conditions seraient plus ou moins différentes.

j'ai renoncé / à mes galas internationaux, / hormis le temps des ...... (champs-E3)
puisque je divise / à part égale / entre chaque danseur ...... (champs-E3)
la vrai signification, ... / du nom quoi / ..... (FRAMAG N° 2)
...... danse / de l'Opéra de Paris a trente et un ans, / est-ce la ...... (champs-E3)

Dans le dernier exemple « l'Opéra de Paris » est une unité impossible à se séparer et au cours de l'émission de cette séquence, le locuteur unit facilement sa conscience à « trente et un ans » qui suit pour ne pas produire la coupure.

phrase modèle
  On voit des nuages blancs ·dans un ciel tout bleu.

12. préposition + adverbe + verbe   (noyau-verbe)

ils vont pas être dérangés / de ne pas comprendre. / (FRAMAG N° 1)

La séquence qui précède cette émission est comme suivant.

--- je ne sais pas, je saurai demain, parce que ça ma ça m'inquiète beaucoup, l'idée que je chante devant un public qui ne comprend pas les paroles. Mais j'espère <u>que ils</u> vont comprendre le climat. Et <u>que ils</u> vont pas être dérangés de ne pas comprendre.

Les éléments soulignés sont écrits conformément à ce que le locuteur a émis. L'émission ne continue pas à la fin de la séquence mais si nous osons ajouter les paroles qui suivraient, elles seront « ..... de ne pas comprendre <u>les paroles que je</u>

chante. » (partie soulignée). Et « les paroles » dans ce cas peut être compris dans l'unité de séquence ou bien peut se séparer. Dans cet exemple cependant l'objet n'est pas émis bien que le verbe soit transitif.

phrase modèle
    Je vous prie ·de bien vouloir assister ·à la réunion.
    Je vous prie de bien vouloir assister ·à la réunion.
    Je vous prie · de bien vouloir assister à la réunion.

13. préposition + verbe + mot équivalent à l'adjectif (noyau-verbe)

j'ai vraiment été choqué de / de voir ce / cette chose-là. (français parlé p.53)

Il est bien clair dans cet exemple que le locuteur cherche l'image qui suit. La répétition de la préposition est déjà vue. Disant d'abord l'adjectif démonstratif, il cherche ensuite les éléments qui suivent.

phrase modèle
    Je suis rassuré ·de voir ton ·ton arrivée chez toi.
    Je suis rassuré ·de voir ton arrivée chez toi.

14. préposition + pronom personnel + verbe (noyau-verbe)

vraiment n'hésitez pas / à m'écrire, / à m'envoyer / un petit mot ...... (Philippe) / En m'excusant / encore ...... (Philippe)

C'est pareil à la rubrique 5. Quand la concentration de l'image est sur le verbe, le pronom personnel est tout à fait lié au verbe.

phrase modèle
>   Je suis heureux · de vous voir.
>   Je suis heureux de vous voir.

15. préposition + (article) + nom + préposition + (article) + nom   (noyau-nom)

C'est la séquence allongée de la rubrique 4,10. On peut dire que les deux images s'unissent en une. Cette séquence a bien sûr, la possibilité de se séparer en deux mais l'émission de ce cas est une unité phonétique.

un peu un manque d'intérêt / au niveau de la carrière / parce qu'on ......
(champs-E3)
est-ce la concrétisation / d'un rêve pour vous ? (champs-E3)
à mes galas internationaux / hormis le temps des vacances, / hormis ......
(champs-E3)
Ça, on fait ...... / en nombre de représentations / on fait je pense ...... (champs-E3)
..... de Bourges / de le centre de la France. / (M.O.)

L'image, émise avec d'autres évocations qui suivent au cours de l'émission et sans coupure phonétique dans cette séquence, celle-ci semble être saisie d'une image par le locuteur.

phrase modèle
>   Je vois une dame assise · sur le banc sous un arbre.
>   Je vois une dame assise sur le banc sous un arbre.

16. préposition + verbe + mot équivalent à l'adjectif + conjonction (noyau-adjectif)

c'est très ennuyeux / d'ê(tre) systématique et / de et de ...... (FRAMAG N° 1)

Le fait qu'il y a la coupure phonétique après le conjonction indique la prévision des éléments qui suivent.

phrase modèle
    C'est important ·d'être gentil et ·d'être poli et ···
    C'est important d'être gentil et · d'être poli et ···

le nom

Le nom est le mot qui indique l'être vivant ou l'objet inanimé pour les nommer et il comprend un double sens : concret et abstrait. Il possède tout seul le sens propre et il élargit l'image en s'unissant avec d'autres éléments.

1. émission indépendante   (noyau-nom)

Selon les phénomènes de coupure phonétique, nous pouvons y voir l'attitude des locuteurs qui vont émettre d'abord ce qui s'est produit dans l'esprit et il s'ensuit que l'élément émis peut s'unir avec d'autres éléments d'une manière très variée, ce qui amène un autre type d'unité que celle de la grammaire descriptive. Nous donnons ici un exemple où le nom s'émit tout seul .

que j'avais le / Aurélien. / (Français 3)

Le fait que l'article se sépare du nom est déjà vu dans « préposition + article ». Dans cet exemple on n'a pas besoin de l'article mais l'émission de cet article « le » au contraire explicite l'unité indépendante d'image qui suit.

j'ai lu / Aurélien / et quand ...... (Français 3)

Nous indiquons l'état de durée de devant et derrière « Aurélien ».

	coup de glotte		inspiration	
ʒ ɛ l y ʔ o ʁ e l j ā			e k ā	

le nom

Le coup de glotte d'environ 7/100 sec se produit après « j'ai lu » pour avoir la coupure de l'image et « Aurélien » est dégagé après et l'inspiration se succède. Au moment de l'émission c'est-à-dire en presque même temps que l'émission, le locuteur cherche dans la tête l'unité de l'image qui va suivre. Alors l'image reproduite chez l'auditeur est toujours en retard de l'image du locuteur. Nous cherchons dans l'observation de cet essai le processus de création de l'unité de l'image du locuteur.

ça m'a rappelé / Angleterre / ...... (FRAMAG N° 1)
pour appeler le groupe et, bon, ouh ..... / Indochine / ça sonnait bien, et ......
(FRAMAG N° 2)
de ...... / Yves Duteil. / (Philippe)
c'est un / hasard. / (champs-E3)
je trouvais que la / mentalité / était très proche ...... (FRAMAG N° 1)
mon / but / pour l'Opéra ...... (champs-E3)
...... de faire beaucoup plus de choses par exemple faire voler ...... / frigidaire / .....
qu'au cinéma ...... (FRAMAG N° 2)

phrase modèle
    Il y a des ·tasses ·sur la table.
    Il y a des tasses · sur la table.
    Il y a des tasses sur la table.

2. nom + (adverbe) + mot équivalent à l'adjectif (adverbe) (noyau-nom)

Le mot équivalent à l'adjectif comme l'article est mis normalement devant le nom et l'unité de séquence comme indiquée n'est pas fréquente. Mais quand il y a l'article dans la tête et qu'il y a la coupure phonétique après cet article, c'est une séquence probable.

n ...... / image un peu de folie / ouh ..... (FRAMAG N° 2)

Dans ce cas, bien qu'étant une unité phonétique, « image de folie » est ici le base d'image, C'est-à-dire que c'est « image un peu ....de folie ».

c'est un / pas en avant / dans la ...... (champs-E3)

« en avant » dans ce cas est équivalent à l'adjectif mais quand on dit « faire un pas en avant », à l'adverbe. L'exemple suivant est équivalent à l'adverbe.

..... à Londres / Aurélien en ma valise. /

Les exemples suivants sont équivalents à l'adjectif.

...... hormis pendant les / périodes de repos, / j'ai renoncé dans un, ...
(champs-E3)
...... être / directeur de la danse / de l'Opéra ...... (champs-E3)

phrase modèle
  Il est ·professeur de français ·de l'Institut franco- japonais.
  Il est professeur de français · de l'Institut franco-japonais.

l'adjectif

En français l'adjectif se classe selon la fonction, mais il est difficile d'en définir chacune globalement. En général il indique sur le nom la qualité, la nature, l'attribut, le nombre, etc. et il modifie le nom.

1. émission indépendante   (noyau-adjectif)

Suis-je bien / clair / ? (FRAMAG N° 2)
, ... tout ce qui est la culture ...... / orientale / ...... et japonaise, ...
(FRAMAG N° 1)
c'est un ...... l'appel à ...... à toutes les musiques ...... / ethniques / ouh ...... mélangées un peu au ......   (FRAMAG N° 2)
...... traditionnel, / académique, / classique. /
tout à fait / équitable / entre les danseurs étoiles, ... (champs-E3)
c'est une image ...... / intéressant(e) / n ...... image un peu de folie, ...
(FRAMAG N° 2)
pour une série de galas / exceptionnels. / (champs-E3)
, ... mélangées un peu au rock ouh ...... / occidental. / ...... c'est possible aussi ......
(FRAMAG N° 2)
c'était quelque chose de ......, / m'intéressant / qui se retenait bien ......
(FRAMAG N° 2)
Que jardins ...... / japonais, / ...... la toute la ...... (FRAMAG N° 2)
j'ai fait des tournées / internationales / donc je ...... (champs-E3)
les grands danseurs / internationaux / ou des très très ...... (champs-E3)
il y a plein ...... / plein / ...... plein d'explications possibles ...... , (FRAMAG N° 2)
pas une royauté / absolue. / (Italien 2)
Quand j'ai eu ...... / ta / Christiane ta tante ...... (fr. parlé p.24)

pas par dose homéopathique, / mon / but pour ...... (champs-E3)

Etant donné que l'adjectif français se met en général après le nom, il pourrait produire une unité de l'image indépendante dans laquelle on rappelle l'attention de quelqu'un ou on nuance le sens un peu emphatique. Les derniers exemples s'appellent l'adjectif possessif et le fait qu'il y a la coupure après cet élément (l'adjectif possessif) ressemble à celui de l'émission indépendante de l'article, ce qui nous explicite un processus interne où le locuteur ne réalise pas l'émission après avoir établi l'unité de l'image dans la tête. Le locuteur émet d'abord ce qu'il a évoqué, ce qui amène les exemples de l'émission indépendante comme ci-dessus.

phrase modèle
    C'est une étudiante ·assidue ·intelligente ·et sympathique.

2. mot équivalent à l'adjectif + article (noyau dans les éléments qui suivent)

il a fait connaître au public / toutes les / les les travaux de ......
(français parlé p. 62)
Que jardins japonais la, ... / toute la, / ...... (FRAMAG N° 2)

Cette unité de séquence n'arrive pas beaucoup. Etant donné que l'adjectif appelé indéfini fait suivre des éléments de « article + nom », la séquence peu fréquente comme ci-dessus s'est produite. Nous avons déjà vu souvent la coupure qui s'est faite après l'article.

l'adjectif

phrase modèle

    Il est au courant de · toutes les · toutes les musiques classiques.
    Il est au courant de toutes les musiques classiques.

3. mot équivalent à l'adjectif + nom
   + (éléments qui suivent)   (noyau-nom)

/ Plein de métro vite / et ils courent au point de métro .... (M.O.)
c'est une grande ville Tokyo, avec ...... / beaucoup de pollutions, / ouh ...... des gens .....   (FRAMAG N° 2)
..... de faire beaucoup / plus de choses / par exem(ple) ...... (FRAMAG N° 2)
c'est / beaucoup plus de tranquillité / dans la vie, ... (champs-E3)

    Dans les deux derniers exemples, la place de « beaucoup » est en question. Elle se place à la fin de l'unité et au début. La place de coupure sans limiter le cas de « beaucoup » est changeable selon l'état psychologique du locuteur.

des gens partout, ... / une sorte de claustrophobie / ...... et j'ai été ......
                                                    (FRAMAG N° 2)

    Les expressions figées telles que « beaucoup de », « plus de », « une sorte de » pourraient avoir la coupure après « de » et les éléments qui suivent ces expressions auraient été déjà prêts lors de l'émisson de ces séquences. Et ces éléments s'unissant sans coupure, la durée de ces expressions est un peu longue comme unité de séquence. Elle dépend de la vitesse de parler du locuteur mais la durée en passant de « beaucoup de pollutions » est de 1166 ms et « une sorte de claustrophobie » est de 1165ms.

..... à peu près / quinze ballets / ? (champs-E3)
ouh .... / trois mille / chaque année / et quelle sorte de royauté ...... (Italien 2)

Par an, le métro transporte environ 1 / milliard 200 millions / et ......
(FRAMAG N° 4)
...... au commencement du / 16ème siècle / le nombre des étudiants ...... (Italien 2)
et pendant les / cinq jours / sans sortir ...... (Français 3)
et il y avait trois, ... / trois syllabes / trois rythmes donc ouh ......

Dans le dernier exemple, l'élément qui s'appelle l'adjectif numéral est émis d'abord de même que l'article et puis les éléments qui suivent sont évoqués. Ce qui est étrange, c'est qu'il y a la coupure après « trois », bien que celui-ci soit l'émission avec un contenu très concret dans « il y avait trois ». Le locuteur aurait déjà évoqué une autre image prochaine lors de l'émission mais l'arrangement de cette image dans la tête pour la sonoriser concrètement serait un autre processus linguistique, si bien que la segmentation de la séquence que nous avons déjà observée est définie comme « la séquence phonétique » qui s'unit dans la tête. Ce qui est clair, c'est qu'on n'émettrait pas d'abord la voix « il y avait » tant qu'il n'évoquait rien d'image prochaine. Nous avons utilisé le mot « l'évocation de l'image » jusqu'ici. Ça veut dire une petite unité de l'image dans la tête qui est concrétisée par la voix intérieure dans le courant de s'émettre en grande image vague qui continue de se développer.

...... de leurs / meilleurs ballets, / je pense ...... (champs-E3)
.... peut-être / quelques chansons / de ...... Yves Duteil (Philippe)
...... vous allez passer de / bonnes vacances / et ...... (Philippe)

La séquence « le mot équivalent à l'adjectif + le nom » semble s'unir facilement comme unité. Nous avons dit qu'il pouvait y avoir une coupure après « de » dans « beaucoup de » etc. et il y a ici un exemple pareil bien que sa structure soit différente. Le voici.

c'était / quelque chose de ..... / m'intéressant qui se retenait bien ......

l'adjectif

(FRAMAG N° 2)

phrase modèle

    Il a ·autant de livres ·que moi.

    Il a autant de livres que moi.

4. mot équivalent à l'adjectif + nom + (pronom personnel) + verbe   (noyau-nom, noyau-verbe)

Quand « mot équivalent à l'adjectif + nom » est une séquence quotidienne, il y a la possibilité où le verbe suivant s'émet dans une même unité. Ces exemples-ci le montrent bien.

je suis revenu / mon père m'a pris / pour un crétin. (Français 3)
/ Beaucoup de gens viennent danser / mais, bon, on ...... (champs-E3)

L'image suivante s'accorderait bien avec les paroles au cours de l'émission. Ou bien nous pouvons dire que « mot équivalent à l'adjectif + nom » c'est-à-dire une unité de l'image quand elle se fait à moitié, le verbe suivant est évoqué dans cette unité encore vague. Grammaticalement c'est « le nom sujet + le verbe » qui est une structure normale.

phrase modèle

    Il dit que ·sa vieille femme est ·gravement malade.

    Il dit que sa vieille femme est ·gravement malade.

    Il dit que · sa vieille femme est gravement malade.

5. mot équivalent à l'adjectif + nom + éléments qui suivent (noyau-nom)

une / jeune fille s'appelle Darcy Bussle qui est un / qui est une ...... (champs-E3)

Cette unité de séquence est longue et il y a la possibilité de plusieurs manières de se segmenter au cours de l'émission. Ce n'est qu'une apparition d'une unité de séquence.

phrase modèle
    Je connais une ·jeune fille qui chante ·vraiment bien.
    Je connais une jeune fille qui chante · vraiment bien.
    Je connais une · jeune fille qui chante vraiment bien.

6. mot équivalent à l'adjectif + nom + adjectif + éléments qui suivent (noyau-nom)

parce qu'il va y avoir plein, / plein de choses nouvelles dans ces galas. /

                 (champs-E3)

Ce serait pareil à la rubrique précédente.

phrase modèle
    Je connais cette ·jeune fille sortant de la porte.
    Je connais cette jeune fille sortant de la porte.

l'adjectif

7. mot équivalent à l'adjectif + nom + mot équivalent à l'adjectif (l'adverbe)
(noyau-nom, noyau-adjectif, adverbe)

trois syllabes / trois rythmes donc / ouh ..... c'était .... (FRAMAG N° 2)
une vingtaine ou / une trentaine de ballets différents / ...... (champs-E3)
...... plein, ... / plein d'explications possibles / ...... ouh ...... (FRAMAG N° 2)

phrase modèle
    Je connais une ·jeune fille très forte ·en français.
    Je connais une jeune fille très forte ·en français.
    Je connais une... ·jeune fille très forte en français.

8. mot équivalent à l'adjectif + mot équivalent à l'adjectif + nom + éléments qui suivent   (noyau-nom)

...... aussi c'est / mes petits week-ends à la campagne, / c'est ...... (champs-E3)

phrase modèle
    Je connais ·une jeune fille de cheveux blonds.
    Je connais une jeune fille de cheveux blonds.

9. mot équivalent à l'adjectif + nom + pronom relatif (noyau-nom)

mais avec / tout ce que / comporte ma personnalité d'extravagant, ...
                                           (champs-E3)

phrase modèle
    Toutes les chansons que ·chante Edith Piaf sont le cri de vie.

Toutes les chansons que chante Edith Piaf sont le cri de vie.

10. mot équivalent à l'adjectif + adverbe + préposition + (mot équivalent à l'adjectif) + nom (noyau-adjectif, noyau-nom)

ouh ..... / mélangées un peu au rock / ouh ...... occidental ...... (FRAMAG N° 2)

L'adjectif et la préposition s'unissent ici ensemble. L'expression « mélangé à » est figée et y est ajouté un autre élément.

phrase modèle
> Américanisées, les chansons françaises de nos jours sont ·mélangées un peu au jazz.

11. mot équivalent à l'adjectif + éléments qui suivent (noyau-adjectif)

c'est des sensations euh / terribles tu vois / ...... (fr. parlé p.28)

« tu vois » dans ce cas est une incise pour rappeler une petite attention et qui n'a plus besoin de la description d'analyse qui concerne l'évocation de l'image. Nous lui avons rendu une qualification de « élément qui suit ».

phrase modèle
> Cet été, il fait · exceptionnel tu vois · exceptionnellement chaud.
> Cet été, il fait exceptionnel tu vois·exceptionnellement chaud.

l'adverbe

Presque tous les adverbes ont pour rôle de se charger du complément circonstanciel c'est-à-dire l'aspect, la quantité, le degré, le temps, la place, l'affirmation, la négation, le doute etc. qui caractérisent le sens du mot concerné et qui accentue le contenu.

1. émission indépendante   (noyau-adverbe)

c'était peut-être / inconsciemment /, ... la vraie signification du nom quoi.
(FRAMAG N° 2)
je vais essayer de ..... expliquer ...... / pourquoi / c'est triste. (FRAMAG N° 1)
Chaque mot peut avoir / vraiment / différentes significations,... (FRAMAG N° 2)
c'est un pas / justement, / c'est un pas en avant ...... (champs-E3)
/ Alors / pour le moment ...... (champs-E3)
Je peux traduire / un petit peu, / mais c'est très, c'est très ...... (FRAMAG N° 1)
c'est ...... / non, / c'est un ...... (champs-E3)
Et / malheureusement / j'ai ...... (Français 3)
/ Maintenant / ce à quoi j'ai ...... (champs-E3)
Les Japonais / peut-être / la délicatesse de l'éphémère .... (FRAMAG N° 1)
ça m'a rappelé Angleterre, / peut-être / parce que c'est une ...... (FRAMAG N° 1)
et m'amuser, m'amuser / follement / comme je le fais souvent. (champs-E3)
un ...... / vraiment / ...... m ...... (FRAMAG N° 2)
il y a des groupes euh ou euh / finalement / euh il avait ...... (français parlé p.27)
.......classique / aussi /. (champs-E3)
et donc / malheureusement, / bon, j'ai été ...... (champs-E3)
mais après, / effectivement, / il y a plein ...... plein...... plein d'explication ......
(FRAMAG N° 2)

Euh / non, / pas vraiment ...... (champs-E3)

enferme ...... / non / pas dans l'hôtel. (Français 3)

c'est-à-dire un jour de semaine / disons / pendant l'hiver, ... (FRAMAG N° 4)

Tokyo, avec beaucoup de pollution, des gens / partout, / ...... (FRAMAG N° 2)

sur la cassette / peut-être / quelques chansons ...... (Philippe)

En m'excusant / encore / de ne ...... pas vous l'avoir ...... (Philippe)

Merci / encore / ...... (Philippe)

le rapprochement de l'Orient et de l'Occident / musicalement /, c'était ......

(FRAMAG N° 2)

/ Voilà, / et bien / voilà monsieur. (Philippe)

Nous avons classé « voilà » dans l'adverbe mais s'il est utilisé seule, il est nuancé dans ce cas-là d'une interjection.

c'est une ville qui va très vite / quand même, / ...... (FRAMAG N° 2)

« quand même » est un adverbe indiquant la concession mais qui, différent du sens établi tel que « tout de même, cependant, néanmoins », aurait un ton léger et n'aurait pas de programmation assez consciente dans la tête du locuteur.

ouh ...... des gens / partout / ..... une sorte de ...... (FRAMAG N° 2)

Et j'avais / absolument / rien vu de Londres. (Français 3)

/ Donc, / moi je vais faire une ...... (champs-E3)

Par an, le métro transporte / environ / 1 milliard 200 millions et ......

(FRAMAG N° 4)

de chez Neumeier, / enfin, / je crois que c'est un ...... (champs-E3)

Et ils ont / ..... donc / ..... ces Parisiens il y a .... (M.O.)

Phrase modèle
    Je ne suis pas malade ·simplement ·je suis fatigué.

Je ne suis pas malade · simplement je suis fatigué.

2. adverbe + adverbe   (noyau-adverbe)

Euh non, / pas vraiment / parce que je n'avais pas ...... (champs-E3)
qu'il n'a / pas énormément / profité ...... (champs-E3)

« pas + adverbe » fait une unité de l'image. Il y a d'autres unités pouvant être indépendants telles que « pas toujours, pas absolument, pas forcément etc. ».

phrase modèle

    Il n'est ·pas toujours ·assidu.
    Il n'est pas toujours ·assidu.
    Il n'est ·pas toujours assidu.
    Il n'est pas toujours assidu.

3. adverbe + verbe   (noyau-verbe)

j'allais / même dire / ...... (Italien 2)
..... / vraiment n'hésitez pas / à m'écrire ...... (Philippe)

phrase modèle

    On a ·bien mangé ·dans ce restaurant-là.
    On a bien mangé ·dans ce restaurant-là.
    On a · bien mangé dans ce restaurant-là.
    On a bien mangé dans ce restaurant-là.

4. adverbe + nom   (noyau-nom)

, ... / quand même douceur / ouh ...... (FRAMAG N° 2)

phrase modèle

    Il est ·vraiment Français ·un grand bavard.

    Il est vraiment Français · un grand bavard.

5. adverbe + mot équivalent à l'adjectif (noyau-adjectif)

Je suis très ...... / très subjuguée, / .... par les par par tout ce que ......

                                                        (FRAMAG N° 1)

il a vu (avait une) phonétique / assez intéressant(e) / ...... bon, ...

                                                        (FRAMAG N° 2)

, ... / agréablement surpris / je ...... (FRAMAG N° 2)

on est / relativement tranquille, / on on fait ...... (champs-E3)

..... il (y) a un accent / bien typique ein ? / (M.O.)

Suis-je / bien clair ? / ...... Hum ...... (FRAMAG N° 2)

    Dans le dernier exemple, le locuteur aurait évoqué toute l'image « Suis-je bien clair ? » mais l'émission « bien clair » est phonétiquement indépendante. Dans ce cas-là, « Suis-je » est plutôt accessoire. « Suis-je bien clair ? » peut être bien sûr une unité de séquence.

phrase modèle

    Je suis très ·très fatigué· de ce voyage.

    Je suis très fatigué ·de ce voyage.

    Je suis · très fatigué de ce voyage.

    Je suis très fatigué de ce voyage.

l'adverbe

6. adverbe + mot équivalent à l'adjectif + nom (noyau-nom)

.... il y a / ..... trop grands ennuis. / ..... Ça toujours est hein ? (M.O.)
, ... pour la première fois, c'était le ...... / plus étrange pays / ...... que je connaissais...... (FRAMAG N° 1)

L'état dans lequel l'article défini est séparé de l'élément suivant lors du superlatif n'est pas correct du point de vue du groupe syntaxique de mots. C'est parce que « l'article défini + plus + adjectif (adverbe) » se fait une petite unité de sens. « plus étrange pays » du dessus est mis au comparatif mais « le » mis à la tête de cette séquence est au superlatif. Dans ce cas « le » de « c'était le ..... » ne serait pas « le », autant que nous puissions juger du contexte, qui ressemble [ɔ ···] simplement émis mais ce serait l'article défini. Alors pourquoi le locuteur a-t-il choisi « le » dans le choix de « le, la, les » ? Etant donné que « le » s'accorde avec le genre et le nombre de « pays », le locuteur aurait déjà évoqué « pays » lors de l'émission de « c'était le ..... ». Ça veut dire qu'il cherchait l'adjectif « étrange » en disant « c'était le ... ». Il aurait dû dire « c'était le plus .... étrange pays » mais il a dit comme nous avons montré ci-dessus dont la réalité nous intéresse beaucoup. La possibilité de se segmenter pour cette séquence est comme « c'était / le plus étrange pays. c'était le plus / étrange pays. ».

phrase modèle
    C'est une ·très jolie poupée ·qu'elle aime beaucoup.
    C'est une très jolie poupée ·qu'elle aime beaucoup.

7. adverbe + préposition (noyau dans les éléments qui suivent)

On peut pas / peut-être devant / ...... "avec le temps", de Léo Ferré, je vais ......

(FRAMA N° 1)

phrase modèle

    Il arrivera à temps ·sûrement avant ·10 heures.
    Il arrivera à temps · sûrement avant 10 heures.

8. adverbe (pas) + préposition + mot équivalent à l'adjectif + nom   (noyau-nom)

non / pas dans l'hôtel / parce qu'on m'avait pas .... (Français 3)

La séquence telle que « préposition + mot équivalent à l'adjectif + nom » est comparativement sujet à s'unir. Et la séquence précédée de l'adverbe est prise pour une séquence composée de « adverbe + une unité ».

phrase modèle

    Je n'étais ·pas dans un hôtel ·mais dans un restaurant.
    Je n'étais pas dans un hôtel · mais dans un restaurant.

9. adverbe (pas) + article + nom   (noyau-nom)

ce n'était / pas une royauté / absolue. (Italien 2)

On apprend l'expression de négation par le type figé de « ne .... pas ». Mais « ne » émis ici est séparé de « pas » et de plus « pas » est attaché à l'élément qui suit. Il arrive que « ne » est usuellement supprimé, ce qui prouve que le centre de la négation se trouve sur « pas » et que « pas » est lié à l'élément qui suit. Par conséquent la raison d'être de « ne » est affaibli à ce moment et il s'ensuit que « ne » est supprimé.

phrase modèle

    Ce n'est ·pas une revue ·mais un roman.

    Ce n'est pas une revue · mais un roman.

10. adverbe + article + nom + mot équivalent à l'adjectif (noyau-nom)

pour moi avec ...... / pas un rôle de danseur / hein, un rôle ...... (champs-E3)
danseurs, / enfin des danseurs de la dimension / de cette ...... (champs-E3)
même s'il y a / un peu un manque d'intérêt / au niveau de la carrière .....

                                                                                        (champs-E3)

phrase modèle

    Ce n'est ·pas le restaurant de Pierre · mais de Marie.

    Ce n'est pas le restaurant de Pierre · mais de Marie.

    Ce n'est ·pas le restaurant de Pierre mais de Marie.

11. adverbe + pronom personnel + verbe (noyau-verbe)

mais / d'abord on me propose / un rôle écrit sur mesure ...... (champs-E3)

    Le pronom indéfini « on », s'unissant ici avec l'élément qui suit, est classé ici.

de ne ...... / pas vous l'avoir / donné tout de suite ...... (Philippe)

Dans le dernier exemple la négation « pas » est liée à l'élément qui suit : « vous l'avoir ..... » comme indiqué dans la rubrique 9. Faisons attention à ce que l'émission ne se produit pas comme « de ne pas ..... / vous l'avoir / » Dans ce cas, l'importance de « pas » est de nier le sens de « vous l'avoir donné » et l'unité de négation de « ne ..... pas » est peu importante. Alors bien que « ne » soit émis, on pourrait le supprimer, étant donné qu'il ne joue qu'un rôle supplémentaire de la négation. Effectivement dans la vie quotidienne il arrive beaucoup qu'on n'entende que « pas ». Mais la raison pour laquelle on n'émet pas comme « de ..... / pas vous l'avoir / donné ..... », c'est qu'il y a déjà la présupposition de négation dans l'esprit du locuteur, ce qui fait émettre « de ne ..... ». C'est-à-dire que « ne » apparaît comme supplément de négation. Par conséquent quand on dit par exemple « Ce n'est pas une table. », la division en deux unités comme « Ce n'est ..... pas une table. » est plus pratique dans la langue parlée que celle comme « ce n'est pas ..... une table. ». C'est ce qu'on entend dans la vie quotidienne comme « C'est pas une table. » et « C'est .... pas une table. ».

phrase modèle

    Je te prie de ne ·pas me trouver ·ingrate.

    Je te prie de ne · pas me trouver ingrate.

    Je te prie de ne pas me trouver ingrate.

12. adverbe + pronom personnel (démonstratif) + verbe + adverbe   (noyau-verbe, noyau-adverbe)

/ Non, je considère pas / ça comme un sommet, ... (champs-E3)

« ne » n'est pas émis comme nous l'avons vu dans la rubrique précédente 11, et « pas » est attaché à l'élément qui précède. Dans ce cas, il n'y a pas du tout la possibilité de « pas » s'unissant avec l'élément qui suit. C'est parce que ce « pas » nie le verbe « considère ». Et il y a la possibilité de « non » émis en unité indépendante.

mais c'est / très, c'est très / c'est très ennuyeux ...... (FRAMAG N° 1)

l'adverbe

phrase modèle
    Il marche vite ·oui, normalement il marche vite. ·

13 adverbe + conjonction + adverbe   (noyau-adverbe)

et j'ai été, ... / plus qu'agréa(blement) / ...... agréablement surpris.

(FRAMAG N° 2)

    Le dernier adverbe n'étant pas émis complètement avec hésitation, il n'est pas clair que cet adverbe s'unit avec « plus que » ou non. « agréablement » est répété et lié à l'élément suivant mais « plus que » n'est pas répété. Ce « plus que » n'est pas nécessaire ici. Ce serait l'effet de l'émission d'après l'évocation volontaire mais nous l'avons adopté pour montrer la possibilité d'apparition d'une telle unité. Le locuteur au cours de l'émission de « agréa(blement) » aurait évoqué l'élément suivant « surpris » et « agréablement » aurait été séparé de « plus que ». Cet état montre que le phénomène de l'évocation de la séquence dans la tête au cours de l'émission est linéaire et qu'il ne revient pas en arrière. Il y a en même temps un phénomène appelé « feed-back » mais cette action semble réalisée dans la direction contraire dans une plus grande unité. C'est-à-dire que le « feed-back » n'agit pas sur l'unité partielle mais sur toute l'unité en tant que réviser une suite de la séquence.

phrase modèle
    Il marche ·plutôt agréablement que vite. ·

14. adverbe + conjonction + pronom personnel + verbe (noyau-adverbe, noyau-verbe)

ils ont dit : / "Où est-ce que vous voulez aller?" / ......

« où est-ce que » est une séquence facile à se réunir et « est-ce que » est une séquence facile à s'unir au moins avec « sujet + verbe », ce qui entraîne nécessairement une unité de séquence dans l'ensemble. L'unité de « est-ce que », étant une séquence posée à la tête de l'émission pour produire la phrase interrogative, n'est pas toujours celle de nécessité, ce qui la rend peu importante et les éléments suivants seraient évoqués au cours de l'émission de cette unité si bien que l'émission indépendante de « est-ce que » ne serait pas si fréquente. « est-ce que + nom (pronom) » peut se produire. On va la voir plus loin dans la rubrique de « conjonction + nom ».

phrase modèle
     Elle m'a dit : ·Quand est-ce qu'il viendra ?·

15. adverbe + mot équivalent à l'adjectif + conjonction + pronom + verbe + préposition (noyau-adjectif, noyau-verbe)

on est arrivé, au / plus haut qu'on est arrivé en / ...... (085cs) avec euh ......
                                                                         (phonétisme p.102)

Le « au » dans l'exemple ci-dessus a la possibilité de « haut ». En disant [o] dans l'intention de transmettre « haut », le locuteur aurait redit comme « plus haut qu'on ..... ». Le [o] dans « ....., au » serait [o] faible, étant donné qu'il y a la virgule devant le « au ». Cela veut dire que le locuteur émet [o] avec une voix peu confiante pour concrétiser le « haut ». Mais il faut dire que c'est ici notre interprétation supposée comme c'est un passage cité du document.

phrase modèle
     Il serait · plus âgé qu'on l'estime par · la pensée qu'il possède.
     Il serait plus âgé qu'on l'estime par · la pensée qu'il possède.

le pronom personnel

Le pronom est le mot qui représente le sens et le contenu compris dans le nom, l'adjectif, une proposition qui sont déjà racontés ou qu'on va raconter, (Grammaire standard du français : S. SHINODA, F. SATO, 5e édition, 1956. p.128)

1. émission indépendante
   (noyau dans les éléments qui suivent)

et j'ai été même plus qu'agréablement surpris / je /. (FRAMAG N° 2)
...... / nous / euh on prépare une ...... (français parlé, p. 24)

Le pronom personnel tel que « je », n'ayant pas d'accent tonique, n'apparaît pas indépendant, séparé du verbe suivant. Dans le cadre de la grammaire « le sujet (pronom personnel) + le verbe » indique bien une unité de séquence comme groupe phonétique et il y a sûrement beaucoup d'exemples (plus loin). Mais il faut savoir par l'exemple cité dessus qu'il y a l'émission indépendante du pronom personnel du point de vue phonétique et que le pronom personnel ne s'unit pas toujours avec le verbe dans la tête du locuteur alors que sa fréquence est basse.

phrase modèle
    Tu ·tu vas chercher ton enfant au jardin public.

2. pronom personnel (sujet) + pronom personnel complémentaire (noyau dans les éléments qui suivent)

Je sais pas, / je me / je vais ...... (champs-E3)

« me » de « je me » est ce qui s'appelle le pronom réfléchi et c'est difficile du deviner l'image intérieure du locuteur dans l'exemple cité ci-dessus. C'est parce que, si le verbe pronominal est prêt à s'émettre, le degré de liaison entre le pronom réfléchi et le verbe sera une question. S'il peut se produire la coupure entre les deux (le pronom réfléchi et le verbe), l'image, bien qu'étant liée avec le verbe, aura quelque chose qui l'empêche de se développer. On peut penser d'abord que le locuteur cherche une forme conjuguée du verbe. Au moment où le locuteur émet « je me », son image forte serait en train de chercher des éléments qui suivent. Si non, « me » de « je me » ne peut pas s'émettre. Cependant le verbe qui suit « je me » n'est pas émis effectivement. Le locuteur sans avoir trouvé des éléments doit avoir émis d'abord « je me » dans une image pour chercher des éléments mais au cours de ce tâtonnement pour chercher, il est arrivé une autre image qui a amené le locuteur à changer l'élément en « je vais ». Enfin « je me » aurait été l'émission dans la mesure où le locuteur n'a pas encore trouvé d'éléments dans l'image avant de chercher la forme conjuguée.

Voici une expérience, qui serait pareille pour tout le monde. Quand on va dire se promener, on évoque une image d'être en promenade avant de trouver le mot « se promener ». Cela n'a rien à voir avec la pensée grammaticale telle qu'on doit utiliser un tel ou tel verbe pronominal mais l'image même de « se promener » s'accompagne. Dans ce cas, il arrive de temps en temps qu'on cherche la forme conuguée de « promener » après avoir émis nécessairement la séquence de « je me » dans celle de « je me .... promène ». Mais bien que ce phénomène soit approuvé dans l'exemple cité ci-dessus, ce que le verbe qui suit n'est pas émis et remplacé par un autre verbe est difficile à comprendre.

le pronom personnel

Ce qu'on peut supposer est qu'il y avait d'abord l'image et le locuteur a passé à une image prochaine, n'ayant pas encore trouvé la séquence phonétique de la première image. Si oui, la vitesse du changement de l'image qui se produit dans la tête et le caprice des paroles qui se subordonne à cette vitesse montrent la réalité complexe des paroles qu'on ne peut pas comprendre par la théorie. Et ce qu'on peut supposer d'une autre manière est que l'émission inconsciente du locuteur était par hasard « je me ». Tout de même la séquence de « je me », différente de « euh », « n ..... », est fournie d'un sens positif quelconque, si bien que c'est difficile de la prendre pour la voix fortuite.

phrase modèle
    Je me · fie à toi.
    Je me fie à toi.

3. nom (pronom personnel, sujet) + verbe (noyau-verbe)

C'est un exemple qui montre que le locuteur a déjà évoqué l'élément qui suit lors de l'émission du sujet.

Ah si si si, / Misha a dansé, / il a dansé ici ...... (champs-E3)

on peut plus, / on peut se permettre / de faire beaucoup plus de choses, ...
    (FRAMAG N° 2)
/ Ils ont dit / où est-ce que vous voulez aller. (FRAMAG N° 1)
..... de spectacles, / j'ai renoncé / à toutes mes interventions ...... (champs-E3)
...... avec d'autres compagnies, / j'ai renoncé / à mes galas internationaux, ...
    (champs-E3)
...... qu'il n'a pas énormément profité, / je dirais /, de de ...... (champs-E3)
...... à mes grasses matinées / j'ai renoncé / à prendre un gramme ......(champs-E3)

/ je peux traduire / un petit peu, mais c'est …… (FRAMAG N° 1)
Si vous voulez / il reste / sur la cassette …… (Philippe)
j'espère que / ils vont comprendre / le climat. (FRAMAG N° 1)

Il n'y a pas d'élision entre « que » et « ils » étant donnée que « j'espère que » est une unité de séquence. L'emploi de la conjonction qui s'unit avec l'élément qui précède figure souvent.

…… prochaine, / j'ai / sur douze productions, …… (champs-E3)
C'est moi qui ai demandé le Japon, / Ils ont dit : / où est-ce que vous voulez aller ? (FRAMAG N° 1)
/ j'essayerai / moi, de mon côté …… (Philippe)
parce que justement / ça va mourir. / (FRAMAG N° 1)
….. , / ils peuvent voir / la compagnie, voir ….. (champs-E3)
/ Je suis / arrivé …… (Français 3)
…… malheureusement / ….. j'ai / emporté….. (Français 3)

Les deux derniers exemples sont émis par un même locuteur où le verbe auxiliaire et le verbe sont séparés. Quand le locuteur émit le verbe auxiliaire dans « je suis arrivé » ou « j'ai emporté » en tant qu'unité de l'image, le verbe serait lié avec l'auxiliaire dans une séquence. Mais ce locuteur sépare le verbe de l'auxiliaire. C'est un exemple inattendu ! La suite de l'exemple est pareille.

je n'ai plus le droit de grossir, / j'ai / j'ai renoncé à une …… (champs-E3)

/ j'ai dit : / "Le Japon" Je suis très très subjuguée, …… (FRAMAG N° 1)
donc ….. / c'était / quelque chose de …… (FRAMAG N° 1)

et / j'allais / même dire …… (Italien 2)
que / vous allez / passer de …… (Philippe)

le pronom personnel

Je sais pas, je me / je vais / je risque de ...... (champs-E3)
Où est-ce que / vous voulez aller ? / j'ai dit ...... (FRAMAG N° 1)
...... sans sortir / j'ai lu / Aurélien ...... (Français 3)
mais / on avait (028 cs) / trois degrés dans la chambre ...... (phonétisme p.102)

phrase modèle
    Il est parti ·sans rien dire.
    Il est ·parti sans rien dire.
    Il est parti sans rien dire.

4. pronom personnel + verbe + préposition (noyau-verbe)

/ Je vais essayer de / l'expliquer, pourquoi c'est triste..... (FRAMAG N° 1)
bon, / j'ai été obligé de / renoncer à ça. (champs-E3)
...... sur mon métier, / j'ai renoncé à / à mes grasses matinées ...... (champs-E3)
/ Je pense à / des Barychonikof.
...... dans la maison / + / (allongement) on est arrivé, au (050 cs) / plus haut .....
                                                      (phonétisme p.102)

phrase modèle
    Je pense à ·mon pays natal.
    Je pense à ·à mon pays natal.
    Je pense à mon pays natal.

5. pronom personnel + pronom personnel complémentaire + verbe   (noyau-verbe)

Parce que / je lui ai dit / que j'avais lu (Français 3)
/ Je me suis / enfermé ...... (Français 3)

Bien qu'il y ait une unité de « s'enfermer », la coupure se produit après « je me suis ». C'est parce qu'il y a l'insistance sur « enfermé ». Mais on pourrait qualifier la séquence « je me suis enfermé » d'unité de séquence. Mais dans cette séquence, « enfermé » est isolément distingué. C'est que le locuteur met consciemment la coupure d'une petite unité devant « enfermé ». Même si « enfermé » se produit en tête comme image après « Je me suis », le passage temporel de la séquence phonétique à l'autre sera trop simple. Car, derrière l'introduction de « Je me suis », l'élément de « enfermé » est déjà précédé dans la tête et c'est sûrement cet élément qui conduit « Je me suis ». « Je me suis » n'est jamais émis sans « enfermé ». Alors, « Je me suis » s'unit-il avec « enfermé » ? Nous pensons que dans ce cas-là les aspects différents du point de vue phonétique, s'établissent sur la structure des unités doublées. C'est-à-dire que le schéma (1) de dessous est le cas où le locuteur cherche l'élément suivant sans rien trouver l'image qui suit, ce qui amène dans le phénomène l'allongement du son, la répétition etc. et (2) est le cas où nous venons de donner comme la structure des unités doublées.

(1)   on cherche le mot qui suit
   Je me suis .... enfermé

(2)   le mot est dejà dans la tête
   Je me suis ———————————————— enfermé
                     (enfermé)

phrase modèle
    Je me promène ·tous les jours avec mon chien.
    Je me promène tous les jours avec mon chien.

le pronom personnel

6. pronom personnel + pronom personnel complémentaire + verbe + éléments qui suivent   (noyau-verbe)

C'est ici le numéro (3) à la suite de la rubrique de dessus, où l'image est évoquée l'une après l'autre au cours de l'émission pour avoir enfin une longue unité.

(3)   le mot vient à l'esprit   le mot vient à l'esprit
       Je lui écris ....———— de venir ....———— me voir
                     (de venir)   (me voir)

donc je / je leur donne la chance de s'exprimer là, / de ...... (champs-E3)

phrase modèle
       Je lui écris de venir me voir ·avant mon départ.
       Je lui écris de venir me voir avant mon départ.

7. pronom personnel + verbe + mot équivalent à l'adjectif + nom   (noyau-verbe, noyau-nom)

parce que moi / j'ai fait des tournées / internationales ...... (champs-E3)
..., / il a dansé La Bayadère / et puis ..... (champs-E3)
/ Tu vas être directeur / de la plus grande ...... (champs-E3)
.... dans une série de ballets, / je danserai plus de spectacles / mais je ......
                                                                    (champs-E3)
.... en plus / il a vu (avait une) phonétique / assez intéressante (e)
                                                                    (FRAMAG n° 2)
c'est-à-dire que / je fais coller des mots / que normalement ...... (FRAMAG n° 2)
...... après elles n'arrivent pas, / je touche du bois, / mais d'abord ...... (champs-E3)
...... dans la vie, / j'ai une vie / qui est beaucoup plus axée ...... (champs-E3)

phrase modèle
> Je suis un bon étudiant ·et ·j'étudie le français.

8. pronom personnel + verbe + mot équivalent à l'adjectif (noyau-adjectif)

Il y a vingt ans, quand / j'étais enceinte / de Charlotte ...... (FRAMAG N° 1)
...... à faire des films, / j'avais deux / propositions très ...... (champs-E3)

Dans le dernier exemple l'adjectif numéral est séparé du nom. A la grammaire descriptive on devrait avoir « j'avais / deux propositions ».

phrase modèle
> Il y a deux ans quand ·j'étais étudiant, ·je suis allé en France.
> Il y a deux ans quand j'étais étudiant, · je suis allé en France.

9. pronom personnel + verbe + mot équivalent à l'adjectif + préposition (noyau-adjectif)

/ ils sont d'accord avec / ...... la .... (français parlé p.25)

L'expression « être d'accord avec » a la priorité et la préposition joue ici un rôle plutôt postpositif. Dans ce cas on doit apprendre l'expression telle que « être d'accord avec » plutôt que celle de « avec + nom ».

phrase modèle
> Je suis d'accord avec ·ce que tu me proposes.
> Je suis d'accord avec ce que tu me proposes.

10. pronom personnel + verbe + mot équivalent à l'adverbe (noyau-verbe, noyau-adverbe)

/ Je sais pas, / je me ...... (champs-E3)
/ Je suis très / très subjugée,...... (FRAMAG N° 2)
on fait un dessin animé, / on peut plus, / on peut se ...... (FRAMAG N° 2)
je ne sais pas, / je saurai demain / parce que ça m'a ...... (FRAMAG N° 1)
une image un peu ...... / on peut vraiment .... / c'est ...... (FRAMAG N° 2)
Misha a dansé, / il a dansé ici, / pas beaucoup ...... (champs-E3)
Musicalement / c'était peut-être / ...... (FRAMAG N° 2)
/ J'ai essayé dans les jeunes danseurs / que j'ai invités ...... (champs-E3)
À Paris, oui, / (ils) parlent très très / de suite (ils) parlent vite. (M.O.)
comme je / le fais souvent. / (champs-E3)

Dans le dernier exemple le pronom personnel sujet est séparé du pronom personnel complémentaire. Ce phénomène arriverait bien aux Japonais. Si c'est aussi le phénomène usuel des Français, on peut dire que les Français ont le choix du pronom personnel complémentaire lors de l'expression. Globalement l'unité de séquence prise en considération dans cette rubrique semble avoir la stabilité. Les expressions « je sais pas », « je suis très » etc. sont importantes pour l'apprentissage.

phrase modèle
    Après avoir beaucoup travaillé, ·j'étais très ·très fatigué.(crevé)
    Après avoir beaucoup travaillé, ·j'étais très fatigué.(crevé)

11. pronom personnel + verbe + adverbe + mot équivalent à l'adjectif   (noyau-verbe)

/ je revois toujours le / ...... (fr, parlé p. 24)

/ je revois toujours ce / ce petit lit, ce joli petit lit. (fr. parlé p.24)

phrase modèle
>   Je vois toujours des ·des gamins dans cette rue.
>   Je vois toujours des gamins dans cette rue.

12. pronom personnel + verbe + conjonction (noyau-verbe)

/ Je pense que / ouh ..... (Italien 2)
Mais / j'espère que / ils vont comprendre. (FRAMAG N° 1)

  La conjonction « que » semble s'unir avec le verbe qui précède. Dans le deuxième exemple « que » ne fait pas la liaison avec « ils » qui suit et ce que la conjonction s'unit avec l'élément qui précède est bien clair.

/ Vous vous rendez compte que / ...... 060 (cs) ben oui, on a passé ......
(phonétisme p.102)

phrase modèle
>   J'espère que ·vous revenez me voir bientôt.
>   J'espère que vous revenez me voir bientôt.

13. pronom personnel + verbe + conjonction + article (noyau-verbe)

/ je trouvais que la ..... / mentalité .... (FRAMAG N° 1)

  Le fait que l'article se sépare du nom figure parfois mais il est déraisonnable que l'article choisi selon le genre et le nombre du nom se sépare phonétiquement

le pronom personnel

du nom. Au moment où l'article est choisi dans la tête, il doit s'unir avec le nom, mais pourquoi le phénomène de la séparation entre ces deux élément se produit-il ? Dans l'exemple, « la » a-t-il été émis par hasard ou bien nécessairement dans l'évocation déjà faite de « mentalité » à cause de la condition phonétique telle que le rythme et l'accent qui mènent le phénomène de la séparation après « la » ? Si la supposition de celle-ci est raisonnable, la priorité de la condition phonétique apporte une unité propre de la langue parlée qui est clairement différente de celle de la langue érite (grammaire). C'est ce que montre l'exemple de ci-dessus dans lequel le contenu qui suit « mentalité » lors de l'émission de « je trouvais que .... » est déjà évoqué dans la tête du locuteur et l'émission « je trouvais que la » jouerait à ce moment le rôle d'un préfixe. C'est parce que la séquence qui suit commence par « mentalité » et « la » appartient à la séquence précédente.

phrase midèle
    Je trouve que le ·Japon est un pays de culture propre.

14. pronom personnel + verbe+ conjonction + pronom personnel   (noyau-verbe)

je risque de me tromper, / il faudrait que je / fasse le décompte ...... (champs-E3)

Ce serait l'exemple où se montre l'influence grammaticale. S'il y avait dans la structure linguistique du locuteur, la séquence du « je fasse », la coupure telle que « je / fasse » ne pourrait pas se produire. Etant donné que la séquence « il faut que + sub » est la forme figée, l'unité de séquence devrait s'émettre comme « il faudrai / que je fasse ..... » ou « il faudrait que / je fasse ..... ». Le locuteur n'aurait pas pu s'empêcher de s'arrêter devant la conjugaison du verbe « faire » en subjonctif. C'est le cas où l'unité de l'image physiologique est influencée par la grammaire.

phrase modèle
> Il faut que je ·j'aille à l'école demain.
> Il faut que j'aille à l'école demain.

15. pronom personnel + verbe + conjonction + les éléments qui suivent (noyau dans les éléments qui suivent)

/ je sais que ce nom-là / m'est venu quand on ...... (FRAMAG N° 2)
/ je trouve que c'est une image / intéressant(e) n ...... (FRAMAG N° 2)
enfin, / je crois que c'est un ...... / c'est bien ...... (champs-E3)
/ J'essaie que ça soit / tout à fait ...... (champs-E3)

Les éléments qui suivent ici sont l'article (cf. la rubrique 13), le pronom sujet, la phrase, l'arrêt de la phrase par l'article, l'arrêt de la phrase par le verbe etc. Ici les éléments précédant les éléments qui suivent c'est-à-dire « pronom personnel + verbe + conjonction » serait une forme figée et pour le locuteur habile à parler, elle ne serait qu'une expression légère telle qu'un préfixe qui est bien différent de la séquence produite avec un effort dans la tête des débutants pour l'évocation. On pourrait enfin dire que le locuteur habile à parler, au cours de l'émission des éléments précédents, cherche le sujet d'initiative qui va suivre, et alors la coupure apparaîtrait après l'article, le pronom sujet etc. selon les conditions phonétiques telles que le rythme, l'accent etc.

phrase modèle
> Je dis que le dictionnaire est ·nécessaire pour étudier le français.

16. pronom personnel + verbe (auxiliaire) + pronom (personnel) + verbe (noyau-verbe)

parce que justement, / tu vas les manger / et ça va être partout, ...
(FRAMAG N° 1)

/ Je vais en faire / sans doute une quarantaine, ... (champs-E3)

phrase modèle
        Je vais la chercher ·en hâte à la gare.
        Je vais la chercher en hâte à la gare.

17. pronom personnel + verbe + préposition + verbe (noyau-verbe)

je vais / je risque de me tromper, / il faudrait que ..... (champs-E3)

.... au point de métro / ils courent pour aller travailler. / Ils courent pour tout faire. ... (M.O.)

..... ils courent pour aller travailler. / Ils courent pour tout faire. / (M.O.)

phrase modèle
        Je viens de terminer ·le devoir de mathématique.
        Je viens de terminer le devoir de mathématique.

18. pronom personnel + verbe (auxiliaire) + adverbe + verbe (noyau-verbe)

enfin bon, / je veux pas dévoiler / parce que c'est, ... (champs-E3)
et que / ils vont pas être dérangés / de ne pas comprendre .... (FRAMAG N° 1)

    Etant donné que ce sont des phrases négatives, l'adverbe « pas » a été inséré ici. Mais c'est pareil à la rubrique 16. C'est-à-dire qu'on peut établir une unité telle que « pronom personnel + verbe auxiliaire + verbe ».

phrase modèle
    Je (ne) vais pas chercher ·mon cousin en hâte à la gare.

19. pronom personnel + verbe + adverbe + article + nom + préposition + verbe   (noyau-nom, noyau-verbe)

parce que je ne peux / je n'ai plus le droit de grossir, / j'ai renoncé...... (champs-E3)

De même que la rubrique précédente, l'adverbe a été émis comme c'est la phrase négative. Si c'est la phrase affirmative, cela se lie avec la rubrique 7, comme l'adverbe est disparu.

phrase modèle
    On n'a pas l'occasion de voyager ·en bateau pour aller en France.

20. pronom personnel + verbe + préposition + article (noyau-verbe)

...... les périodes de repos, / j'ai renoncé dans un, / dans un ...... (champs-E3)

phrase modèle
    Il s'asseoit dans un ·fauteuil pour lire un journal.
    Il s'asseoit dans un fauteuil pour lire un journal.

le pronom personnel

21. pronom personnel (objet) + verbe   (noyau-verbe)

je vais essayer de / l'expliquer, / pourquoi ..... (FRAMAG N° 1)

..... et m'amuser, / m'amuser / follement comme je ...... (champs-E3)

phrase modèle
    J'essaie de ·lui dire ·la vérité dont je suis convaincu.
    J'essaie de lui dire ·la vérité dont je suis convaincu.

22. pronom personnel (tonique) + éléments qui suivent (noyau dans les éléments qui suivent)

Donc, / moi je vais faire une quarantaine de spectacles, / j'ai renoncé ......

(champs-E3)

    Cette unité semble longue. Il est clair qu'il y a la posiblité de division en quelques unités du point de vue de la structure d'unité que nous avous déjà vue. Au fond de l'observation d'avoir groupé cette longue unité en une seule, nous pouvons établir pour le moment une supposition telle que « la proéminence dans une unité ». C'est-à-dire que le locuteur qui évoque successivement l'image, ne présente pas d'unité de séquence quand il y a la proéminence, parce que l'émission qui cherche à atteindre à la proéminence est faible comme image pour avoir une unité de séquence. Dans l'exemple de dessus, « une quarantaine de spectacles » aurait la proéminence et « moi je vais faire » n'aurait qu'un sens secondaire de transmission. A ce propos, la proéminence se situe à la fin de l'unité et la coupure de l'unité apparaît après l'élément en proéminence. Cette « proéminence dans une unité » n'est pas toujours établie mais c'est notre opinion subjective pour le moment. Cette unité longue, d'autre part, doit-elle être divisée en unités de plus petites longueurs ? Nous ne pouvons pas trouver en tout cas dans cet exemple-ci, de caractères phonétiques qui indiquent la segmentation.

j'essayerai / moi, de mon côté / de ...... (Philippe)

phrase modèle
    Toi, tu pars ? · Moi, je reste ici.

le pronom relatif

Le pronom relatif est le mot qui représente le nom et le pronom placés avant et s'emploie comme sujet, attribut, complément etc. d'une sorte de proposition subordonnée appelée la proposition relative. Cette proposition relative a le même emploi que le complément ou l'adjectif qui explique et détermine le nom et le pronom (c'est-à-dire l'antécédent) que le pronom relatif représente.

(op.cit. p. 188)

Comment le pronom relatif s'unit-il phonétiquement avec l'antécédent ? Le pronom relatif s'unit-il avec l'élément qui précède ou celui qui suit ? Grammaticalement parlant, le rôle du pronom dans la séquence qui suit c'est-à-dire celui dans la proposition subordonnée serait formellement important. Par exemple dans une phrase telle que « c'est le chapeau que j'ai acheté au marché », une phrase complète de « c'est le chapeau » est établie et d'autre part une séquence de « c'est le chapeau / que ..... » est établie : dans celle-ci un élément qui suit est attaché à « le chapeau » du point de vue de la forme. C'est la segmentation grammaticale ou phonétique ?

1. émission indépendante
   (noyau dans les éléments qui suivent)

il y a des groupes euh / où / euh finalement ...... (fr. parlé p.27)

phrase modèle
    C'est la ville ·où· mon père est né.
    C'est la ville où ·mon père est né.
    C'est la ville ·où mon père est né.
    C'est la ville où mon père est né.

2. pronom relatif (sujet) + verbe (noyau-verbe)

paraît-il, / qui va venir danser, / qui est anglaise, ... (champs-E3)
ouh ...... / qui devrait / ouh ..... (Italien 2)

Ce que le pronom relatif s'unit phonétiquement avec l'antécédent est moins nombreux, nous semble-t-il, qu'avec l'élément qui suit. C'est-à-dire que dans l'exemple « C'est le chapeau que j'ai acheté au marché. », la segmentation telle que « c'est le chapeau / que j'ai acheté au marché. » serait plus fréquente que celle de « C'est le chapeau que / j'ai acheté au marché. » Dans cet essai, les exemples où se produit la coupure après le pronom relatif ne sont pas nombreux pour le moment.

phrase modèle
  C'est le chapeau ·qui porte· un ruban rouge.
  C'est le chapeau qui porte ·un ruban rouge.
  C'est le chapeau ·qui porte un ruban rouge.
  C'est le chapeau qui porte un ruban rouge.

3. pronom relatif (sujet)+ verbe + éléments qui suivent (noyau-verbe, noyau dans les éléments qui suivent)

...... devant un public / qui ne comprend pas les paroles. / (FRAMAG N° 1)
...... à New York / qui (es)t une vi(lle) qui bouge / qu'on se ...... (FRAMAG N° 2)

Dans l'unité de l'image de la langue parlée, il y a au moins un ou deux éléments (point essentiel) que le locuteur veut transmettre et lorsque la conscience du locuteur est concentrée sur cet élément, les autres émissions dans la même unité de l'image manquent de fidélité phonétique. Dans le deuxième exemple ci-dessus, le locuteur n'émet pas comme [kietynvilkibu:ʒ] mais comme [ki*tynvi*kibuːʒ]. Le locuteur dans ce cas mettrait la première proéminence sur « bouge » et la deuxième sur « ville ». « ville » n'est pas fidèle phonétiquement et il est incertain que 100 % de transmission parvienne à l'auditeur. Dans ce cas la présupposition soi-disant la « situation » est importante. Ici la situation établie par « New York » donne une plus grande possibilité de transmission.

..... qui est un / qui est une pure merveille, / paraît-il ...... (champs-E3)

« qui est un » est une unité et « une pure merveille » étant évoqué, le locuteur recommence à émettre à partir de « qui ». A ce moment « qui est une » est accessoire et l'importance de la transmisson est sur « merveille ».

phrase modèle
    C'est la cravate ·qui va bien à Pierre.
    C'est la cravate qui va bien à Pierre.

4. pronom relatif (sujet) + verbe + adverbe (mot équivalent à l'adjectif)   (noyau-adjectif, noyau-adverbe)

...... qui va venir danser, / qui est anglaise, / il y a ...... (champs-E3)
C'est une ville / qui va très vite / quand même. (FRAMAG N° 2)
..... m'intéressant / qui se retenait bien, / le mot était joli en plus, ...
                                                                                           (FRAMAG N° 2)
..... dans la vie, j'ai une vie / qui est beaucoup plus axée / sur mon métier.
                                                                                           (champs- E3)

phrase modèle
    C'est le chapeau ·qui coûte cher.
    C'est le chapeau qui coûte cher.

5. pronom relatif + adverbe + verbe
   (noyau plutôt dans les éléments qui suivent)

je fais coller des mots / qui normalement n'ont pas / de sens entre eux, ...

(FRAMAG N° 2)

phrase modèle
>   Je prends un taxi ·qui normalement est ·plus cher que le train.
>   Je prends un taxi qui normalement est ·plus cher que le train.
>   Je prends un taxi ·qui normalement est plus cher que le train .

6. pronom relatif + verbe   (noyau-verbe)

il y a des choses / qui doi- / qui doivent se revendiquer plus fort ......

(fr. parlé p.53)

Il n'est pas certain s'il y a la coupure avant « qui doi- » mais il y en a après « doi- ». On ne peut pas écouter la réalité comme on n'a pas de voix enregistrée mais on peut rendre un jugement affirmé sur la coupure qui se produit après « doi- », étant donné que le locuteur cherche des éléments qui suivent. Or, cette partie de séquence apparaît dans « il faut revendiquer plus fort (.....) il y a des choses qui doi- qui doivent se revendiquer plus fort. » (le fr. parlé p. 53). Prenant l'image de « devoir » qui va suivre, le locuteur confirmerait la règle syntaxique de « des choses » qui précède. C'est l'exemple qui montre l'état de feedback, tout en cherchant d'une part les éléments qui suivent.

phrase modèle
>   Tokyo est une grande ville ·où habitent ·plus de 10 millions.
>   Tokyo est une grande ville où habitent ·plus de 10 millions.
>   Tokyo est une grande ville ·où habitent plus de 10 millions.

7. pronom relatif (sujet) + pronom personnel + verbe (noyau-verbe)

...... et qui expriment cette ouverture d'esprit, / qui l'expriment / à travers la danse classique aussi.   (champs-E3)

phrase modèle

        Je cherche un professeur · qui te donne · de bons conseils.
        Je cherche un professeur qui te donne · de bons conseils.
        Je cherche un professeur · qui te donne de bons conseils.

8. pronom relatif (objet) + pronom personnel (sujet) + verbe   (noyau-verbe)

C'était le plus étrange pays / que je connaissais / et quelque part ......
                                       (FRAMAG N° 1)
...... dans les jeunes danseurs / que j'ai invités, / les danseurs ...... (champs-E3)

phrase modèle

        C'est la chanson · qu'elle chantait · dans son enfance.
        C'est la chanson qu'elle chantait · dans son enfance.
        C'est la chanson · qu'elle chantait dans son enfance.

9. pronom relatif (place) + pronom personnel (sujet) + verbe + (adverbe)   (noyau-verbe, noyau-adverbe)

...... qu'on se ...... / où on se sent mal / dès qu'on reste plus de trois jours, ...
                                       (FRAMAG N° 2)
...... de famille / où j'étais / et pendant les ...... (Français 3)

phrase modèle
>Je me souviens du jour ·où je l'ai rencontrée pour la première fois.

10. pronom relatif + pronom personnel (noyau dans les éléments qui suivent)

C'était lui que / qui me / qui me dirigeait ...... (fr. parlé p.60)

phrase modèle
>Je me souviens bien d'une dame ·qui me ·qui me regardait sans rien dire sur le quai.
>Je me souviens bien d'une dame qui me ·regardait sans rien dire sur le quai.

11. pronom relatif + adverbe + pronom neutre + verbe + adverbe (noyau-verbe)

...... mais / qui en fait en ont quand même / un vraiment ...... (FRAMAG N° 2)

phrase modèle
>Il y a un témoin ·qui effectivement en sait bien ·la vérité.
>Il y a un témoin ·qui effectivement en sait bien la vérité.

le pronom démonstratif

Le pronom démonstratif est le pronom qui indique avec un sentiment démonstratif, l'homme, l'animal, la chose, le concept etc.
(grammaire française de nos jours : T. Tanabé, lib. Hakusuisha, 1962, p. 175)
C'est essentiellement le pronom, alors la séquence phonétique en tant que « un mot » est brève mais elle a un caractère indépendant de l'image et de plus elle peut produire aussi une unité de l'image avec les éléments qui suivent. Voici les exemples.

1. émission indépendante
(noyau dans les éléments qui suivent)

...... cinquante pour cent de création, / ce / à quoi je ...... (champs-E3)

phrase modèle
      Je te dis une chose ·ce ·à quoi je pense.
      Je te dis une chose ·ce à quoi je pense.

2. pronom démonstratif + verbe
(noyau dans les éléments qui suivent)

/ c'est / c'est un un copain. (fr. parlé p.61)
/ c'est / .... (fr. parlé p28)
...... à la compagne, / c'est / beaucoup plus de ...... (champs-E3)
.... aussi / c'est / mes petits week-ends ...... (champs-E3)
/ C'est / l'aboutissement de ...... (champs-E3)
c'est surtout ...... / c'est / .... non (champs-E3)

Et / c'était / n ...... (Italien 2)
...... / ce n'était / pas une royauté. (Italien 2)
...... trois rythmes donc ouh ...... / c'était / quelque chose de ...... (FRAMAG N° 2)

La séquence « c'est » ou « c'était » ressemble à celle des Japonais qui hésitent à parler en disant « anô ... » pour chercher les éléments qui suivent. Alors le pronom démonstratif tel que le « ce » de ce cas n'indique pas le contenu démonstratif proprement dit.

...... parce que justement / ça va mourir / il y a vingt ans ...... (FRAMAG N° 1)

Le pronom tel que « ce » ou « ça » n'indique pas souvent le contenu propre d'une manière indépendante et dans presque tous les cas il a les élélments qui suivent. Dans le cas du pronom démonstratif tel que « celui » « celle » etc., il a un caractère indépendant, montrant clairement le contenu qu'on veut manifester et l'émission indépendante en serait possible, mais nous n'en avons pas encore vu d'exemples.

phrase modèle
    C'est ·c'est ce que je veux dire.
    C'est ce que je veux dire.

3. pronom démonstratif + verbe + article (noyau dans les éléments qui suivent)

/ c'était le / ...... plus étrange pays ...... (FRAMAG N° 1)

Selon le contenu de la causerie ce serait le superlatif tel que « le plus étrange pays ». Cela apparaît dans une longue séquence telle que « ... quand je suis venue pour la première fois, c'était le plus étrange pays que je connaissais et quelque part, ça m'a rappelé Angleterre, ... ». Si « le » dans « c'était le » n'était pas l'élément d'introduction du superlatif mais simplement celui qui ressemble à « c'est un » que les Français utilisent souvent, « plus étrange pays » serait mis au comparatif du point de vue de la comparaison avec l'Angleterre. Or, si on parlait avec le superlatif, on dirait ainsi « c'était le ..... le plus étrange pays ..... » en unissant « le » à « plus ». Mais phonétiquement, il y a la coupure après « c'était le ». Enfin, c'est le comparatif ou le superlatif ? Il est difficile d'expliquer ce phénomène-là.

non, / c'est un / c'est un ...... (champs-E3)
...... en même temps / c'est un / hasard (champs-E3)
est-ce que / c'est un / ...... l'appel à ...... à ...... (FRAMAG N° 2)
..... justement, / c'est un / pas en avant (champs-E3)
c'est un / c'est un / c'est tout simplement un ...... (champs-E3)
/ c'est un / c'est .... (fr. parlé p.28)
c'est / c'est un / un copain. (fr. parlé p.61)
...... massive, / c'est le / l'état d'esprit contemporain. (champs-E3)

Quand on émet « c'est un », il y a deux cas qu'on peut observer, dont l'un est le cas d'avoir déjà prévu les éléments qui suivent et l'autre est le cas de n'avoir pas encore prévu les éléments. Celui-là est prouvé par l'accord de « un » dans « c'est un » avec le genre et le nombre de l'élément qui suit. Cependant, il peut y avoir un accord fortuit, ce qui nous amène à devoir éviter l'affirmation, car c'est une hypothèse pour le moment. Mais nous pouvons prendre en considération en effet la prévision des éléments qui suivent par l'observation des cas de la répétition de « un » dans « c'est un / un copain » ainsi que celle de l'article dans « c'est le / l'état ». D'autre part celui-ci serait émis simplement comme séquence d'introduction sous forme de « c'est un » par le fait que l'autre élément sans accord avec le genre est émis dans « c'est un / .... l'appel à .... ». De toutes façons, la séquence d'introduction que nous appelons pour « c'est un » etc. serait une unité de l'image rentrée dans beaucoup de cas dans la conscience du locuteur.

phrase modèle
>   C'est un ·un ciel bleu.
>   C'est un ·ciel bleu.
>   C'est un ciel bleu.

4. pronom démonstratif + verbe + préposition (noyau dans les éléments qui suivent)

...... / c'était pour / euh trouver le pont de Saint-Cloud. (fr. parlé p.63)

Il y a ici une coupure après la préposition, qui ne s'unit pas avec l'élément qui suit mais elle est comprise dans « c'était ». Ces exemples nous montrent que les paroles ne s'émettent pas toujours par l'unité de sens facile à comprendre en faveur de l'auditeur et d'autre part que le locuteur, tout en évoquant l'unité de sens, a l'attitude d'émettre aussitôt que possible les éléments évoqués dans la tête. C'est-à-dire qu'il ne garde pas les éléments évoqués dans la tête sans les émettre en attendant que l'unité de sens s'arrange bien dans les formes. Pour l'exemple ci-dessus, la segmentation formelle se fait comme « c'était / pour trouver le pont de Saint-Cloud. ». Mais si on met la coupure après « pour » comme dans « c'était pour / trouver le pont de Saint-Cloud. », bien que la seconde séquence soit une unité de sens, la première n'est pas stable, ayant la coupure après la préposition du point de vue de la forme. Mais la réalité se montre dans le fait en effet. Si on essayait de parler dans la formalité, on ne pourrait pas émettre ce qui se produit tour à tour dans la tête. La formalité, c'est le débat détaché du réel. Ce que nous cherchons ici, c'est la réalité qui est libérée de la formalité.

phrase modèle

    Je me suis dirigé vers l'aéroport. · C'était pour ·aller chercher mon père.
    Je me suis dirigé vers l'aéroport. · C'était pour aller chercher mon père.

5. pronom démonstratif + verbe + préposition + article + (éléments qui suivent)   (noyau-verbe)

/ Ça se situe dans le / après le port de Marseille, ... (fr. parlé p.24)
..... celui qui parle mieux le français ici / c'est du peut-ê(tre) de / ..... de Bourges
.....   (M.O.)
..... le centre de la France / c'est de la cathédrale de Bourges. /

De même que la rubrique précédente.

phrase modèle

    Marseille est une grande ville. ·Ça se situe dans le ·dans le Midi.
    Marseille est une grande ville. ·Ça se situe dans le MIdi.

6. pronom démonstratif + verbe + nom (coupé) (noyau-nom)

/ c'est sen- / sensation. (fr. parlé p.28)

C'est l'attitude d'émettre d'abord ce qui est évoqué. C'est ce que nous avons déjà dit à la rubrique précédente. Le locuteur construit des paroles au cours de l'évocation de l'image, ce qui veut dire que la voix émise est l'image même.

phrase modèle

    C'est l'inves ·l'investissement dans une entreprise.
    C'est l'investissement dans une entreprise.

7. pronom démonstratif + verbe + mot équivalent à l'adjectif (noyau-adjectif ou noyau dans les éléments qui suivent)

...... pourquoi / c'est triste. / (FRAMAG N° 1)
/ C'est pas mon / c'est pas le but ...... (fr. parlé p. 24)

Dans le dernier exemple il y a l'adverbe « pas » inséré mais nous l'avons pris ici en tant que pareil à « c'est mon ..... ».

phrase modèle
    C'est agréable ·de vivre à la campagne.
    C'est agréable de vivre à la campagne.

8. pronom démonstratif + verbe + adverbe (noyau-verbe ou noyau dans les éléments qui suivent)

Indochine / ça sonnait bien / et il y avait trois, ... (FRAMAG N° 2)
c'est très / c'est très / euh durement ressenti ...... (fr. parlé p.51)
...... musicalement, / c'était peut-être / inconsiemment ...... (FRAMAG N° 2)
mais / c'est surtout / ..... c'est ...... (champs-E3)

phrase modèle
    C'est très ·très agréable de vivre à la campagne.
    C'est très ·agréable de vivre à la campagne.
    C'est très agréable de vivre à la campagne.

9. pronom démonstratif + verbe + conjonction (noyau dans les éléments qui suivent)

on peut vraiment / c'est comme, / c'est comme / la ..... par rapport ....

(FRAMAG N° 2)

Ce que le locuteur évoque dans l'image est ambigu. Mais par conséquent, l'unité émise est facile à saisir du point de vue de la structure. Sans arriver au sens concret du tout, une séquence telle que « pronom démonstratif + verbe + conjonction » existe dans la tête et est émise d'abord. Le contexte avant et après l'émission en question est comme ci-dessous.

...... je trouve que c'est une image / intéressante, / image un peu de folie, / une image un peu ...... / on peut vraiment .... / c'est comme, / c'est comme / la .... / par rapport au cinéma / et à l'animation, / quand on fait un dessin animé, / on peut plus, / on peut se permettre de faire beaucoup plus de choses, ... Suis-je bien clair ? .... Hum ....

Au cours de l'émission de « c'est comme », le locuteur aurait voulu dire d'« image évoquée » mais l'élément propre n'aurait pas apparu dans la tête.

phrase modèle
    Paul ne vient pas. C'est que ·il est malade.
    (Il faut essayer de dire en succession comme « C'est qu'il est malade. »)
    Paul ne vient pas. C'est qu'il est malade.

10. pronom démonstratif + verbe + adverbe + (mot équivalent à l'adjectif) + mot équivalent à l'adjectif (adverbe) (noyau-adjectif)

c'est très, / c'est très ennuyeux / d'ê(tre) systématique et ...... (FRAMAG N° 1)
..... occidental, ... / c'est possible aussi / c'est-à-dire cette ...... (FRAMAG N° 2)

Cette séquence semble être stable. Dans le premier exemple, le locuteur cherche l'élément qui suit après « c'est très » et puis ajoute « ennuyeux » après la répétition de « c'est très ». C'est-à-dire que la séquence telle que « c'est + un élément quelconque qui suit » est stable.

phrase modèle
    C'est assez fatigant ·de travailler tout le temps.
    C'est assez fatigant de travailler tout le temps.

11. pronom démonstratif + verbe + article + nom (noyau-nom)

.... parce que / c'est une île / ...... (FRAMAG N° 1)
/ c'est des sensations / euh terribles tu vois ..... (fr. parlé p.28)

Si on pense à la grammaire, on dirait « ce sont .... », en retouchant le début de l'émission lors de l'évocation de « des sensations ». Mais il arrive souvent d'utiliser « c'est » au lieu de « ce sont ». Dans le dernier exemple le locuteur aurait évoque l'unité de l'image telle que « c'est + l'élément qui suit. ».

phrase modèle
    C'est un pays ·composé de quatre îles principales.
    C'est un pays composé de quatre îles principales.

le pronom démonstratif

12. pronom démonstratif + verbe + préposition + verbe (noyau-verbe)

....., / c'est de faire / quasiment cinquante pour cent de ...... (champs-E3)

C'est pareil à la séquence de la rubrique précédante telle que « c'est + l'élément qui suit ». Et la segmentation telle que « c'est de ..... faire ..... » est possible comme nous l'avons vue dans la rubrique 4.

phrase modèle
    J'ai envoyé des lettres. ·C'est pour inviter ·mes amis et connaissances au concert personnel.

13. pronom démonstratif + verbe + adverbe + éléments qui suivent (noyau-adverbe ou noyau dans les éléments qui suivent)

c'est un ...... / c'est bien parce qu'il va y avoir plein / plein de ...... (champs-E3)
...... qu'au cinéma / c'est un peu ce que je fais en / ...... avec ...... (FRAMAG N° 2)

La séquence vue dans la rubrique 8 telle que « pronom démonstratif + verbe + adverbe » est comprise ici. Cette séquence-là ne s'attacherait pas beaucoup au sens en tant que rôle accessoire.

phrase modèle
    C'est à peu près à minuit ·que je suis rentré à la maison.

14. pronom démonstratif + verbe + article + nom + préposition + (éléments qui suivent) (noyau-nom)

..... de le centre de la France. / C'est le centre de la France. / le le le ... (M.O.)

Étant donné que le ton de < centre de la France > est haut et plat, nous le trouvons dans une image. C'est-à-dire le ton est comme ça : [‾ ‾ ‾ ↘] [sātrədlafrā : s]. S'il était comme ça : [⌒ / __ __ __→] [sātrədlafrā : s], l'image serait divisée en deux comme dans < C'est le centre / de la France. >

/ c'est des souvenirs de / ...... plus de euh ...... (fr. parlé p.26)

Le phénomène dans lequel la coupure se produit après la préposition apparaît souvent. Nous pourrions indiquer pour cela un caractère tel que la « postposition ». Dans ce cas la séquence intérieure « article + nom » pourrait se remplacer par l'adjectif.

phrase modèle

    C'est une joie de ·vivre à la campagne.
    C'est une joie de vivre à la campagne.
    C'est agréable de ·vivre à la campagne.
    C'est agréable de vivre à la campagne.

15. pronom démonstratif + pronom personnel + verbe (noyau-verbe)

...... et quelque part, / ça m' a rappelé / Angleterre, ... (FRAMAG N° 1)

le pronom démonstratif

phrase modèle
>Ça me rappelle ·le voyage.
>(Il faut essayer de dire en succession comme « Ça me rappelle le voyage. »)
>Ça me rappelle le voyage.

16. pronom démonstratif + pronom personnel + verbe + adverbe (noyau-verbe)

...... parce que ça m'a ...... / ça m'inquiète beaucoup / ...... (FRAMAG N° 1)

« Ça m'inquiète beaucoup » est une unité tout à fait indépendante mais la séquence « parce que » étant au commencement, le rythme de cette unité de séquence aurait été confus. Si le locuteur avait mis la coupure après « parce que », il n'y aurait pas eu de problème. A cause de « ça m'inquiète » qui suivait, le locuteur aurait reconstruit la séquence après « parce que ça m'a ». Le locuteur alors a-t-il émis comme « ça m'in ..... » avec le son initial de « inquiète » ou a-t-il émis d'autres éléments ? En tout cas cette émission se rapporte beaucoup au rythme.

phrase modèle
>Ça m'étonne beaucoup ·qu'elle se soit blessée.
>Ça m'étonne beaucoup qu'elle se soit blessée.

17. pronom démonstratif + pronom relatif + éléments qui suivent (noyau dans les éléments qui suivent c'est-à-dire noyau-verbe, noyau-nom etc.)

...... de séries différentes, / ce qui me laissera sans doute le temps / de faire ......

(champs-E3)

...... par tout / ce qui est le (la) culture / orientale ...... (FRAMAG N° 1)
Maintenant, / ce à quoi j'ai renoncé / aussi c'est ...... (champs-E3)
/ Celui qui le ..... / on dit que celui qui parle mieux le français .... (M.O.)

phrase modèle
    C'est ·ce que je dis ·sur le projet.
    C'est ce que je dis sur le projet.

18. pronom démonstratif + adverbe + verbe (noyau-verbe)

..... il y a .. trop grands ennuis. .... / Ça toujours est hein ? / (M.O.)

phrase modèle
    Ça normalement coûte ·vingt euros pour réparer cette montre.

le pronom indéfini

Le pronom indéfini a de divers origines et des constitutions et il est dans un groupe qui indique vaguement les personnes ou les choses mais beaucoup de pronoms classés traditionnellement dans ce groupe n'ont pas d'antécédent qui en montre d'avance le concept et la plupart en est qualifiée plutôt pour l'emploi nominal que pour le pronom. (op.cit. : T.TANABE p. 203)

1. émission indépendante
(noyau dans les éléments qui suivent)

c'est facile hein / on / on ignore. (fr. parlé p. 54, p.79)
on est relativement tranquille, / on / on fait son emploi du temps...... (champs-E3)

Il nous semble que « on » s'unit aisément à l'élément qui suit mais il n'y est pas toujours couplé. Si le verbe suivant est déjà évoqué lors de l'émission, « on » s'unira bien au verbe sans hésitation. Comme nous le voyons dans ces exemples, ce que le locuteur a évoque d'abord serait « on » et il l'aurait émis.

/ certains / euh racontaient. (fr. parlé p.66)

phrase modèle
    Y a-t-il ·quelqu'un ·qui ne comprenne pas ?
    Y a-t-il quelqu'un ·qui ne comprenne pas ?
    Y a-t-il quelqu'un qui ne comprenne pas ?

2. pronom indéfini + verbe
(noyau-verbe ou noyau dans les éléments qui suivent)

...... de représentation / on fait, / je pense, ... (champs-E3)
/ On peut / ...... (champs-E3)
, ... / on peut se permett(re) / de faire beaucoup ...... (FRAMAG N° 2)
on est danseur guest, / on est / relativement ...... (champs-E3)
comme on veut, / on ...... a / bon, même s'il y a ...... (champs-E3)

Dans le dernier exemple, « on » apparait comme s'il était d'émission indépendante mais il s'unit finalement avec le verbe. Les éléments qui suivent n'ont rien à voir avec « on ..... a ». « on ..... a » est clairement une unité comme séquence phonétique.

phrase modèle
    On cherche ·un criminel.
    On cherche un criminel.

3. pronom indéfini + verbe + article   (noyau- verbe)

/ on prépare une / euh on prépare des assemblées ..... (fr. parlé p.24)
/ on a reçu des / un avis de la ville .... (fr. parlé p.25)
/ on faisait venir les / les copains ..... (fr. parlé p.34)

Le verbe transitif fait-il une unité qui a besoin de l'objet ? Le fait que le locuteur émet d'abord l'article sans pouvoir produire la séquence telle que « article + nom » montre une conjonction faible entre l'article et le nom dans la séquence. L'article s'unit avec le verbe qui précède. Cela veut dire que le noyau-verbe comme il s'est produit dans cette séquence empêche les éléments de faire suivre.

phrase modèle

> On cherche un · criminel.
> On cherche un criminel.

4. pronom indéfini + verbe + adverbe
(noyau dans les éléments qui suivent)

quand on fait un dessin animé / on peut plus, / ...... (FRAMAG N° 2)
...... les danseurs russes, / on ne voit pas souvent / des danseurs allemands, ...

(champs-E3)

ouh ...... / on peut vraiment / c'est comme ...... (FRAMAG N° 2)
/ On peut pas / peut-être devant ...... (FRAMAG N° 1)

Le quatrième exemple par comparaison avec le deuxième a une possibilité de former une unité phonétique par « On peut pas peut-être » bien qu'il se produise un peu de décalage de sens. La soi-disant voix émise n'a pas de forme constante pour se produire selon comment et combien d'éléments le locuteur a évoqué dans l'image.

phrase modèle

> On peut vraiment ·chercher en secret un criminel.
> On peut vraiment chercher en secret un criminel.

5. pronom indéfini + verbe + préposition + (article) + nom
(noyau-verbe, noyau-nom)

/ on passait par la chambre / euh euh là que vous couchez ...... (fr. parlé p.75)
...... absolument / rien vu de Londres. / (Français 3)

phrase modèle
> On cherche dans ses poches ·un billet.
> On cherche dans ses poches un billet.

6. pronom indéfini + verbe + mot équivalent à l'adjectif + conjonction   (noyau-verbe, noyau-adjectif)

on donne / on donne une vingtaine ou / une trentaine de ...... (champs-E3)

phrase modèle
> On parle une ou · deux langues étrangères au Japon.
> On parle une ou deux langues étrangères au Japon.

7. pronom indéfini + verbe + adverbe + éléments qui suivent
(noyau-verbe, noyau dans les éléments qui suivent)

mais, bon, / on ne voit pas souvent les danseurs russes, / on ne ...... (champs-E3)

Le locuteur aurait évoqué successivement les éléments au cours de l'émission et il aurait eu à cet effet une unité comparativement longue. Nous établissons pour le moment une unité en tant que telle.

phrase modèle
> On cherche souvent la mère séparée ·dans son enfance.
> On cherche souvent la mère séparée dans son enfance.

8. pronom indéfini + pronom personnel (noyau dans les éléments qui suivent)

Là, / on me .... / enfin bon, ... (champs-E3)

Nous ne pouvons pas deviner l'intention du locuteur mais il nous semble que le locuteur va dire quelque chose qui concerne lui-même. Et l'émission cependant s'arrête après « on me ..... ». Cette séquence courte serait fondamentale et importante.

phrase modéle
>   On me ·cherche en secret.
>   On me cherche en secret.

9. pronom indéfini + verbe + nom + adverbe (noyau-nom)

Vous vous rendez compte que ben oui / on a passé Noël là-bas hein / c'était ......
(phonétisme p.102)

phrase modèle
>   Je sais que ·l'on fête Noël ensemble.
>   Je sais que l'on fête Noël ensemble.

la conjonction

La conjonction est une sorte de mot invariable qui se lie avec un mot, un groupe de mots ou une proposition l'un avec l'autre.

(op. cit. : T. TANABE p. 426)

1. émission indépendante
(noyau dans les éléments qui suivent)

...... par jour, un jour de plein trafic, / c'est-à-dire / un jour de semaine .....
(FRAMAG N° 4)
...... ce à quoi j'ai renoncé / aussi / c'est mes petits week-ends ...... (champs-E3)
/ Et / c'était ...... (Italien 2)
..... / et / j'allais ..... (Italien 2)
...... , / Et / malheureusement ...... (Français 3)
.... bonnes vacances / et / si ...... (Philippe)
...... / et / euh Angelina son truc favori ...... (fr. parlé p.64)
...... entre eux, / mais / qui en fait en ont quand même un ...... (FRAMAG N° 2)
...... presque de chaotique, / mais / c'est surtout ...... (champs-E3)
donc ...... / mais ...... / mais il peut y avoir ...... (champs-E3)
je touche du bois, / mais / d'abord on me propose ...... (champs-E3)
..... de sens entre eux / mais, / .... (FRAMAG N° 2)
c'était un travail / mais / mais enfin ..... (fr. parlé p.69)
..... par exemple, / ou / des Américains ...... (champs-E3)
j'ai laissé tomber / parce que / on ne peut pas ...... (champs-E3)
...... peut-être / parce que / c'est une île, ... (FRAMAG N° 1)
/ Parce que / je lui ai dit ..... (Français 3)
J'espère / que / vous ...... (Philippe)

nous aussi d'ailleurs / mais 003(ms) / on avait ...... (phonétisme p.102)

L'émission indépendante de la conjonction serait utile pour évoquer l'image suivante dans la tête au cours de son émission. Ce style d'émission qu'on voit souvent est une technique de liaison de paroles du locuteur qui se débrouille sans arrêter la séquence phonétique. Ce style d'émission a l'air de la « pause-paroles » pareille à la « pause-café ».

phrase modèle
    Je suis Japonais ·et ·quelle est votre nationalité?
    Je suis Japonais et ·quelle est votre nationalité

2. conjonction + article
(noyau dans les éléments qui suivent)

..... quand l'Argentine / et les / la Grande-Bretagne ont été en conflit .....

(fr. parlé p.47)

L'article ne s'unit pas toujours au nom. C'est ce que nous avons déjà vu dans la rubrique de l'article.

phrase modèle
    Les chiens ·et les ·chats sont des animaux.
    Les chiens et les chats sont des animaux.

3. conjonction + article + nom + mot équivalent à l'adjectif
(noyau-nom, noyau-adjectif)

...... totale, / soit des reprises de ballets / qui n'ont jamais été ...... (champs-E3)

phrase modèle

> J'ai un chien noir ·et un chat blanc. ·
> J'ai un chien noir et un chat blanc.

4. conjonction + mot équivalent à l'adjectif (noyau-adjectif)

..... ce qui est la culture orientale / et japonaise, / et chinoise. / (FRAMAG N° 1)

Dans ce cas, la signification de « et » n'est pas claire : juxtaposition avec « orientale » ou emphase explicative de « orientale » ? En tout cas, il n'y aurait pas de répétition de « culture » dans la tête du locuteur, ce qui apporte l'effet d'émettre « japonaise » « chinoise » en juxtaposition sur la suite de « orientale ». Dans tel cas on peut suppléer par l'intonation à « culture » dont l'expression n'est pas réalisée. On pourrait dire que c'est ici l'unité de l'image pourvue de l'élément omis.

phrase modèle

> C'est un chat intelligent ·et agile ·et sensible au froid.
> C'est un chat intelligent et agile ·et sensible au froid.

5. conjonction + mot équivalent à l'adjectif + nom (noyau-nom)

c'est possible aussi / c'est-à-dire cette liaison / entre le ...... (FRAMAG N° 2)

phrase modèle

> J'ai un chat ·c'est-à-dire que les rats ·s'en vont de chez nous.
> J'ai un chat ·c'est-à-dire que les rats s'en vont de chez nous.

la conjonction

6. conjonction + mot équivalent à l'adjectif + nom + préposition + (mot équivalent à l'adjectif) + nom (noyau-nom)

..... / et quelle sorte de royauté / était-ce ...... (Italien 2)

Le phénomène phonétique montre que le noyau de l'unité est « sorte » et que « de royauté » qui suit n'est pas toujours l'élément dans cette unité.

hein faut le faire hein / et sept degrés autour du p.....005(cs) / enfin ......
(phonétisme p.102)

phrase modèle
  Tu as trois chats · et quel chat de ces trois · aimes-tu le mieux ?
  Tu as trois chats · et quel chat de ces trois aimes-tu le mieux ?

7. conjonction + adverbe
(noyau dans les éléments qui suivent)

De faire des choses / parce que justement / tu vas les manger ......
(FRAMAG N° 1)
...... faire le (les) fleurs / parce que justement / ça va mourir ..... (FRAMAG N° 1)
..... que je connaissais / et quelque part / ça m'a rappelé ...... (FRAMAG N° 1)
...... / milliard 200 millions / et par jour / un jour de plein trafic ......
(FRAMAG N° 4)
...... assez intéressante, bon, / mais après, / effectivement, il y a plein ......
(FRAMAG N° 2)
Voilà, / et bien / voilà monsieur ...... (Philippe)
..... vraiment une douceur ...... de vivre ..... / et alors / que c'est une ville qui va .....
(FRAMAG N° 2)

..... dans la rue, hein, / et donc / malheureusement, bon ...... (champs-E3)
..... viennent danser / mais, bon, / on ne voit pas souvent les ...... (champs-E3)

Il nous semble que le locuteur cherche plutôt les éléments qui suivent en utilisant cette séquence comme celle de liaison.

phrase modèle
    Je cherche mon chat · parce que justement ·il vient de sortir par la porte.
    Je cherche mon chat ·parce que justement il vient de sortir par la porte.

8. conjonction + adverbe + mot équivalent à l'adjectif (noyau dans les éléments qui suivent)

ça sonnait bien / et il y avait trois, / ··· trois syllabes ...... (FRAMAG N° 2)

phrase modèle
    J'ai un chat ·et justement ce ·ce chat vient de sortir par la porte.
    J'ai un chat ·et justement ce chat vient de sortir par la porte.

9. conjonction + pronom personnel (noyau dans les éléments qui suivent)

..... m'amuser follement / comme je / le fais souvent. (champs-E3)
c'est pas des gars / que je je / je peux pas dire ...... (fr. parlé p.73)
j'ai fait des tournées internationales / donc je / je leur donne la ...... (champs-E3)

phrase modèle
    C'est un chat noir · qu'il · cherche depuis hier.
    C'est un chat noir qu'il cherche depuis hier.

la conjonction

10. conjonction + pronom personnel + verbe (noyau-verbe)

.... créations, / au moins qu'on puisse donner / un ou deux de ...... (champs-E3)

..... à peu près / puisque je devise / à part égale .... (champs-E3)

/ Et j'avais / ...... (Français 3)

/ Quand j'ai eu / ...... ta ...... (fr. parlé p.24)

..... pas vraiment / parce que je n'avais pas / rêvé à ce poste. (champs-E3)

..... à prendre un gramme / parce que je ne peux / je n'ai plus le droit de .....

(champs-E3)

/ Si vous voulez / il reste ..... (philippe)

j'étais enceinte de Charlotte, / quand je suis venue / pour la première fois, ...

(FRAMAG N° 1)

je lui ai dit / que j'avais lu / Aurélien ..... (Français 3)

..... une sorte de claustrophobie / et j'ai été / même plus qu'agréablement .....

(FRAMAG N° 2)

..... l'idée / que je chante / devant un public..... (FRAMAG N° 1)

/ Et vous dansez / la moitié, à peu près ..... (champs-E3)

... / Et ils ont / ..... donc ... ces Parisiens il y a ... (M.O.)

Ces unités de séquence de dessus sont stables et elles ont certainement le contenu et la durée temporelle qui peuvent établir l'unité de l'image. Mais dans l'exemple de dessous, « pas » de négation se rapporte plus avec les éléments qui suivent et « pas » est émis d'une autre manière que celle de « ne .... pas » propre.

mais c'est vrai / qu'il n'a / pas énormément profité ...... (champs-E3)

phrase modèle

Le chat mâle au pelage tricolore ·parce qu'il existe ·très peu est bien apprécié.

11. conjonction + pronom personnel + verbe + (adverbe) + (mot équivalent à l'adjectif) + nom
(noyau-verbe, noyau-nom)

......, / puisque j'ai toujours recherché ça / dans ...... (champs-E3)

phrase modèle

    Le chat mâle au pelage tricolore ·parce qu'il prévoit le temps ·est bien apprécié par les pêcheurs.

12. conjonction + pronom personnel + verbe + adverbe (mot équivalent à l'adjectif, éléments qui suivent)
(noyau-adverbe, noyau-adjectif)

il y a vingt ans / quand j'étais enceinte / de Charlotte ...... (FRAMAG N° 1)
...... pas dans l'hôtel / parce qu'on m'avait pas / payé ...... (Français 3)
Plein de métro vite / et ils courent au point de métro / ils courent pour .... (M.O.)

phrase modèle

    Le chat ·quand il marche lentement ·ne fait pas de bruit.
    Le chat quand il marche lentement ·ne fait pas de bruit.

13. conjonction + pronom personnel + verbe + conjonction
(noyau-verbe)

/ Mais j'espère que / il va comprendre ...... (FRAMAG N° 1)

phrase modèle

    Mon chat est perdu. ·Mais j'espère que ·il sera retrouvé bientôt.
    Mon chat est perdu. ·Mais j'espère qu'il sera retrouvé bientôt.

la conjonction

14. conjonction + verbe   (noyau-verbe)

...... tourner un petit peu tout en dérision, / et m'amuser, / m'amuser .....

(champs-E3)

phrase modèle

    On m'a tourné en dérision ·et s'est amusé ·à me dévisager.

    On m'a tourné en dérision ·et s'est amusé à me dévisager.

15. conjonction + nom   (noyau-nom)

... que je connais / parce que moi / j'ai fait des ...... (champs-E3)
/ Que jardin / japonais, la toute la .... (FRAMAG N° 2)

phrase modèle

    J'ai un chat ·et toi ·tu as un chien.

    J'ai un chat et toi ·tu as un chien.

16. conjonction + pronom indéfini (démonstratif) + pronom réfléchi (personnel) (noyau dans les éléments qui suivent)

...... qui (es)t une vi(lle) qui bouge, / qu'on se / où on se sent mal dès qu'on reste .....

(FRAMAG N° 2)

Le locuteur se serait trompé en disant « qu'on se » au lieu de dire « où on se ..... ». Il a coupé la séquence après « qu'on se » par l'action de « feed-back » mais il y aurait déjà eu l'image de « on se sent mal » dans sa tête. Grammaticalement parlant, le pronom relatif « que » a été mal posé dans ce cas au moment de dire « on se » et le locuteur s'en serait aperçu. Alors ici, ce n'est pas l'unité de l'image évoquée proprement dit. Mais il y aurait eu la possibilité de dire « qu'on se sent mal » pour redire « où on se sent mal ». Pour réaliser l'action de « feed-back » il faudrait à un certain degré un cours temporel et dans ce cas le temps pour corriger la séquence nous semble un peu trop court. Ou bien le locuteur, ayant en tête l'image de < ville >, se serait repris tout de suite dès qu'il a évoqué une expression automatique < ville où ..... >. « se » n'est pas le pronom personnel mais le pronom réfléchi. Si le locuteur, sans erreurs grammaticlaes en parlant, cherche les éléments qui suivent en disant « où on se .... », il ira sans dire qu'il est possible de réaliser une séquence telle que « / où on se / sent mal ».

je saurai demain / parce que ça ma ..... / ça m'inquiète ..... (FRAMAG N° 1)

Cette segmentaion semble confirmer celle de « / où on se / sent mal » de l'exemple précédent. Lors de l'émission de « ça ma », une séquence « ça m'inquiète » serait évoquée dans la tête du locuteur. Seulement « inquiète » ne s'est pas uni avec la voix et c'est difficile de dire dans ce cas laquelle est l'unité de l'image entre « parce que ça ma » et « parce que ça m'inquiète » ? On peut dire qu'elles sont toutes les deux des unités importantes de l'émission du point de vue de l'attitude du locuteur qui émet d'abord ce qui arrive en image bien qu'elle ne se forme pas encore dans la tête. Alors la séquence « parce que ça ma » est significative en matière de perception. Il en est de même pour « qu'on se » de l'exemple précédent.

phrase modèle

    Je n'aime pas le chat ·parce que ça me ·ça me blesse au bras.
    Je n'aime pas le chat ·parce que ça me blesse au bras.

    C'est vrai·qu'on se·qu'on s'aime après tout.
    C'est vrai ·qu'on s'aime après tout.

17. conjonction + préposition
(noyau dans les éléments qui suivent)

...... sans raconter l'histoire / mais avec / la possibilité pour ...... (champs-E3)

...... un rôle d'acteur vraiment, / mais avec / tout ce que comporte ma ......

(champs-E3)

Pourquoi la préposition « avec » est-elle utilisée ? C'est seulement parce que les éléments qui suivent ont été déjà évoqués. Mais sans avoir la séquence concrétisée qui va suivre, le locuteur émet d'abord « mais avec », dont la mécanisme d'émission est très important pour le locuteur. Bien qu'il ait des éléments ambigus qui suivent, il émet la préposition propre. Ce n'est rien d'autre que la merveille des paroles. Ou bien on pourrait penser qu'on émet d'abord « avec » sans rien prévoir pour faire suivre les éléments convenables. Mais ce ne serait pas exact parce que les paroles ne peuvent jamais se produire du néant.

phrase modèle

J'ai écouté un cri pas de bébé ·mais de ·chat en rut.

J'ai écouté un cri pas de bébé ·mais de chat en rut.

18. conjonction + préposition + article
(noyau dans les éléments qui suivent)

ou j'étais / et pendant les / cinq jours .... (Français 3)

Par comparaison avec la rubrique précédente, la place de l'article est instable. Dans ce cas au moment de l'émission de « les » pluriel, les éléments « cinq jours » sont déjà dans la tête et la séquence « pendant les » a un rythme stable. Quand la séquence « cinq jours » n'est pas évoquée, le locuteur, mettant la coupure après « pendant », chercherait les éléments qui suivent.

phrase modèle

      Le chat s'étonne ·et après le ·chat qui s'enfuit, court un chien.
      Le chat s'étonne ·et après le chat qui s'enfuit, court un chien.

19. conjonction + préposition + article + nom (noyau-nom)

...... payé un hôtel / mais dans la pension / de famille ... (Français 3)
...... plus de choses, par exemple, faire voler un frigidaire, / qu'au cinéma / c'est un peu ce que je fais en .....   (FRAMAG N° 2)
...... par rapport au cinéma ..... / et à l'animation, / .... ouh,.... quand on fait un ......
                                                 (FRAMAG N° 2)

phrase midèle

      Le chat s'enfuit ·et après le chat ·court un chien.
      Le chat s'enfuit ·et après le chat court un chien.

20. conjonction + préposition + verbe + préposition (noyau-verbe)

...... de / et de traduire a / ..... avant chaque chanson. (FRAMAG N° 1)

Ce « a » serait celui de « avant » qui suit. Quand la préposition suit le verbe, la préposition, si elle adhère bien au verbe, fait corps avec le verbe dans beaucoup de cas. « traduire » est le verbe transitif et il n'a pas besoin de la préposition pour introduire l'objet. Il n'est pas la question ici de faire corps avec le verbe, mais le fait qu'on voie un indice de la préposition de « avant » qui suit montre une grande liaison entre le verbe et l'image évoquée par la préposition.

la conjonction

phrase modèle
>   Le chat s'étonne ·et avant de s'enfuir de ·du chien en face, il dresse les poils.
>   Le chat s'étonne ·et avant de s'enfuir du chien en face, il dresse les poils.

21. conjonction + conjonction
(noyau dans les éléments qui suivent)

...... Aurélien / et quand / je suis revenu ...... (Français 3)
/ Et que / qu'ils vont pas être dérangés de ...... (FRAMAG N° 1)
/ et puis / .... (champs-E3)
.... / Mais parce que / de toute façon ils vont tout vite à Paris. (M.O.)

phrase modèle
>   J'espère que tu vas bien ·et que ·tout le monde aussi va bien chez toi.
>   J'espère que tu vas bien et que ·tout le monde aussi va bien chez toi.
>   J'espère que tu vas bien ·et que tout le monde aussi va bien chez toi.

22. conjonction + pronom démonstratif + verbe
(noyau dans les éléments qui suivent)

..... de treize, quatorze heures, / et c'est / ça n'arrête pas, quoi. (champs-E3)
..... que je fasse le décompte / mais c'est / énorme, on donne ...... (champs-E3)
...... un petit peu / mais c'est / très c'est très, c'est très ennuyeux .....

(FRAMAG N° 1)

je veux pas dévoiler / parce que c'est, / vous savez, quand on ...... (champs-E3)

phrase modèle
>   J'aime le chien ·parce que c'est ·toujours fidèle.

J'aime le chien parce que c'est ·toujours fidèle.

J'aime le chien ·parce que c'est toujours fidèle.

23. conjonction + pronom démonstratif + verbe + adverbe (mot équivalent à l'adjectif) (noyau-adverbe, noyau-adjectif)

ouh ..... / quand on cherchait un / , ... (FRAMAG N° 2)

tu vas les manger / et ça va être partout, / le fait de ..... (FRAMAG N° 1)

/ mais c'est vrai / qu'il n'a pas énormément ...... (champs-E3)

Dans le premier exemple, le locuteur émet l'article mais ce ne serait pas l'émission significative. Dans ce cas, les Français sans allonger le son final du verbe, émettent-ils d'autre son ? Si oui, ce phénomène doit avoir un rapport avec l'accent tonique. Il n'est pas normal d'allonger la voyelle de la syllabe accentuée pour chercher les éléments qui suivent. On a besoin du son inaccentué pour l'évocation de l'image. Il vaudrait mieux enlever ce son « un[œ] » de l'unité de l'image lors de la segmentation originale et on pourrait considérer ce son comme « ouh ..... » ou « n ..... » qui apparaît souvent pour chercher les éléments qui suivent. Toutefois quand il y a l'accent sur « un » et qu'on prévoit un nom quelconque après, il faudrait situer ce « un » dans l'unité de l'image.

phrase modèle

J'aime le chien ·parce que c'est toujours · fidèle à son maître.

J'aime le chien ·parce que c'est toujours fidèle à son maître.

24. conjonction + pronom démonstratif + verbe + article + nom   (noyau-nom)

..... et alors / que c'est une ville / qui va très vite quand même ......

la conjonction

(FRAMAG N° 2)

phrase modèle

J'aime ce chien blanc ·parce que c'est un chien· particulièrement fidèle à son maître.

J'aime ce chien blanc ·parce que c'est un chien particulièrement fidèle à son maître.

25. conjonction + pronom indéfini + verbe + éléments qui suivent (noyau-verbe ou noyau dans les éléments qui suivent)

e ...... / dès qu'on res(te) plus (de) trois jours / ouh ...... (FRAMAG N° 2)

L'image, étant concentrée et la séquence suivante, étant évoquée, le locuteur essaie de l'émettre d'une seule haleine en hâte et il s'ensuit que la prononciation en cours est devenue ambiguë et de plus que des sons tombent souvent comme aphérèse, syncope, apocope. Dans cet exemple, la conscience est concentrée sur « trois jours » et l'unité de séquence est devenue en conséquence un peu longue, ce qui a induit ce phénomène-là.

ouh ..... / quand on fait un dessin animé / on peut plus..... (FRAMAG N° 2)

phrase modèle

C'est vrai ·qu'on s'aime après tout.

C'est vrai qu'on s'aime après tout.

26. conjonction + pronom relatif + verbe (noyau-verbe)

...... sur la vie, / et qui expriment / ...... (champs-E3)

phrase modèle
      J'aime le chien intelligent ·et qui obéit ·à ce qu'on dit.
      J'aime le chien intelligent ·et qui obéit à ce qu'on dit.

27. conjonction + locution figée (noyau dans les éléments qui suivent)

...... et / si vous avez besoin / de quoi ..... (Philippe)
...... pour l'autre jour / et bonnes vacances. / (Phlippe)

phrase modèle
      Si vous avez besoin ·de quoi que ce soit, dites- le-moi.
      Si vous avez besoin de quoi que ce soit, dites-le-moi.

28. conjonction + éléments qui suivent (noyau dans les éléments qui suivent)

..... plus de spectacles / mais je ferai moins de séries différentes, / ce qui .....

(champs-E3)

On voit le trait commun de séquence phonétique dans la rubrique 25.

je suis dans la vie, / c'est-à-dire faire des imitations, / tourner ...... (champs-E3)

Il y a une grande possibilité de diviser cette séquence en deux pour avoir une autre unité de séquence avec des éléments qui suivent.

phrase-modèle
    Si vous avez besoin de quoi ce soit · dites-le-moi.

le verbe

Le verbe indique toutes les conditions ou les relations telles que l'acte effectué par le sujet, l'acte donnant à l'autre ou recevant de l'autre, la présence, la volonté, le sentiment, l'état, la valeur etc. du sujet. (op. cit. : T. TANABE p.222)

Selon cette définition le verbe indique la relation avec le sujet ou l'autre (ce serait l'objet etc.), si bien que le verbe semble faire une unité d'image en s'unissant avec des éléments quelconques. Mais la séquence émise en réalité n'est pas toujours ce qu'on définit. Etant donné que le verbe indique certainement la relation entre le sujet et l'objet, la séquence émise se dirige en fin de compte vers une structure qui indique cette relation réalisée par le verbe mais la forme phonétique se produit le plus souvent à l'état divisé en petites unités de séquence.

1. émission indépendante   (noyau-verbe)

Par an, le métro / transporte / environ 1 milliard 200 millions et .....

(FRAMAG N° 4)

Je suis / arrivé / à Londres. (Français 3)

Je me suis / enfermé / ...... (Français 3)

...... j'ai / emporté / à Londres ...... (Français 3)

..... le nombre des étudiants / était / ouh ...... (Italien 2)

..... je vais essayer de / expliquer / ...... pourquoi .... (FRAMAG N° 1)

ouh .... / retenir / la tension ..... (Italien 2)

..... classiques ne sont pas..... en tout cas ne sont pas plus / confinés / dans un .....

(champs-E3)

..... plus de choses, par exemple / faire voler / un frigidaire, qu'au ......

(FRAMAG N° 2)

le verbe

..... qu'il n'a pas énormément / profité, / je dirais ..... (champs-E3)
La cathédrale de .... de Bourges / est / située exactement au centre de la France.
(M.O.)

Les paroles sont bizarres. Pourquoi le premier élément est-il émis d'abord sans l'évocation des éléments qui suivent ? En observant le phénomène de l'émission indépendante du verbe, nous nous sommes aperçus que le locuteur avec la séquence muette c'est-à-dire l'image sans paroles dans la tête cherche la voix en courant après cette image et alors que le verbe qui lui vient en première étape à l'esprit doit être choisi pour s'unir bien avec cette image. Le locuteur continue à chercher la séquence jusqu'à ce que l'image suivante soit remplacée et qu'enfin l'émission phonétique morcelée d'une image se réalise. Nous voulons savoir comment le locuteur court après cette image avec l'unité phonétique. L'évocation de l'image arrive de la même manière chez les Japonais que chez les Français. Alors, en apprenant la manière d'évocation de l'image que les Français construisent en séquence phonétique, nous espérons dans cet essai acquérir le français au niveau de la langue parlée.

hypothèse   moins d'une seconde pour avoir une image
l'émission   chercher l'image, dessiner l'imge pour lui rendre une voix intérieure et l'émission de voix

phrase modèle
      Je vais essayer de · expliquer · pourquoi j'ai commencé le français.
      Je vais essayer d'expliquer · pourquoi j'ai commencé le français.
      Je vais essayer de · expliquer pourquoi j'ai commencé le français.

2. verbe + article   (noyau-verbe)

..... vous allez / passer de / bonnes vacances. (Philippe)

..... quand on / cherchait un ...... / un nom pour appeler le groupe .....

(FRAMAG N° 2)

phrase modèle

    Je vais essayer de · chanter une · une chanson populaire que vous connaissez bien.

    Je vais essayer de · chanter une chanson populaire que vous connaissez bien.

.

3. verbe + article (adjectif possessif etc.) + nom (noyau-nom)

...... il faudrait que je / fasse le décompte / mais c'est ......
.... ça va être partout, le fait de / faire les fleurs / parce que ..... (FRAMAG N° 1)
...... parce qu'on m'avait pas / payé un hôtel / mais dans la pension ... (Français 3)
...... tout ce que / comporte ma personnalité / d'extravagant, de débridé .....

(champs-E3)

Dans le dernier exemple l'élément « personalité » n'est pas émis comme objet après le verbe, mais nous avons classé en cette rubrique-ci cette séquence simplement du point de vue des parties du discours. Dans la tête du locuteur une autre structure d'image que dans les autres exemples aurait été évoquée.

...... il va compren(dre) / --- dre (le) climat / .... (FRAMAG N° 1)

L'unité telle que « verbe + mot équivalent à l'adjectif + nom » s'unirait bien dans une image. « comprendre » est répété bien qu'il ne soit pas complet. Il y a bien sûr la possibilité d'émettre seulement « le climat ».

phrase modèle

> Je vais essayer de · chanter une chanson · que vous connaissez bien.
> Je vais essayer de chanter une chanson · que vous connaissez bien.
> Je vais essayer de · chanter une chanson que vous connaissez bien..

4. verbe + préposition   (noyau-verbe)

...... en les sommant de bien vouloir / cesser de / de combattre sur ces îles ......

(fr. parlé. p.47)

...... c'est pas là qu'on arrive à / voir dans / dans une grande ville comme ......

(fr. parlé p.60)

    Dans le dernier exemple, il y a deux coupures successives après la préposition « à » et « dans ». Comme la préposition est en général inaccentuée, il est naturel que le locuteur cherche les éléments qui suivent en prononçant la préposition comme vue dans cet exemple. Phonétiquement, la préposition apparaît à la place du ton bas qui descend du ton haut, où il y a la coupure de l'unité de l'image. Nous avons dit aussi que cette manière de couper la séquence se rapporte à l'accent, mais selon les circonstances, il peut arriver que la coupure se produise après la sylllabe accentuée. Dans ce cas, le locuteur doit se servir de façons quelconques pour chercher les éléments qui suivent. Nous pensons que cela se rapporte aux caractères de l'accent français dont l'un est la durée temporelle. Quant aux Japonais, ils cherchent dans beaucoup de cas les éléments qui suivent en prononçant quelques sons tels que [ə :] ou [n :] et l'allongement du son final qui était populaire autrefois est de la même espèce, c'est-à-dire [...... nanode :] ou [...... dakala :]. Les Français, lorsqu'ils ne peuvent pas chercher les éléments qui suivent par l'allongement de la syllabe accentuée, émettent aussi des sons tels que euh ou ouh. Et de plus, au lieu d'émettre de tels sons, les éléments sans accent tels que la préposition etc. seraient faciles à émettre pour les Français. Alors pourquoi la préposition choisie, c'est-à-dire l'élément pourvu d'une direction dans laquelle le locuteur va développer les paroles, est-il émis ? C'est parce que la séquence concrète, bien que l'image se produise, ne vient pas à l'esprit du locuteur et que, dans la tête du locuteur la séquence positive induite par la préposition s'avance.

phrase modèle
>   Je vais ·essayer de ·chanter une chanson.
>   Je vais essayer de ·chanter une chanson.

5. verbe + adverbe + (éléments qui suivent) (noyau-verbe, noyau-adverbe)

...... pas vous l'avoir / donné tout de suite. / (Philippe)
...... de / faire de même. / (Philippe)
La cathédrale de ..... de Bourges est / située exactement au centre de la France. /
(M.O.)

Les éléments qui suivent dans cet exemple peuvent se former en une unité d'eux-mêmes.

phrase modèle
>   Je vais essayer de ·chanter de toutes mes forces· une chanson en français.
>   Je vais essayer de ·chanter de toutes mes forces une chanson en français.

6. verbe + adverbe + mot équivalent à l'adjectif (noyau-adjectif)

...... je trouvais que la mentalité / était très proche / de les (des) Anglais.

le verbe

(FRAMAG N° 1)

phrase modèle

    Cette vieille chanson · est très connue · de tout le monde.
    Cette vieille chanson est très connue · de tout le monde.
    Cette vieille chanson · est très connue de tout le monde.

7. verbe + pronom démonstratif (personnel) (sujet) (noyau dans les éléments qui suivent)

..... qui est une pure merveille, / paraît-il, / qui va venir danser, ... (champs-E3)
.... et quelle sorte de royauté / était-ce / .... (Italien 2)

phrase modèle

    Elle est contente · me semble-t-il · d'avoir écouté ces chansons.
    Elle est contente, me semble-t-il, · d'avoir écouté ces chansons.

8. verbe + pronom personnel (sujet) + adverbe (noyau-verbe)

...... m ...... / Suis-je bien / clair ? (FRAMAG N° 2)

phrase modèle

    Les Français boivent plus de vin que les Japonais.
    Et · aimez-vous bien ·le vin ?
    Et ·aimez-vous bien le vin ?

9. verbe (auxiliaire) + verbe   (noyau-verbe)

...... je sais que ce nom-là / est devenu / ouh ...... (FRAMAG N° 2)

..... par exem(ple) / faire voler / frigidaire ...... (FRAMAG N° 2)
..... cette compagnie, / puissent s'exprimer / au sein d'un programme.

(champs-E3)

phrase modèle
    Je sais que les Français ·aiment boire ·du vin produit en France.
    Je sais que les Français aiment boire ·du vin produit en France.
    Je sais que les Français ·aiment boire du vin · produit en France.

l'interjection

L'interjection est le mot ou la locution qui indique naturellement et émotionellement la réaction spirituelle, dont quelques uns n'ont pas de sens propres et d'autre ont des sens par l'intermédiaire de la relation entourée, de l'intonation, de la physionomie ou de la geste ...... (op. cit. : T. TANABE p. 447)

On peut prévoir que la préposition s'émet sans s'unir avec des éléments variés. Selon l'explication de dessus, l'interjection, étant le mot ou la locution, apparaît en émission indépendante.

1. émission indépendante   (noyau-interjection)

on ...... a / bon, / même s'il y a un peu un manque ...... (champs-E3)

.... malheureusement, / bon / j'ai été obligé de ...... (champs-E3)

on me ...... / enfin bon, / je veux pas dévoiler ..... (champs-E3)

..... pour appeler le groupe et, / bon / , Indochine, ça sonnait bien, et il y ......

(FRAMAG N° 2)

e ...... / bon / ouh ..... (FRAMAG N° 2)

.... il avait une phonétique assez intéressante, / bon, / mais après ......

(FRAMAG N° 2)

.... pas un rôle de danseur / hein, / un rôle d'acteur vraiment ..... (champs-E3)

Voilà / merci. / (Philippe)

/ Voilà / merci. (Philippe)

..... et bien / voilà monsieur. / (Philippe)

phrase modèle

Voilà ·merci ·merci encore.

2. pause   (noyau dans les éléments qui suivent)

...... qui devrait / ouh .... / retenir .... (Italien 2)
...... le nombre des étudiants était / ouh ..... / à peu près ...... (Italien 2)
Je pense que / ouh ..... n ..... / ..... (Italien 2)
.... à peu près / ouh ...... / trois mille ..... (Italien 2)
.... de grand prestige / ouh ..... / (Italien 2)
C'était / n ...... / ce n'était ... (Italien 2)

phrase modèle

     Je pense que ·ouh ·il arrivera à temps à cette réunion.

les autres

Les rubriques ci-dessous seraient classés dans certaines rubriques déjà vus. Nous prenons ici les éléments difficiles à classer suivis d'éléments quelconques. Les éléments pris ici peuvent être une unité de l'image.

1. émission indépendante de locution (noyau dans les éléments qui suivent)

..... / il y a vingt ans / quand j'étais enceinte ..... (FRAMAG N° 1)
..... mais / en même temps / c'est un hasard. (champs-E3)
.... pour un crétin / n'est-ce pas. / (Français 3)
.... si vous avez besoin / de quoi que ce soit / en France ..... (Philippe)
ouh ..... / à peu près / ouh .... (Italien 2)
.... une quarataine, / à peu près, / puisque je divise ..... (champs-E3)
....la moitié, / à peu près / quinze ballets ? (champs-E3)
.... plus de choses / par exem(ple) / faire voler ..... (FRAMAG N° 2)
..... des danseurs allemands, / par exemple, / ou des Américains ..... (champs-E3)
..... je vais en faire / sans doute / une quarantaine, ... (champs-E3)
..... je peux traduire / un petit peu / mais c'est ..... (FRAMAG N° 1)
..... quand je suis venue / pour la première fois. / (FRAMAG N° 1)
..... j'essaie que ça soit / tout à fait / équitable entre les ..... (champs-E3)

Phrase modèle

    Il a l'air jeune ·à peu près ·de15 ans.
    Il a l'air jeune ·à peu près de 15 ans.

2. éléments qui précèdent + conjonction
(noyau dans les éléments qui suivent)

.... avec le texte / c'est-à-dire que / ...... (FRAMAG N° 2)

C'est très ennuyeux / d'être systématique et / de traduire ..... (FRAMAG N° 1)

phrase modèle

      Cette petite fille pleure. C'est parce que · elle a perdu le chemin.
      Cette petite fille pleure. C'est parce qu'elle a perdu le chemin.

3. éléments qui précèdent + pronom (sujet) + verbe
(noyau-verbe)

.... on se sent mal / dès qu'on reste / plus de trois jours, il y a ......

                                                        (FRAMAG N° 2)

phrase modèle

      Il travaille · bien qu'il ait · de la fièvre.
      Il travaille · bien qu'il ait de la fièvre.

4. éléments qui précèdent + pronom + verbe
+ préposition (adverbe etc.)
(noyau-verbe ou noyau dans les éléments qui suivent)

..... c'est un peu / ce que je fais en / ..... avec, avec le texte, ... (FRAMAG N° 2)

Mais parce que / de toute façon ils font tout vite / à Paris. (M.O.)

phrase modèle

      Il travaille · bien qu'il ait besoin de · se reposer.
      Il travaille · bien qu'il ait besoin de se reposer.

les autres

5. éléments qui précèdent + préposition + nom (noyau-nom)

..... à toutes les musiques ethniques ..... / mélangées un peu au rock / occidental.

(FRAMAG N° 2)

phrase modèle

    Il travaille ·bien qu'il ait besoin d'un repos.

6. éléments qui précèdent + verbe + article + nom (noyau-nom)

...... par tout / ce qui est la culture / orientale et japonaise, ... (FRAMAG N° 1)

phrase modèle

    Ce qu'ont vu les hommes · dans la guerre · est misérable.
    Ce qu'ont vu les hommes dans la guerre est misérable.

7. éléments qui précèdent + verbe + éléments qui suivent (noyau-verbe etc.)

..... (ils) parlent très très / de suite (ils) parlent vite. / (M.O.)

phrase modèle

    Qu'est-ce qui arrive · qu'il ne vient pas à temps ?
    Qu'est-ce qui arrive qu'il ne vient pas à temps ?

8. éléments qui précèdent + adverbe
   + mot équivalent à l'adjectif   (noyau-adjectif)

..... il a dansé / de façon assez sporadique, / il a ...... (champs-E3)

phrase modèle

    Il va travailler ·bien qu'il soit très fatigué.

    Il va travailler bien qu'il soit très fatigué.

9. éléments qui précèdent + pronom démonstratif + verbe
   + éléments qui suivent
   (noyau dans les éléments qui suivent)

/ est-ce que c'est un / l'appel à ..... (FRAMAG N° 2)

Celui qui le .... / on dit que celui qui parle mieux le français ici / c'est du peut-ê(tre) de ....   (M.O.)

phrase modèle

    Il tousse beaucoup, mais il travaille · bien que ce soit un · un indice de la grippe.

    Il tousse beaucoup, mais il travaille · bien que ce soit un indice de la grippe.

10. éléments qui précèdent + article + nom
   + éléments qui suivent   (noyau-nom)

...... qui est anglaise, / il y a des danseurs que je connais / parce que moi .....

(champs-E3)

/ De toute façon les Parisiens il (y) a un accent, / bien typique ein ? (M.O.)

les autres

phrase modèle
> Il y a des élèves qui parlent français ·et anglais.

11. éléments qui précèdent + article
(noyau dans les éléments qui suivent)

...... les jeunes talents, / il y a une / jeune fille qui s'appelle ..... (champs-E3)

phrase modèle
> Il y a des · des élèves qui parlent français.
> Il y a des élèves qui parlent français.

12. éléments qui précèdent + mot équivalent à l'adjectif
(adverbe)   (noyau-adjectif)

...... effectivement, / il y a plein / ..... plein ..... plein ...... (FRAMAG N° 2)

phrase modèle
> Il y a tant de ·fautes dans cette réponse.
> Il y a tant de fautes dans cette réponse.

13. éléments qui précèdent + mot équivalent à l'adjectif
+ nom   (noyau-nom)

...... plus de trois jours ouh .... / i(l y a u)ne douceur / dans cette ville, ...

(FRAMAG N° 2)

La Rochelle / il y a i(l) y a un petit accent. / (M.O.)

phrase modèle
> Il arrive souvent qu'il n'exprime pas son opinion · bien qu'ayant du

courage · à la réunion.

conclusion

La règle pour parler de la langue quotidienne, bien qu'elle existe, n'a pas d'influence absolue sur le débit individuel. C'est que la séquence phonétique n'est pas toujours exprimée par une seule forme et qu'on est obligé de se borner à exprimer qu'on peut voir telles ou telles tendances. Les articles que nous allons montrer ci-après présentent les caractères que nous avons observés dans les exemples pris. Il doit y avoir à nouveau d'autres tendances dans les autres exemples et dans les autres places. Ayant cette notion en tête, nous allons présenter les effets.

1. Nous avons peu d'exemple où la séquence phonétique appelée le < mot > est coupée au cours de l'émission. Dans les exemples « et j'ai été, ... / plus qu'agréa(blement) / ..... agréablement surpris. », « / c'est sen- / sensation. » et « il y a des choses / qui doi- / qui doivent se revendiquer plus fort ...... », les locuteurs ont coupé le mot au cours de l'émission. Une longue séquence telles que « agréablement » et « sensation » par exemple a la possibilité d'être coupée au cours de l'émission. Une séquence bien qu'elle soit courte en a une possibilité. On peut dire alors que la coupure se produit partout presque tout à fait librement. C'est qu'il ne peut pas y avoir de règle pour former une unité d'image. Mais pour garder le rythme des paroles, des unités divisées doivent s'unir l'une avec l'autre pour faire une certaine longueur de séquence phonétique. Dans l'exemple de « / c'est de faire / quasiment cinquante pour cent de ..... (Champs-E 3 », « c'est de faire » peut se segmenter en deux séquences : c'est / de faire, ou c'est de / faire. Dans celui-ci, il arrive une autre possibilité que « faire » se lie avec « quasiment ».

La mémorisation de chaque unité appelée le « mot » n'est pas utile pour la pratique dans la langue parlée. Il faut saisir quels éléments c'est-à-dire quelles séquences phonétiques sont compris dans une unité de l'image. C'est clair, du fait que la segmentation de la voix émse se réalise librement selon la quantité de l'évocation produite à l'esprit du locuteur. Nous allons citer des exemples sur l'apparition du pronom indéfini.

..... / on est / relativement ..... (Champs-E 3)

/ On prépare une / euh on prépare des assemblées (fr. parlé p.24)

ouh ..... / on peut vraiment / c'est comme ..... (FRAMAG N° 2)

La séquence phonétique qui suit « on » prend dans l'unité de l'image des éléments (parties du discours) grammaticalement variés. Sur la cause de cette liberté qui arrive, nous pensons qu'il y a un élément qualifié du « noyau » dans l'unité de l'image et que les autres éléments s'attachent à ce « noyau ». Le locuteur, sans aucune séquence phonétique de l'image dans la tête, a l'attitude d'émettre d'abord ce qui lui arrive à l'esprit et en ce moment serait provoquée dans une séquence tantôt courte tantôt longue l'émission phonétique qui peut s'appeler « le noyau ».

Quand on dit « je suis allé me promener dans le parc hier soir », les débutants en français diviseraient cette séquence en « je suis allé », « me promener », « dans le parc », « hier soir » dont chacune est une unité courte. Dans chaque unité il y a le « noyau » du sens tels que « aller » « se promener » « parc » et « hier soir ». Et selon le degré du cours moyen au cours supérieur, l'unité deviendrait plus longue comme divisée en « je suis allé me promener », « dans le parc » et « hier soir ». En cette occasion « je suis allé » est émis sans conscience du locuteur en tant que séquence accessoire. Voici l'apprentissage de la langue !

2. Quand l'unité d'image est segmentée à l'état inaccentué, sont exprimées devant la coupure la conjonction, la préposition etc. qui sont originellement inaccentuées. Par exemple dans « je pense que ..... », « on va à ..... », l'élément de « que », de « à » qui est la tête des éléments suivants a l'allongement de la voyelle pendant lequel le locuteur cherche les éléments qui suivent. Nous

conclusion

pouvons établir cette séquence comme < type figé > pour l'apprentissage.

3. Quand l'unité de l'image est segmentée à l'état accentué, la syllabe accentuée est émise avec l'élément de durée. C'est très important. Cette durée se produiserait nécessairement pour chercher les éléments qui suivent. Dans « je pense que ..... », « on va à ..... », si [ã] de « pense », [a] de « va » sont allongés, on pourra exprimer comme « je pense / que ..... », « on va / à ..... ». Selon Danielle Duez, « Ces résultats semblent confirmer l'hypothèse de Boomer (1965) et Cook (1971) selon laquelle <u>ces pauses non silencieuses offriraient au locuteur le temps nécessaire à la programmation de l'unité suivante, le constituant. Il est d'ailleurs intéressant de noter que cette programmation se met en place dès la fin du constituant précédent: on a alors allongement de la syllabe finale,</u> occurence d'une pause remplie, ces deux pauses non silencieuses étant souvent séparées par une pause silencieuse. »[14] (D.Duez, 1991) (soulignée par l'auteur). Comme elle le dit dans sa citation, l'allongement est important pour la programmation de la séquence suivante et elle ajoute de plus « ..... l'allongement final apparaît comme le paramètre le plus efficace dans la perception des <u>pauses subjectives. (perception de pauses par l'auditeur ?) .....</u> »[15] (D.Duez, 1991) (soulignée par l'auteur) L'allongement est au bout du compte important pour produire l'unité de l'image.

4. Le temps nécessaire pour réaliser l'unité de l'image est difficile à indiquer parce que la quantité d'éléments phonétiques qu'on prend dans une unité de l'image est différente selon la vitesse à laquelle on parle. Mais nous avons pour effet d'établir le temps de l'évocation de 150 ms à 1000 ms (une seconde environ) selon notre expérience.[16] (K.Kojima: 1991)

C'est le schéma dessiné par notre experience. L'axe de y montre le nombre de fois et x, 2000 millième de seconde. Presque toutes les unités se réalisent en 1000 millième de seconde.

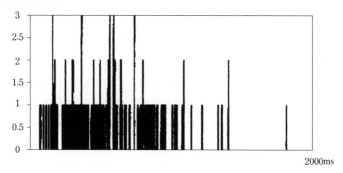

Il faut cependant penser à ce que cet intervale signifie. C'est-à-dire que l'unité programmée de l'image se produit comme effet en moins de 1000 ms ou bien on essaie sans conscience d'appliquer l'image à moins de 1000ms à cause du rythme qui amène l'émission des paroles. C'est le problème de priorité de l'image ou du temps. Nous avons pour le moment l'idée que le locuteur se crée l'image dans « la priorité du temps » parce que l'unité du temps d'environ 1000 ms au plus pour créer une unité de la séquence est observée sans relation avec la vitesse de parler du locuteur. C'est-à-dire que c'est en relation avec le rythme. Nous voyons la même opinion dans le passage cité au début de cette matière. [17] (P.Léon, 1992)

Or, le cas du locuteur mis à part, quelle séquence du temps de l'unité se lie avec la compréhension du sens de l'auditeur ? Selon Danica SELESKOVITCH, « ..... Je retiendrai simplement ici le fait que l'apparition des unités de sens chez l'auditeur dépend d'un certain nombre de paramètres : d'abord, les unités de sens se manifestent matériellement sous la forme d'un certain nombre de mots, <u>la longueur de la chaîne dépendant de la capacité de la mémoire immédiate et ne dépassent donc jamais de beaucoup six ou sept mots, soit en gros trois secondes</u>..... » [18] (D.Seleskovitch: 1986) (soulignée par l'auteur). Ce serait vrai que l'unité du temps du locuteur est divisée en plus petite unité que celle de l'auditeur parce que le locuteur doit créer l'image.

conclusion

5. Nous allons montrer des unités des séquences phonétiques difficiles à faire entrer dans le cadre de la règle de la grammaire après avoir considéré la définition des parties du discours.

   1) les éléments précédents + l'article
   2) les éléments précédents + la préposition
   3) les éléments précédents + l'adverbe
   4) les éléments précédents + le pronom personnel
   5) les éléments précédents + la conjonction
   6) les éléments précédents + le verbe

    Il est impossible de montrer le tout mais l'unité de séquence qui se réalise phonétiquement s'établit très souvent comme ci-dessus. Les exemples sont présentés dans la matière.

    Nous voulons insister sur l'émission de l'article et de la préposition. L'article ne s'unit pas toujours avec le nom. Mais pourquoi ? Nous le considérons pour le moment comme « le mot introduisant » qui introduit le nom. Alors la notion de l'article entravé par le nom est enlevée. Et lorsque les formes phonétiques mises en ordre dans la tête sont émises l'une après l'autre, il pourrait arriver que la séquence s'arrête après l'article. C'est parce que le locuteur essaie d'introduire un nom quelconque. Pour preuve de ce phénomène, l'accord du genre ne se fait pas toujours. Dans ce cas le locuteur redit de nouveau l'article. Ou bien il y a la possibilité qu'on remplace « euh ..... », « n ..... » par l'article pour avoir le rythme.

    La préposition est souvent liée aux éléments précédents et nous pourrions l'appeler « postposition ». Lors de l'apprentissage il faut saisir la préposition avec les éléments précédents telle que « aller à ..... », « venir de ..... » etc.

6. La manière de couper l'émission apparaît libre. Mais il y a une limite à cette liberté, ce qui garderait le système de la langue en ordre. Alors quelle est la séquence qui n'est pas coupée au cours de l'émission ? .... Ce sont les

parties du discours. Quand chacune des parties est longue, elle peut se segmenter en cours, mais en général, les parties du discours n'ont pas de coupure au cours de l'émission. Si bien qu'il est nécessaire d'apprendre par cœur les mots d'abord et puis les séquences comme mots phonétiques.

7. Il y a des méthodes d'apprentissage dont l'une est indiquée dans cet essai. Il s'agit des « neurone-pattern » dans le cerveau. Il y a une méthode qui fait apprendre la langue étrangère par l'ouïe de la fréquence propre à la langue donnée selon le point de vue que la fréquence de la voix pour parler est différente en fonction des langues. Mais l'auditeur normal peut entendre toutes les fréquences de la voix (Fo) dans la langue parlée. La bande de fréquence pour parler est d'environ 100 Hz à 300 Hz et la consonne [s] dont la fréquence est la plus haute est de presque 8000 Hz si bien qu'il n'y aurait pas de sons qu'on n'entend pas. Ce qui est important est le processus de sons qui se succèdent et ce n'est pas en rapport avec l'oreille c'est-à-dire avec l'ouïe mais avec le traitement de sons au centre sensoriel de la langue du cerveau. S'il y a différence d'audition parmi les langues du point de vue de l'ouïe, il sera difficile d'entendre une voix de près de 250 Hz si une certaine langue se parle avec une voix de près de 150 Hz. Cela n'arrive pas. Si c'était possible, l'homme aurait du mal à entendre la voix de la femme, ce qui n'est plus le problème de la différence de fréquence parmi les langues. Quand une Française a dit autrefois [ʃɥzaleakjoto] (Je suis allée à Kyoto.), le sens ne s'est pas concrétisé bien que la séquence des sons ait été saisie par l'audition de beaucoup de fois. C'est l'exemple que nous avons eu. Pourquoi la séquence [ʃɥzaleakjoto] de « Je suis allée à kyoto » ne provoque pas le sens, c'est que le pattern de la séquence de l'unité n'était pas établi dans le cerveau. Le fait que nous n'avons pas évoqué le sens par l'audition de [ʃɥzaleakjoto], est dû à la faute du pattern mémorisé. Le désaccord avec le sens, quand on écoute « Je suis allée à Kyoto », n'est dû qu'à la faute du pattern [ʃɥzale] dans le sensorium de la langue, pas dû à la faute de l'ouïe de certaines fréquences propres. C'est le

problème qui concerne la compréhension du sens : si on dit [waʃi] ou [aʃi] au lieu de dire [wataʃi] (je, moi), peut-on évoquer le sens correct? C'est le problème constant pour les étrangers. Ce qui est important, c'est qu'on a besoin de mémoriser la séquence phonétique en tant que « pattern ». C'est-à-dire qu'on étudie la séquence mémorisée en tant que neurone-pattern.

8. Etant donné que les professeurs japonais de français, classés nécessairement en cours supérieur parlent lentement en évoquant des images dans la tête quand ils présentent leur opinion, nous pouvons saisir clairement leur méthode pour composer l'unité de l'image. Nous indiquons deux exemples analysés sur les Japonais pour pouvoir comparer avec ceux des Français.

(1) C'est une très / ..... c'est / ..... précieuse expression (expérience ?) / ..... je ne / ..... je ne trou..... / je ne trouve rien / ..... à améliorer / ..... dans la cla.. / dans la classe mais / ..... pas mais / ..... c'est l(e) moi qui / ..... c'est moi qui / ..... à à à / ..... être amélior / ..... amélioré (ai été amélioré ?) Mais je suis j'or si j'ore (j'ose ?) dire / ..... si, si / ..... si c'est possible / .... les / ..... on / .... on envoy / ..... on on envoi on en / ..... envoyer / ..... la les textes avant / ..... la (le) stage / .....

(2) Au début / ..... et .... / au début / .... tout stage ..... / pour moi ... / je ne peux pas bien ..... / je ne peux pas bien écouter .... / ni ... / ..... ? Donc ..... / donc alors ..... / c'est vrai que ce stage ..... / c'est ..... / au début et voilà .... / au début c'était .... / c'était ..... / comme un cauchemar. (rire) ....mais maintenant ? ..... c'est / .... c'est une .. / bonne ..... / bonne expér..... / je crois c'est une bonne ..... / expérience alors et ? stagiaires sont très gentils ..... / très sympathiques et les professeurs ..... / sont .... / peut-être ..... / gentils (rire) ..... ? je vous remercie beaucoup tout ..... / tout le ..... / tout le monde à tout le monde. Merci.

1) La durée de l'unité de l'image est très courte. Nous voyons partout l'unité

appelée « des parties du discours » qui se présente en émission indépendante.

2) L'émission coupée au cours du mot (parties du discours) est observée, ce qu'on ne voit presque pas dans l'émission des Français. C'est bien différent entre les Japonais et les Français.

3) L'endroit segmenté, observé en cas des Japonais apparaît en apparence désordonné mais il n'y a pas de grande différence de celui des Français. Nous n'avons qu'à y observer assez de répétitions élevées par le feed-back après avoir commis la faute grammaticale comme l'accord du genre et du nombre etc. Ce serait une des causes qui nous amènent une sonorité différente de celle du français.

4) Il est inévitable d'avoir plus de répétitions pour les Japonais ainsi que pour les étrangers, quand on parle en se faisant dans la tête une image de la grammaire. Alors, qu'est-ce qu'on doit faire pour avoir moins de répétitions ? Il faudrait en tout cas mémoriser le pattern d'image (l'unité d'image). Ce serait qu'il faut composer des éléments (parties du discours) dans une durée un peu plus longue que le mot (partie du discours). Nous pouvons dire selon notre expérience que cette durée serait de moins d'une seconde. Il faut admettre bien sûr que des cas qui dépassent bien une seconde existent exceptionnellement.

9. Nous pouvons penser qu'il y a préalablement le type figé dans la langue et qu'une unité se fait avec des éléments quelconques attachés à ce type. C'est-à-dire que le type figé est pourvu du noyau de l'image (du sens) auquel des éléments annexes comme adjectif, adverbe etc., s'attachent pour créer une petite unité. Dans un exemple « Ma maison blanche », « Ma maison » est le type figé et « blanche » est le renforcement du sens. Mais s'il y a le noyau de

conclusion

l'image dans « blanche », la coupure pourrait apparaître au milieu comme dans « Ma maison / blanche ». Dans une phrase « Je pense à / mon avenir qui sera / en rose. », la possibilité de l'indépendance de « qui sera » se produirait. La durée faite ainsi de l'unité s'arrange dans une seconde environ et la distribution des éléments dans cette durée est importante, ce qui produirait le rythme de la langue.

10. Lors de l'apprentissage de la langue étrangère, il faut tenir compte de l'unité grammaticale dans laquelle la notion du < noyau > est nécessairement prise en considération. Par exemple la chaîne parlée telle que l'article + le nom+ l'adjectif ou bien le nom (le sujet) + le verbe + l'article + le nom (l'objet) est une unité grammaticale qui fait une séquence importante pour se former en paroles par l'évocation d'image dans la tête. Dans cette unité on dessine une image par le noyau de la séquence et on passe à un autre noyau qui suit pour faire suivre les paroles. On a tendance à trouver des phrases de la conversation quotidienne pour l'enseignement de la langue étrangère. C'est un apprentissage superficiel et cette méthode n'enseigne pas le processus essentiel de la formation des paroles. Il faut réviser ici la grammaire traditionnelle par l'analyse de la chaîne parlée pour y trouver une nouvelle règle. La phrase de la conversation quotidienne comprend des renseignements utiles pour se faire réaliser en paroles et il serait inutile de pratiquer une méthode superficielle comme la répétition simple de phrases de conversation sans regarder les renseignements précités.

11. On peut appeler « le groupe rythmique » la chaîne parlée imaginée et analysée en unité dans la tête. Ce groupe rythmique apparaît en bien des structures que nous venons d'analyser dans le thème principal et d'ailleurs il y a encore d'autres structures que nous n'avons pas pu donné exhaustivement. Apprenant simplement le groupe rythmique A, B, C ....., on aurait du mal à comprendre, comme le locuteur parle souvent avec l'unité composée de

groupes rythmiques. C'est-à-dire que le groupe rythmique se fait en A + B, B + C, A + B + C ..... Cependant on ne peut pas emettre physiologiquement une longue chaîne parlée d'une seule haleine et puisque l'unité est au moins une seconde comme vue en haut, on n'aurait pas de mal à l'apprentissage.

12. Voici le tableau où sont groupés selon les noyaus, les rubriques présentées ci-dessus. Il indique que le verbe et le nom ainsi que l'adjectif sont importants. Ils jouent un rôle comme prédicat dans la communication. Le fait que les éléments qui suivent occupent une grande place est important pour garder l'apparence (forme) de la langue bien qu'ils n'aient pas le noyau. Ils ont la fonction d'importance secondaire dans la communication. Il serait nécessaire enfin d'attraper comme noyau le verbe, ou le nom ou l'adjectif pour construire l'image.

conclusion

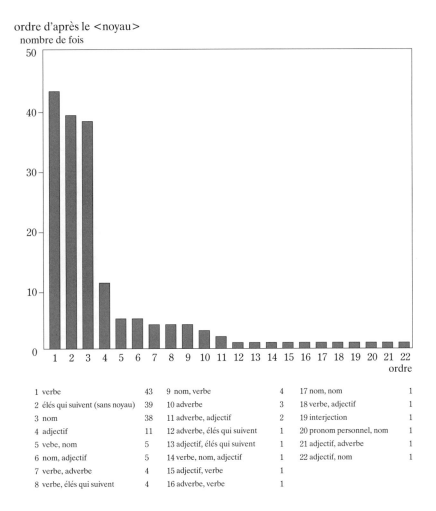

13. Il serait mieux d'établir le syntagme dont le centre de l'image est le verbe ou le nom ou l'adjectif.

postface

Si l'on écrit les paroles comme elles sont évoquées dans l'esprit, l'écriture descriptive a un rythme. La marche du rythme se voit bien dans le mouvement du stylo, bien qu'il n'y ait pas de ponctuation, telle que l'intervalle entre les lettres ou les formes de lettres écrites selon le mouvement de l'esprit de celui qui écrit. Il est difficile de lire les phrases japonaises écrites seulement en Hiraganas (caractères dérivés des Kanjis) réalisées par l'ordinateur. Il n'y a pas ici de rythme dans les phrases. Dans ce cas, les Japonais sont obligés de les lire en cherchant les unités de sens dans la séquence phonétique. Mais les phrases mélangées avec les Kanjis (lettres chinoises) sont plus faciles à lire et on peut les lire plus vite. C'est parce que les Kanjis, lettres pourvues de la représentation de signification, s'accorderaient bien avec l'unité de sens encodée du locuteur. La lecture des Européens ressemble à celle des Japonais qui lisent les Hiraganas (lettres signifiant les sons). Les Européens qui ne possèdent pas les Kanjis, doivent émettre des paroles en accordant la séquence des lettres romaines (symboles des sons) avec l'unité phonétique encodée et en confirmant le sens en même temps. Il arrive souvent que la représentation de sens ne vienne pas à l'esprit comme nous avons une simple sonorisation des lettres par de fausses segmentations. Selon Yoshiaki HASHIMOTO, « Les Kanas, après être symbolisés en phonèmes, sont arrangés en sens. D'autre part, les Kanjis, avant l'arrangement en phonèmes, montrent une possibilité d'être symbolisés directement en sens. La vitesse de la lecture à haute voix est en géneénal plus grande en notation par Kana qu'en celle par Kanji mais la vitessse de la lecture silencieuse est plus grande en phrase de Kanas mélangée avec Kanjis qu'en phrase de Kanas seuls. Ceci est causé par la différence de deux cas dont l'un est d'interposer la représentation de phonèmes de tous les mots et de l'autre est de la faire sautiller. »[19] (1998)

    C'est le cas de la lecture mais il n'y aurait pas de différence pour saisir l'unité de sens en parlant. C'est-à-dire que l'unité de sens, lors de la perception des sons en lisant ainsi que lors de l'émission des sons en parlant, s'unirait avec la voix. L'essence de ce mécanisme serait commun entre les Japonais et les étrangers. Mais il est vrai qu'il y a une différence dans le mécanisme de formation en unité selon la divergence de la structure de la langue. La coupure mise par exemple après la préposition comme dans « j'habite à ...., j'habite près de .... » montre une orientation positive de signification du locuteur. L'action de parler est active, si bien que la segmentation faite ainsi est naturelle. En japonais aussi, la coupure se ferait après la postposition (joshi) comme dans « Tokyo ni / sundeiru. (J'habite à Tokyo.) Tokyo wa / kuruma ga ooi. (Il y a beaucoup de voitures à Tokyo.) Tokyo o / otozureru. (Je visite Tokyo.) Tokyo ya / Osaka wa / daitoshi desu. (Tokyo et Osaka sont de grandes villes.) » L'image du locuteur, par la coupure suivie de joshi, donne déjà à l'auditeur assez de renseignements circonstanciels. C'est-à-dire que ce sont les unités phonétiques par l'image. Ainsi on a tendance à saisir les paroles, non dans une simple analyse grammaticale d'éléments mais dans une attitude active du locuteur.

    Nous avons essayé de rechercher, en nous occupant de l'enseignement d'une langue étrangère, une méthode surtout pour l'apprentissage du français.

    Les théories en matière de langues sont variées. Mais la plupart de ces théories n'éclaircissent pas la raison d'être. Ce ne sont qu'un jeu des outils de paroles. Si l'on recherche la communication humaine, il faudra avancer les études à partir de l'éclaircissement de ce que sont les paroles mêmes jusqu'à la performance des paroles que les hommes possèdent. L'éclaircissement des paroles est la théorie et il n'est pas pratique. On peut penser que les langues sont aussi nombreuses que les peuples. Si leurs langues sont produites par le même mécanisme essentiel parmi les hommes bien que les formes de leurs paroles soient différentes, l'effort pour saisir ce mécanisme nous apportera la compréhension mutuelle des hommes ainsi que celle de la langue. Des théories abstraites à part, des phénomènes physiologiques et objectifs seront éclairés un jour dans le domaine de la médecine. Mais les études des paroles qui nous donnent la possibilité des expressions infinies viennent juste de commencer. Ce que nous avons observé dans cet essai ne nous donne pas de certitude qui nous rassure avec une réponse telle que donnée en mathématique, étant donné que nous devinons, à un certain degré, l'imagination intérieure de l'esprit du locuteur avec notre conjecture sur la voix émise. Cependant il faut noter que les hommes qui vivent de façons différentes possèdent une notion commune soi-disant des paroles. Contre toute attente, les hommes qui ont l'air de vivre dans un mécanisme très compliqué doivent vivre dans le mécanisme simple comme nous l'avons montré dans cet essai. Ce qui est difficile ou ce qui rend difficile n'est jamais efficace. Nous avons écrit cet essai pour rechercher une méthode d'apprentissage d'une langue étrangère.

    Enfin je suis redevable à Monsieur le professeur Christian Bouthier de l'université Seitoku, de la sollicitude profonde qu'il m'a donnée pour achever cet essai ainsi qu'aux Français qui m'ont répondu volontiers à l'interview dans la rue et en même temps à Madame Chiaki Kondo et à Monsieur Kouichi Shimizu de la Librairie Asahi qui m'ont donné toujours de bons conseils. Qu'il me soit permis d'exprimer à tous ceux qui m'ont aidé dans ma tâche ma profonde gratitude.

Keiichi KOJIMA

notes

(1) Pierre R. Léon, Phonétisme et prononciations du français, Éditions Fernand Nathan, 1992. p.102 ISBN 2-09-190290-X
(2) Sophie MONPIOU et al, La reconnaissance auditive des mots en français, travaux de l'IPS No 25, 1995, p.21-
(3) Judith C. GOODMAN and Howard C. NUSBAUM, The Development of Speech Percepion, M.I.T.Press, London, 1994. p. 11
(4) Judith C. GOODMAN, ibid, p.15-16
(5) Louis-Jean BOE, Sciences phonétiques et relations, forme / substance, Histoire Epistémologie Langage, Tome 19, FASCICULE 1, 1997. SHESL (Paris), PUV(Saint-Denis) 1997, p.34, ISSN 0750-8069
(6) Pierre MARTIN, Eléments de phonétique avec application au français, Les Presses de l'Université Laval, Sainte-Foy, 1996, p.138-
(7) Pierre MARTIN, ibid, p.139
(8) Norman J. LASS, Ph.D., Principles of Experimental Phonetics, Mosby. St. Louis, 1996, p.280
(9) Pierre MARTIN, ibid. p.141
(10) Claire Blanche-BENVENISTE, le français parlé, Edition de CNRS,Paris, 1990, p.24
(11) Alan CRUTTENDEN, Intonation, Cambridge University Press, 1986. p.35-42.
(12) Jean-Pierre Orliaguet, Perception visuelle du mouvement humain : de l'anticipation motrice à l'anticipation perceptive. L'anticipation à l'horizon du Présent, Rudolph Socket et Betrice Vaxelaire: MARDAGA(Belgique) 2004. p.130 ISBN : 2-87009-878-2
(13) Claire Blanche-BENVENISTE, ibid, p.73
(14) Danielle Duez, La pause dans la parole de l'homme politique, édition de CNRS Paris, 1991, p.73
(15) Danielle Duez, ibid. p.143
(16) Keiichi KOJIMA, Dans quelle mesure peut-on prévoir la séquence phonétique

qui se réalise en image ? Actes du XII ème congrès international des Sciences Phonétiques, 19-24 août 1991. Aix-en- Provence, vol.5. p.331

(17) Pierre R. Léon, ibid. p.102

(18) Danica SELESKOVITCH, Marianne LEDERER, Interpréter pour traduire, publié avec le concours de l'université Paris III et de G.E.L - Paris XII, Publications Litteratures 1. 10, Didier Erudition, Collection "Traductologie 1 ", 1986, p.40

(19) Yoshiaki HASHIMOTO, lecture à haute voix et lecture silencieuse, Gengo, vol.27. No.2, 1998, p.23. Taishukan.

小 島 慶 一（こじまけいいち）

元　聖徳大学教授
元　青山学院大学非常勤講師
元　上智大学非常勤講師

専門はフランス語音声学、一般音声学、フランス語学
論　文「Forme d'intonation en français parlé」（平成元年3月　音声の研究22集／日本音声学会）
「Dans quelle mesure peut-on prévoir la séquence phonétique qui se réalize en image ? – La voix intérieure qui précède l'émission de voix –」
（平成3年8月　Publications de l'Université de Provence, Aix-en-Provence
Actes du XIIème congrès international des sciences phonétiques Vol.5）
その他　約20篇
著　書「音声学大辞典」［共著］（昭和51年6月／三修社）
「仏和大辞典」［共著］（昭和63年11月／小学館）
「やさしいフランス語の発音」（平成14年9月／語研）
「プログレッシブ仏和辞典」［発音について］（平成20年3月／小学館）
「超低速メソッド　フランス語発音トレーニング」（平成25年2月／国際語学社）
「音声ノート　──ことばと文化と人間と──」（平成28年3月／朝日出版社）など
文芸書「思索してますか」（平成9年7月／近代文芸社）
「妖怪だー！！！」（平成12年7月／文芸社）
「船長日記　〜ゆるり・ふらり〜」（平成25年2月／朝日出版社）

発話直前に想起される音声連鎖の構造
── フランス語学習を例として、心象音声の応用 ──

2017年1月10日　初版発行

著　者　小島　慶一（こじまけいいち）

発行者　原　　雅久

発行所　株式会社 朝日出版社
　　　　〒101-0065　東京都千代田区西神田3-3-5
　　　　TEL (03)3263-3321（代表）FAX (03)5226-9599
　　　　ホームページ http://www.asahipress.com

印刷所　日経印刷株式会社

乱丁、落丁本はお取り替えいたします
©KOJIMA Keiichi 2017. Printed in Japan　　ISBN978-4-255-00972-8　C0037